Administração Consciente

Como melhorar o desempenho empresarial com integridade e confiança

Frank K. Sonnenberg

Administração Consciente

Como melhorar o desempenho empresarial com integridade e confiança

Tradução
ROSANE ALBERT

EDITORA CULTRIX
São Paulo

Título do original:
Managing with a Conscience

Copyright © 1994 Frank K. Sonnenberg.

Publicado mediante acordo com The McGraw-Hill, Inc.
Todos os direitos reservados. Nenhuma parte deste livro pode ser reproduzida ou usada de qualquer forma ou por qualquer meio, eletrônico ou mecânico, inclusive fotocópias, gravações ou sistema de armazenamento em banco de dados, sem permissão por escrito, exceto nos casos de trechos curtos citados em resenhas críticas ou artigos de revistas.

Edição	O primeiro número à esquerda indica a edição, ou reedição, desta obra. A primeira	Ano
1-2-3-4-5-6-7-8-9	dezena à direita indica o ano em que esta edição, ou reedição, foi publicada.	00-01-02-03-04-05

Direitos de tradução para a língua portuguesa
adquiridos com exclusividade pela
EDITORA CULTRIX LTDA.
Rua Dr. Mário Vicente, 374 — 04270-000 — São Paulo, SP
Fone: 272-1399 — Fax: 272-4770
E-mail: pensamento@cultrix.com.br
http://www.pensamento-cultrix.com.br
que se reserva a propriedade literária desta tradução.

Impresso em nossas oficinas gráficas.

*À minha mulher, Caron, e às minhas filhas,
Cathy e Kristy, que fazem tudo valer a pena.*

Sumário

Prefácio 11
Agradecimentos 13

1. **Se uma árvore cair na floresta...: a concorrência na Era dos Intangíveis** 19
   Estamos usando armas do passado para lutar nas guerras do futuro? 19
   O advento da Era dos Intangíveis 20
   Como decidir o que é importante 23
   É dando que se recebe 23

2. **Da obediência ao envolvimento: construir uma empresa com paixão** 25
   Por que gostar de uma empresa que não gosta de você? 27
   Uma nova visão: os empregados como componentes do ativo da empresa 32
   Um novo modelo de administração 33
   Administrar com princípios 35

3. **É uma boa idéia, mas...: construir uma empresa inovadora que se renove todos os dias** 43
   Liberar a mística da criatividade 44
   As críticas à criatividade 45
   Estilo de administração 46
   Estilo operacional 51
   A mentalidade organizacional 58
   Chegada ao círculo dos vencedores 62

4. Comunicação interna – mais do que um serviço supérfluo: construir uma empresa com concentração total e objetividade 63

Pressão para alcançar o sucesso 64
Comunicação na Era da Informação 65
O papel do líder 66
O papel da administração de primeira linha 73
O fluxo da informação 78
Comunicação franca e honesta 82
O caminho novo da comunicação 83

5. Se eu tivesse apenas um cliente: construir uma empresa voltada para a excelência do serviço 87

A palavra-chave é qualidade 88
As conseqüências a longo prazo de suas ações 90
Ter uma visão holística 90
O caminho para a qualidade 91
Conclusão 107

6. Mudanças – dinamizar para vencer: construir uma empresa que se adapte bem a mudanças 109

Precisamos mudar a maneira de encarar as mudanças 110
Idéias equivocadas sobre mudanças 112
Mudar... por quê? 115
A única coisa que devemos temer é o próprio medo 116
Aprender... no decorrer da vida 119
Aprendendo a aprender 122
Aprendizagem no ambiente de trabalho 127
Conclusão 130

7. Quando depressa não é suficientemente rápido: construir uma empresa que responda com agilidade 133

Acelerar o ritmo 135
Eficiência organizacional 136
Estilo de administração – conseguir o máximo dos outros 144
Administração do tempo no âmbito pessoal 149
Conclusão 154

8. Associação – a entrada na era da cooperação: construir uma empresa flexível 155

Quais são as causas do fracasso do relacionamento? 157
A anatomia dos relacionamentos 163
Quando começa o relacionamento? 164

Crie um ambiente favorável ao crescimento 165
A manutenção do relacionamento 167
Para fazer acontecer 170

9. Confie em mim... desconfie de mim: construir uma empresa confiável 171

Confiança — O ingrediente milagroso 174
Os parâmetros da confiança 174
Ganhar confiança 175
Conclusão 189

10. Siga a sua consciência: receita para um desempenho exemplar 191

Notas 211

Prefácio

Resultados... resultados... resultados. Na década passada — turbulenta, frenética e de uma concorrência feroz —, muitos acreditaram que agir inescrupulosamente era o único caminho para o sucesso. Agindo como senhorios de favelas, as corporações deixaram que seus ativos se deteriorassem ao explorar os empregados, pressionar fornecedores e obter vantagens sobre os clientes. O que se esqueceu, na busca de lucros a curto prazo, foi que um comportamento dessa espécie, individual ou organizacional, prejudicaria significativamente a capacidade de atuar a longo prazo.

Administração Consciente apresenta uma opção melhor para se ter sucesso a longo prazo: recuperar os valores tradicionais e injetar confiança e integridade nos negócios e nos relacionamentos. *Administração Consciente* trata da substituição da ultrapassada mentalidade "nós contra eles" pela nova concepção de "nós", que estimula o desenvolvimento de relações proveitosas com empregados, fregueses, clientes, fornecedores e associados. O livro aborda temas como estimulação da criatividade, adaptação a mudanças, agilização dos negócios, promoção da excelência nos serviços, comunicação num mundo sobrecarregado de informações, confiabilidade nos negócios e fortalecimento e descentralização da mão-de-obra. Nesse padrão, as pessoas passam a trabalhar num nível mais elevado, excedendo as expectativas dos clientes e assegurando a perfeição dos produtos dentro dos prazos e do orçamento.

Para tornar isso realidade, é bom ter sempre em mente uma regra de ouro que, apesar de ser considerada um clichê, ainda tem seu valor: "Quando nossos atos inspiram confiança, as pessoas retribuem com confiança." Ao proceder com honestidade, conseguimos algo mais: sentimo-nos bem com nós mesmos — e isso se reflete na nossa aparência e na maneira como vemos os outros e como eles nos vêem.

Administração Consciente foi escrito para ajudar na recuperação desses valores que merecem consideração, para restaurar nossa capacidade de chegar ao equilíbrio. Parece que nos esquecemos daquelas crenças e valores básicos que fazem com que a vida nos recompense — do ponto de vista financeiro e pessoal —, por nos pautarmos num ideal mais elevado que inclui o que é certo e o que é bom. Este livro é uma tentativa de dizer que a volta aos valores atualmente considerados fora de moda, para deixar que a nossa consciência nos guie, traz recompensas financeiras e pessoais.

Frank K. Sonnenberg

Agradecimentos

Este livro representa o conjunto das contribuições de diversas pessoas, a quem sou muito grato.

Em primeiro lugar, eu gostaria de agradecer às pessoas que dedicaram seu tempo à revisão dos primeiros rascunhos deste livro e me deram opiniões valiosas: Alan Hembrough, Gene Papi, Steve Freshman, Mike Haviland, Marlene Salimbene, Joe Fiore, Andy Corn, Richard Welsh, Lisa Galjanic, Tracy Benson, Mark Sandberg, Ed Shulman, Joe Dattoli, Ken Shelton, Brenda Melissaratos e Philip Ruppel, da McGraw-Hill.

Gostaria de agradecer a meu amigo e colega de trabalho Lee Einhorn, pela consultoria gráfica para este livro. O talento premiado de Lee, sua dedicação às pessoas e o amor pela perfeição fazem dele um profissional que se destaca dos padrões usuais.

Quero agradecer também a Andy Garvin e à empresa FIND/SVP, que presta serviços de informação em âmbito mundial, pela inestimável assistência na parte de pesquisa.

Há muitas pessoas a quem quero apresentar meu reconhecimento especial, pela maneira como influenciaram a minha vida e pelas lições transmitidas, que se refletem neste livro.

O Rider College, em New Jersey, é bem conhecido por apresentar as vantagens de uma grande universidade e o cuidado e a atenção personalizados de uma escola pequena. Entretanto, mesmo em meus sonhos mais absurdos, jamais poderia acreditar no impacto que uma instituição — menos ainda um indivíduo, meu bom amigo Mark Sandberg, reitor-adjunto da Escola de Administração — teria em minha vida. Por intermédio da DAARSTOC, um programa de desenvolvimento de lideranças, e depois de centenas de horas conversando com Mark, seguidas de outras tantas refletindo sobre nossas discussões, aprendi algumas das mais importantes lições da minha vida. Em primeiro lugar, que é uma força, não uma fraqueza, admitir um erro e reconhecer as próprias deficiências. Enquanto alguns são muito orgulhosos para seguir esse caminho, outros crescem por meio desse processo e transformam fraquezas em potencialidades. Em segundo lugar, que a vida é um grande processo de aprendizagem. É possível aprender a partir de cada experiência vivida e com todos com quem se entra em contato. E enquanto alguns abrem os olhos e desenvolvem todo o seu potencial, outros põem uma venda e não saem do mesmo lugar. O que concluí disso é que precisamos encontrar a paz dentro de nós mesmos para que possamos nos sentir à vontade com os outros.

Quando penso em liderança, me vem à mente David Tierno, diretor-executivo do Northeast Management Consulting Group, Ernst & Young. Dave é uma das melhores pessoas que conheço e um modelo perfeito para ser seguido. Ensinou-me o poder de ter visão. Sua ênfase na confiança e no trabalho em grupo no campo dos negócios, a força de sua convicção para fazer o que é "certo" em vez de usar de expedientes em disputas, a habilidade de criar um ambiente de trabalho que possibilite a excelência de serviços, tudo isso faz dele uma pessoa especial. Agradeço a Dave por anos de liderança, conselhos pessoais e por sua amizade. Sinto-me orgulhoso e privilegiado por ter trabalhado para ele.

Minha amiga, confidente e editora, Beverly Goldberg, e eu escrevemos juntos, até agora, dois livros. Não teria acabado nem mesmo um sem sua assistência, e quero agradecer-lhe pela paciência, disposição e por suas observações brilhantes e ponderadas. Quando penso em integridade, Beverly Goldberg me vem imediatamente à lembrança; quando dá sua palavra a alguém, ela a mantém como se gravada em pedra; desdobra-se incansavelmente para atender causas que representem suas sólidas convicções; sacrifica-se pelos outros; e dá a tudo o que toca seu maior empenho e ainda um pouco mais. Você é uma pessoa excepcional, Beverly; se mais pessoas fossem assim, teríamos um mundo melhor onde criar nossos filhos.

Minha mãe e meu pai eram modelos de pais, que incutiram em meus irmãos, John e Peter, e em mim, um conjunto de sólidos valores que constituem uma grande parte deste livro. Crescemos num ambiente doméstico em que a honestidade e a integridade estavam acima de tudo, onde o valor do indivíduo era medido por sua honestidade e onde as pessoas tinham mais prazer em dar do que em querer sempre mais. Eles infundiram-nos confiança para que pudéssemos ser ou fazer qualquer coisa que quiséssemos, desde que nos dispuséssemos a isso e trabalhássemos duro para alcançar nosso objetivo.

Na posição de pai de minhas filhas, Cathy e Kristy, percebi que os pais podem aprender tanto com os filhos quanto estes com os pais. As crianças aprendem por tentativa e erro e, enquanto brincam, criam. Quando crescem, as normas da sociedade ensinam-lhes que perguntar é um sinal de fraqueza, fracassos são terríveis e que só existe uma resposta certa. A paixão pela aprendizagem e o poder de criar são aptidões com que todos nós nascemos, mas

Agradecimentos

que precisam ser alimentadas ou se desvanecerão. Cathy e Kristy ensinaram-me a alcançar um ponto de equilíbrio: trabalhar muito, mas reservar tempo para gozar os prazeres da vida; reconhecer a beleza nas coisas simples que normalmente nos passam despercebidas, e aceitar a importância de viver o momento sem deixar de olhar para o futuro.

Com minha amada esposa e melhor amiga, Caron, aprendi que a força nasce da capacidade de conservar a própria individualidade enquanto se faz parte de um grupo. Construir juntos, crescer juntos, compartilhar experiências, tudo isso é uma experiência maravilhosa. Quando as pessoas sacrificam o ganho pessoal em prol do bem-estar comum; quando se divertem juntas por meio de uma visão comum, valores partilhados e um propósito único; quando dividem entre si os altos e baixos da vida, os dissabores jamais são insuportáveis e as comemorações são sempre mais festivas. Obrigado, Caron, pelo estímulo, pela paciência, compreensão e colaboração enquanto eu escrevia este livro.

Obrigado a todos.

Seja tão prático quanto generoso em seus ideais; conserve os olhos nas estrelas e os pés no chão.

Coragem, muito trabalho, autodomínio e esforço direcionado são essenciais para uma vida bem-sucedida.

Afinal de contas, caráter é um fator decisivo tanto na vida do indivíduo quanto nas nações.

THEODORE ROOSEVELT

1

Se uma árvore cair na floresta...

A concorrência na Era dos Intangíveis

Anos 90, tempo de mudanças sem precedente. O mundo está em meio à transição da Era Industrial para a Era da Informação, que se caracteriza pelos recursos intangíveis, cuja aplicação se estende a tudo o que fazemos. Nossa capacidade de superar com sucesso essa transição determinará nossa posição competitiva no mercado mundial, o que, por sua vez, afetará as gerações futuras.

Para sermos bem-sucedidos como nação e como indivíduos, nada é mais importante do que a capacidade de identificar nossas prioridades e alocar nossos preciosos recursos. Nada seria pior do que descobrir, tarde demais, que o procedimento de que nos utilizamos para tomar decisões para o futuro era imperfeito. No mundo dos negócios, isso significa que, primeiro, temos de decidir que investimentos devemos fazer. Então, precisamos determinar os tipos mais eficientes de gerenciamento, para fazer com que esses investimentos dêem lucro, o que significa que é preciso escolher as estruturas organizacionais mais apropriadas e as melhores formas de recompensa para motivar nossos empregados.

Estamos usando armas do passado para lutar nas guerras do futuro?

Muitas pessoas lhe dirão que coisas como delegar poderes aos empregados, criar um ambiente que encoraje as pessoas a correr riscos e não incite o medo, eliminar o desperdício e melhorar os métodos de negociação, incentivar a educação e o treinamento contínuos dos empregados, comunicar-se de uma forma aberta e honesta, alimentar a confiança entre os funcionários, cultivar as relações a longo prazo com fornecedores e clientes, trabalhar muito para criar uma reputação impecável, viver de acordo com saudáveis princípios éticos de negociação e unir a organização em torno de um único objetivo e dos mesmos valores estão provavelmente entre os principais fatores que determinam o sucesso na nova era. Outros lhe dirão que essas são questões "de menor importância".

O que as pessoas querem dizer ao qualificar esses fatores como questões de menor importância? Estão afirmando que não são práticas eficientes de gerenciamento e que não dão resultado? Ou dizem isso porque essas coisas são difíceis de quantificar e de medir, o que as deixa apreensivas e pouco à vontade? Será que querem dizer que, como essas práticas não podem ser isoladas de outras práticas de administração, como numa experiência científica, elas não valem a pena?

Existe uma tendência nos Estados Unidos para acreditar que aquilo que não pode ser quantificado não existe. Isso nos faz recordar uma frase atribuída ao bispo George Berkeley, filósofo inglês do começo do século XVIII: "Se uma árvore cair na floresta mas ninguém estiver lá para ouvir o baque, ela fará barulho?" Aplicando-a ao que estamos tratando: se alguém melhora o desempenho de uma organização usando uma abordagem que não pode ser quantificada, o desempenho de fato melhora?

Essa filosofia permeia a vida dos norte-americanos. Por exemplo, embora houvesse consideráveis evidências de que fumar faz mal à saúde, foi somente depois que um relatório do Ministério da Saúde revelou, por meio de estatísticas, uma ligação direta entre o cigarro e certos problemas de saúde que as pessoas começaram a tomar alguns cuidados. Outro exemplo é a falha em reconhecer que o enfoque dado pelos japoneses à qualidade aumentaria a fatia de mercado norte-americana de eletrônicos e de automóveis, até que a queda nas vendas dos produtos norte-americanos deixou claro que qualidade, "uma questão de menor importância", faz diferença para os consumidores.

O advento da Era dos Intangíveis

A Era Industrial nos trouxe produtos como carros, equipamentos agrícolas pesados, geladeiras, máquinas de lavar e computadores — coisas que podem ser vistas, tocadas e postas para funcionar. A Era da Informação, em contraste, é caracterizada pelos intangíveis — aquelas riquezas que envolvem o intelecto e a capacidade para reunir, analisar, transmitir e sintetizar informações. O resultado é o nascimento de novas companhias e indústrias completas, que compreendem desde serviços de informação e programas de computador até engenharia genética.

As companhias desenvolveram-se na Era Industrial pelo acesso à matéria-prima, pela estandardização de mercadorias e serviços e pela capacidade para maximizar volume. Atualmente, entretanto, a rapidez com que os produtos se

Se uma árvore cair na floresta...

tornam mercadorias aumentou drasticamente, e as empresas sofrem cada vez mais a pressão dos preços dos concorrentes. Nos dias de hoje, tão logo os produtos são lançados, cópias com características similares invadem o mercado em meses ou mesmo em poucas semanas. A menos que os consumidores enxerguem o valor das marcas de qualidade mais elevada (*premium*), muitos comprarão produtos com base apenas no preço. É por isso que, no futuro, as únicas empresas capazes de arcar com uma marca *premium* serão aquelas que lançarem mão dos intangíveis — como inovações no produto e no *design*, reputação da companhia e excelência do serviço — para se diferenciar claramente dos concorrentes.

As diferenças de mentalidade entre esses dois períodos ficam evidentes na terminologia usada no quadro apresentado mais adiante.

Evidentemente, os fatores cruciais de sucesso da Era da Informação são intangíveis. E, assim como não se podem medir líquidos em quilos ou fusão nuclear em galões, não podem ser usadas as mesmas medidas baseadas em relações físicas do passado para verificar os resultados da delegação de poderes, reconhecimento de marca, criatividade ou envolvimento. Ainda mais, os não-mensuráveis incluem os resultados de numerosos julgamentos instintivos que foram feitos por executivos depois de anos de experiência.

O pensamento através das eras

Era Industrial	Era da Informação
Capital intensivo	Conhecimento intensivo
Despesas com capital	Educação/treinamento
Recursos naturais	Mão-de-obra treinada
Inventário	Dados (informação)
Aumento da produção	Intensificação do processo de produção
Gerenciamento hierárquico	Delegação de poderes
Recompensas materiais	Recompensas psicológicas
Distribuição de ordens	Comunicação
Planejamento de cima para baixo	Envolvimento
Inspeção	Qualidade incorporada
Falha de equipamento	Rotatividade do pessoal
Ajuste do equipamento	Disposição
Compras	Recrutamento
Vendas	Satisfação do cliente
Operário	Trabalhador especializado

Um funcionário graduado na área de empréstimos de um dos maiores bancos norte-americanos disse-me recentemente que "os agentes de negócios de hoje não entendem isso. É claro que eles conhecem as fórmulas, as taxas financeiras. Aprenderam tudo isso na escola, mas às vezes a intuição é o fator mais importante. Alguns dizem que ela é fruto da experiência; outros, que vem do sexto sentido. Mas estou convencido de que muitos problemas atuais se devem ao fato de não termos seguido essas intuições por não haver uma explicação lógica para elas".

Para citar outro exemplo: os norte-americanos enamoraram-se da tecnologia, mas se esquecem de que a tecnologia em si não traz resultados; somente a forma como ela é aplicada vai produzi-los. Infelizmente, algumas empresas têm em mente apenas a compra de equipamentos, sem entender que a maneira como a tecnologia é introduzida e usada — os esforços feitos para vencer a resistência a mudanças, o treinamento daqueles que usarão o equipamento e o ajuste dos métodos para dar suporte à tecnologia — é que produz resultados. Como conseqüência, ocorre a subutilização das tecnologias adquiridas.

Esse tipo de comportamento não se restringe à tecnologia; atinge empresas inteiras. Um bom exemplo de comportamento "imensurável" é o caso do Tylenol, da Johnson & Johnson. Alguns anos atrás, uma pessoa desequilibrada injetou veneno em determinadas cápsulas de Tylenol, provocando algumas mortes. Assim que foi descoberto o primeiro caso, a Johnson & Johnson retirou imediatamente o Tylenol das prateleiras e começou uma campanha maciça de alerta e recolhimento da mercadoria já vendida. Essa decisão não foi difícil para a empresa, cujo lema é o seguinte: "Acreditamos que nossa maior responsabilidade é para com os médicos, enfermeiras e pacientes, para com as mães e com todos os que usam nossos produtos e serviços. Para suprir suas necessidades, tudo o que fazemos deve ser de alta qualidade."

A presteza e boa conduta da Johnson & Johnson garantiram o retorno do Tylenol ao mercado. O fato de a empresa ter um lema e levá-lo a sério — coisa que alguns classificariam como um fator de menor importância no mundo dos negócios — faz uma diferença crucial no processo de decisão. Mas o valor de um lema em geral não é mensurável.

A criatividade também é um fator impalpável e não pode ser avaliada. A companhia 3M empenhou-se para criar um clima de inovação. Como esse clima pode ser aplicado no âmbito dos negócios? Ou seja, como é possível medir o valor do reconhecimento de uma marca e da conseqüente fidelidade do cliente? De acordo com a pesquisa realizada pela Total Research Corporation, as companhias "Disney World / Disney Land, Kodak, Mercedes Benz, CNN, Hallmark, Fisher Price, UPS, Rolex, Levi's e IBM" ocupam eqüitativamente o posto mais elevado como marcas reconhecidas e valorizadas.[1] Como avaliar a atitude do diretor-executivo Robert Haas ao acreditar na delegação de poderes aos funcionários, na Levi Strauss? Ou quando a redução de empregados numa empresa é feita com compaixão e sensibilidade? E como essas coisas fazem aumentar a competitividade? Como é possível avaliar o executivo que fomenta um clima de camaradagem, confiança e relações douradouras com seu pessoal? Ou o executivo que tem a reputação de manter sua palavra, demonstra ter sólidos valores éticos e administra com lealdade?

Se uma árvore cair na floresta...

Como decidir o que é importante

Neste livro, examinaremos oito fatores cruciais de sucesso para a concorrência no século XXI. Esses atributos não são encontrados nos relatórios anuais porque são intangíveis e difíceis de quantificar. Mas isso não diminui sua importância para uma organização. Esse tipo de fator exige que a empresa:

- Procure investir nos funcionários que estejam mais profundamente envolvidos com os valores e objetivos da organização e, mais importante, que se empenharão para alcançar suas metas (ver o Capítulo 2).

- Crie um ambiente que estimule a criatividade e a renovação e promova um dinamismo diário (ver o Capítulo 3).

- Estabeleça prioridades que direcionem os esforços da companhia e do pessoal para os recursos que garantam o maior potencial de retorno (ver o Capítulo 4).

- Acredite que a principal razão para a existência da empresa é promover a excelência do serviço para seus clientes e consumidores (ver o Capítulo 5).

- Seja capaz de se adaptar continuamente às mudanças de mercado (ver o Capítulo 6).

- Reconheça que o tempo é, ao mesmo tempo, um recurso valioso e uma mercadoria fixa; assim, a velocidade cria uma vantagem competitiva (ver o Capítulo 7).

- Construa uma organização flexível, que colabore com outras organizações (ver o Capítulo 8).

- Tenha em mente que o que mantém as pessoas unidas é a confiança que se estabelece entre a empresa e seus funcionários, fornecedores e clientes (ver o Capítulo 9).

É dando que se recebe

O fio condutor deste livro é "É dando que se recebe". Quando se contrata o melhor pessoal, investe-se nele e demonstra-se confiança em sua capacidade, ele é motivado para se desenvolver pessoal e profissionalmente, e isso cria um ambiente que leva à excelência. Dessa forma, esses funcionários retribuirão com seu esforço para atingir o desempenho máximo. Além do mais, se os fornecedores forem tratados como parte da própria empresa, se for criado um ambiente onde todos ganham, gerado com base na confiança, na honestidade e na integridade, os fornecedores retribuirão com seu comprometimento e com um relacionamento longo e proveitoso. Por último, mas não menos importante, se os clientes forem vistos como ativos de longo prazo em vez de transações comerciais imediatas, se forem desenvolvidas políticas e procedimentos visando a um impacto global sobre o serviço do cliente (e não ao benefício dos funcionários da própria companhia), se houver uma transição do *marketing* de massa para o *marketing* direcionado a determinados segmentos e, daí, para o *marketing* personalizado (procurando-se ouvir os clientes com atenção e então satisfazer suas necessidades), eles retribuirão com maior participação no mercado e maiores lucros. Tratar os empregados com integridade faz aumentar a produtividade, incentiva a lealdade e promove um desempenho entusiasmado. Estabelecer relacionamentos com fornecedores por intermédio de uma organização flexível e sem fronteiras resulta na melhoria da qualidade e na capacidade de adaptar-se rapidamente às necessidades dos clientes. Objetivar a longo prazo a excelência do serviço cria uma sólida clientela, o que é especialmente importante à medida que o processo de produção torna-se um fator de diferenciação menos importante, e tudo o mais prepara o caminho, durante e depois de a venda se concretizar.

Quando as empresas administram com consciência, o investimento rende vultosos dividendos. Os vencedores do século XXI serão aqueles que tratarem clientes, empregados e fornecedores de acordo com a regra de ouro. O reverendo Robert Fulghum, autor de *All I Ever Really Need do Know I Learned in Kindergarten,* descreveu essas normas numa linguagem acessível: "Divida tudo. Jogue limpo. Não ofenda as pessoas. Ponha as coisas de volta no lugar onde as encontrou. Limpe o que você sujou. Peça desculpas ao machucar alguém. Quando sair pelo mundo, tome cuidado com o trânsito, dê a mão aos outros e permaneçam unidos."[2] As questões de menor importância são como a árvore que cai na floresta. Na Era da Informação, se não mudarmos nossa visão de que os funcionários são um mal necessário — se alguém deixar a empresa, pode ser substituído por outro —, cometeremos um erro. Se avaliarmos os empregados apenas por sua capacidade de aumentar a produção, perderemos o que eles têm de melhor. É preciso encorajá-los a fazer inovações nos produtos e melhorias nos projetos, para contar com tecnologia de ponta e elevar a reputação da empresa pela excelência do serviço. No futuro, tanto nas empresas industriais como nas prestadoras de serviços, será difícil separar o produto em si daqueles que o entregam ou produzem. Os funcionários do futuro não apenas fabricarão o produto, mas seu conhecimento, sua experiência e suas habilidades farão parte do produto. Como será tratado no Capítulo 2, a atmosfera da empresa e sua capacidade de atrair, desenvolver e manter os melhores e mais brilhantes profissionais determinarão o seu sucesso.

2

Da obediência ao envolvimento

Construir uma empresa com paixão

*Nos cem primeiros anos da história dos Estados
Unidos, as plantações foram uma das primeiras
formas de corporação; a maioria localizava-se nos
Estados do Sul e em geral estava associada à
escravidão. A Guerra Civil e a Proclamação da
Emancipação acabaram com a escravidão e,
praticamente, com a era das plantações, embora,
para alguns americanos, a forma de administrar
plantações continuasse vigorando...*

*Os "executivos escravocratas" tendem a ver os
trabalhadores locais como servos contratados que
nasceram para colher algodão. [Eles] (...) não têm
nome nem identidade, porque não são pessoas de
verdade. Pode-se aproveitar deles, não pagá-los
corretamente e reivindicar todo o retorno financeiro
oriundo do seu trabalho.*

*A moderna "administração escravocrata"
consegue a subjugação das pessoas por meios mais
sutis do que a escravidão, mas o resultado final é
quase o mesmo. As pessoas sentem-se como escravas —
enganadas, subjugadas, oprimidas.*

KEN KHELTON
Executive Excellence[1]

Os "executivos escravocratas" — atualmente, como nos dias do Velho Sul
dos Estados Unidos — vêem as pessoas como objetos descartáveis. Tratam-nas

de acordo com suas posições e graus de poder: os superiores, com respeito e dignidade; os subordinados, como coisas sem valor. Com olhos só para os resultados finais, esqueceram-se de que todos têm certos direitos inalienáveis.

As provas da existência da "administração escravocrata" estão por toda parte. Stephen Covey, consultor e autor de livros de grande vendagem, relata a história de um executivo que se vangloriava de seu estilo de dirigir uma empresa. Ele declarou que o problema dos empregados era simples: "ou se adaptavam ou caíam fora". Covey conta que perguntou então ao executivo "por que não dizia aos clientes que, se não estivessem preparados para comprar mercadorias e serviços pelos preços solicitados, poderiam se adaptar ou pular fora. [O executivo explicou] que não tinha o direito de agir com os clientes como fazia com os empregados".[2]

O problema é que muitos executivos acreditam realmente que os empregados são pouco mais do que escravos que obedecem ordens, seguem regras e não conseguem ter idéias próprias. Como recompensa pelo bom comportamento, se tiverem sorte, eles conservam o emprego — e recebem um salário suficiente apenas para não morrer de fome. Ao mesmo tempo, de acordo com a revista *Training*, "caciques que ganham cem vezes a média do que recebem os índios não são raros".[3]

Essa espécie de arrogância tem sido acompanhada por uma tendência infeliz para o divórcio rápido e fácil. Muitas empresas não se mantêm mais fiéis "na saúde e na doença"; em vez disso, o relacionamento com os empregados assume os contornos de um relacionamento-relâmpago. De fato, "num estudo recente feito pela Conference Board, uma empresa de pesquisa de Nova York, mais da metade das 216 companhias avaliadas caracterizaram sua relação com os empregados como um arranjo de negócios e não como uma família unida".[4]

Quando se trabalha num lugar em que não há respeito pelo empregado, é difícil ficar entusiasmado com o que se faz. É difícil andar aquele quilômetro extra, quando achamos que ninguém liga para o que fazemos. É difícil perceber onde se encaixam dedicação, lealdade e espírito de equipe se o valor do trabalho é medido apenas em moeda corrente. A "administração escravocrata" não só é prejudicial à moral dos empregados e para o cerne da administração, mas é a causa direta do estado desolador do mundo dos negócios norte-americanos, dos baixos índices de produtividade e da insatisfação dos trabalhadores.

Para o "executivo escravocrata", não há nada de errado com o fato de roubar funcionários talentosos de empresas bem-administradas, em vez de investir o necessário (esforço e dinheiro) para desenvolver e treinar os próprios empregados. Isso é como "ser o senhorio de uma favela corporativa. Mantém-se o aluguel em alta enquanto se deixa os bens deteriorarem-se".[5]

Por que então existem executivos intrigados com empregados que são altamente motivados fora do trabalho, mas demonstram pouca iniciativa na empresa; pessoas que gastam tempo mas não energia; pessoas que passam mais tempo trabalhando em seus relatórios do que exercendo suas atividades? Um estilo de administração que produz esses resultados obviamente não tem condições de competir na economia global atual, especialmente com as mudanças que estão ocorrendo no comportamento dos trabalhadores hoje em dia. Na realidade, o resultado desse estilo escravocrata de gerenciamento já está causando um conflito desastroso entre as necessidades da empresa e a demanda da atual mão-de-obra.

De acordo com o *U.S. News* e *World Report*, os "carreiristas dos anos 80, que corriam até a linha de chegada, fanáticos que dormiam, comiam e respiravam trabalho, agora (..) folgam nos fins de semana e cochicham sobre realização pessoal e qualidade de vida".[6] A revista *Fortune* chama isso de "refluxo do *boom*. Os garotos olham à sua volta no escritório e observam o pessoal que já passou dos 40, que negligenciou a família e o lazer para... o quê? Colhem aquilo que semearam. Isso assusta infinitamente os jovens". *Fortune* vai além e caracteriza a nova geração como pessoas que "desejam ser felizes e realizadas — social e culturalmente — e progredir no mundo dos negócios, contanto que possam ser felizes consigo mesmas".[7]

Essa nova classe de empregados quer trabalhar para uma organização da qual possa se orgulhar: uma empresa que tenha valores e pontos de vista compatíveis com sua maneira de ser; uma empresa que seja orientada para o trabalho duro, preocupando-se com a prevenção de doenças, em vez de apenas curar os sintomas; uma empresa que se preocupe com a moral e com a ética, fazendo o que é melhor para os clientes; e que se preocupe com o impacto que possa provocar no meio ambiente. Os empregados querem isso porque reconhecem que uma empresa assim também zelará por eles.

Sabem que esse tipo de empresa está sempre à procura dos melhores e mais brilhantes profissionais; que não apenas permite mas incentiva os executivos a desenvolver seu pessoal tanto pessoal quanto profissionalmente; que reconhece e gratifica os empregados por suas contribuições exemplares, e que lhes dá responsabilidade real, não apenas senso de dever. Atualmente, as pessoas querem trabalhar para empresas para as quais sintam que estão dando uma contribuição importante; nas quais os procedimentos, a política e as formalidades nunca sejam mais importantes do que os resultados; e nas quais os laços estabelecidos entre as pessoas sejam considerados tão importantes quanto os resultados finais. A pergunta é: "É possível conseguir esse tipo de ambiente e ao mesmo tempo lutar pela liderança no mercado?" A resposta é: "Não há outra escolha."

Por que gostar de uma empresa que não gosta de você?

Na posição de chefe, sempre é necessário ter em mente todas as conseqüências decorrentes de não se tratar adequadamente os funcionários e lembrar que eles podem expressar sua insatisfação com o emprego de inúmeras formas — todas elas prejudiciais: podem pedir demissão, levando consigo técnicas importantes e a clientela; podem dar voz à sua insatisfação, afetando o ânimo dos colegas; podem usar a desculpa de que estão doentes e faltar ou chegar atrasados freqüentemente; ou ficar apáticos, trabalhando apenas o suficiente para não ser despedidos.

"Eu peço demissão"

Existem inúmeras razões para os funcionários deixarem a empresa em que trabalham. Dentre as mais comuns apresentadas por eles, citamos algumas:

- não se dão bem com os colegas ou superiores;

- acham que podem produzir mais se estiverem mais livres;

- acreditam que o salário que recebem não é justo ou que não são reconhecidos apropriadamente pela contribuição que fazem;

- sentem que estão estagnados e não enfrentam desafios;

- sentem que não têm controle sobre o próprio futuro;

- não concordam com a direção que a empresa está tomando;

- acreditam que a organização não determina suas prioridades (pede-se que façam determinada coisa hoje; no dia seguinte, pede-se o oposto);

- estão frustrados pelo excesso de regras inúteis que precisam obedecer;

- sentem que estão trabalhando no escuro e que lhes faltam os recursos necessários para executar o trabalho;

- percebem que não estão trabalhando num ambiente harmonioso.

  E por último, mas não menos importante,

- simplesmente não podem recusar uma oferta de trabalho mais interessante.

Não importa por que os empregados se demitem; os custos e as conseqüências são sempre os mesmos. Os vínculos estabelecidos entre eles e os clientes são rompidos. Seus conhecimentos sobre o negócio e suas capacidades de relacionamento com outros dentro da empresa se perdem. É preciso encontrar, contratar e treinar substitutos; estes são obrigados, então, a desenvolver os conhecimentos e aptidões necessários para percorrer os caminhos da empresa. Na maioria das vezes, se alguém deixa a empresa muito insatisfeito e fala a respeito disso com outros, mesmo que discretamente, é possível que a organização comece a ficar com uma reputação que prejudique o recrutamento de pessoal e a imagem da empresa como um todo.

Além disso, um dia esse ex-funcionário pode estar na posição de cliente em potencial e se recusar a fazer negócio com a empresa graças às lembranças ruins que tem dela. Assim, mesmo que seja tarde demais para convencer alguém a ficar, com uma atitude correta da administração é possível desanuviar a situação e melhorar a imagem que essa pessoa levará. Na pior das hipóteses, pode-se começar a corrigir os problemas que estão afetando a empresa.

"Este é um lugar horrível para se trabalhar"

Um outro efeito nocivo da "administração escravocrata" são os funcionários que, embora não estejam satisfeitos, decidem, por inúmeras razões, não se demitir. Em vez disso, expressam sua insatisfação alardeando seu descontentamento. São empregados que logo se acercam dos novos contratados e dos veteranos, contando-lhes histórias de horror a respeito da empresa.

Na maioria das vezes, os empregados insatisfeitos que passam grande parte do expediente queixando-se da empresa criam um clima de dissensão, tirando o ânimo dos que estão ao redor, dificultando a concentração e abatendo o moral dos colegas.

"Não vou trabalhar hoje"

A infelicidade no ambiente de trabalho também se manifesta por meio de problemas físicos e psicológicos que tornam os funcionários menos produtivos. Pessoas infelizes têm tendência a tornar mais graves pequenos problemas de saúde. Para não ter de resolver de imediato seu problema no trabalho, desviam a atenção para uma dor nas costas ou um resfriado. Além disso, alguns empregados consideram as situações no emprego tão desgastantes que acabam ficando gravemente doentes.

Segundo um artigo do *Wall Street Journal*, "um vendedor tratado por Bruce Yaffe, médico de Nova York, gritara tão alto numa discussão com seu chefe que havia perfurado um pulmão. Outra paciente, recepcionista de um escritório, vomitava tanto em função de desgaste com o trabalho que foi obrigada a deixar o emprego. Um terceiro paciente, um corretor de Wall Street tratado de hipertensão pelo doutor Larry Lerner, estava tão certo de que sua morte era iminente que não levava os filhos ao parque com medo de que ficassem perdidos quando ele morresse. Gerentes de recursos humanos, assim como médicos, psicólogos e pesquisadores de opinião concordam que o *stress* causado pelo ambiente de trabalho é cada vez maior. Diminuições na jornada de trabalho em tempos de crise — e o medo de ser mandado embora — afetam os nervos".[8]

Os empregados também podem estar tão descontentes que faltam dias seguidos porque sentem que não conseguem mais enfrentar o dia-a-dia do escritório. *The Worklife Report* observa que, "quanto mais desafiador e interessante for o serviço, menos as pessoas se ausentarão do trabalho. Quando a pessoa gosta do que faz, sente-se indispensável, e não é provável que falte sem uma boa razão".[9]

É fácil delinear os custos óbvios das faltas no trabalho: queda de produtividade, aumento de custos com empregados temporários contratados para substituir os faltosos, aumento dos custos de assistência médica, pagamento de indenizações por problemas de saúde, possíveis processos judiciais. As conseqüências menos óbvias também podem ser identificadas: perda de ânimo entre outros funcionários, queda de produtividade em função do acúmulo de tarefas, que ocorre quando os colegas assumem as funções do funcionário "doente" e perda de tempo com o preenchimento da papelada que é gerada por um funcionário doente.

Além do mais, uma empresa enfrenta uma espécie de contágio se essas reações não diminuírem. "Uma mente sã num corpo saudável" pode ser um clichê, mas os clichês contêm verdades; é de grande interesse das empresas considerar a analogia: empregado são, empresa saudável.

"Fiz tudo o que estava ao meu alcance..."

Outra maneira de o funcionário manifestar insatisfação — e talvez a mais terrível delas — é a apatia, porque nesse caso ele nem sequer percebe que o problema existe. Esse é um problema que surge sob muitas formas. De acordo com um estudo recente, "a preocupação do empregado com relação ao seu desempenho é maior durante o primeiro ano, quando ele assume o trabalho com entusiasmo e dedicação. Essa preocupação começa a diminuir no segundo — e despenca ainda mais por volta do quarto ano".[10]

Esse é um problema grave nos Estados Unidos, atualmente. Quando os pesquisadores Yankelovich e Ammerwahr examinaram a situação, descobriram que o número de trabalhadores norte-americanos que, naquele momento, estavam trabalhando com todo o seu potencial era espantosamente pequeno — 23%. Descobriram também, na amostragem aleatória de trabalhadores norte-americanos, que "cerca da metade (44%) disse que não fazia nenhum esforço no serviço além do necessário para conservar o emprego. A grande maioria, 75%, disse que poderia ser significativamente mais eficiente em seu trabalho do que estava sendo no momento".[11] As implicações desse fato para a produtividade são assustadoras.

Esse é um problema de difícil solução, pois essa espécie de comportamento apático não é facilmente observável. O problema de comportamento pode ser vislumbrado mais facilmente ao se pensar nele como o último estágio de uma série contínua, que vai de um alto comprometimento do empregado com o trabalho até o patamar mais baixo da apatia. Ao se avaliar os empregados por essa escala, a causa da queda de produtividade ficará evidente — tornando-se passível de retificação.

Da obediência ao envolvimento

APÁTICO   INSATISFEITO   OBEDIENTE   MOTIVADO   LEAL   COMPROMETIDO

Os funcionários podem ser classificados segundo estágios que vão da apatia ao comprometimento, como é apresentado a seguir:

- *Apáticos.* São os empregados conhecidos como "inúteis". Seu comportamento é caracterizado pela falta de interesse e/ou dedicação. Eles sentam-se nas escrivaninhas e ficam mudando os papéis de lugar, olhando o relógio, e faltam por doença ou por motivos particulares sempre que podem. Nunca fazem sugestões ou se apresentam como voluntários para nada. Aceitam suas tarefas, aceitando os prazos que lhe são propostos sem apresentar praticamente nenhuma reação, e respondem com um balançar de ombros se alguém lhes pergunta se há algum problema. Numa empresa, o clima de desânimo e de falta de interesse é tão contagiante quanto o de entusiasmo.

- *Insatisfeitos.* As esperanças, os desejos e as expectativas dos funcionários que estão nesse estágio parecem perdidos. Entretanto, eles ainda se preocupam o suficiente para tentar mudar a situação, falando sobre sua insatisfação. Ao receber mais uma tarefa rotineira, aceitam-na ou dizem algo como "farei assim que puder"; e, se prestarmos atenção, veremos que alguma coisa os está incomodando. Se os sinais que eles estão emitindo não forem captados, eles chegarão ao limite e deixarão a empresa ou ficarão apáticos.

- *Obedientes.* Esses são os funcionários que fazem apenas o necessário para continuar no emprego. Quer eles ajam por medo ou para evitar um conflito pessoal, ficam relutantes em fazer qualquer coisa que esteja fora da programação. São bons soldados, que seguem as ordens, mas têm pouco interesse em melhorar o desempenho da empresa.

- *Motivados.* Quando se consegue manter esses empregados satisfeitos, é sinal de que a administração está sendo eficaz. Eles estão contentes com a situação, mas esse sentimento pode ser temporário. A maneira pela qual são motivados hoje talvez não funcione amanhã. Nesse estágio, o funcionário pode estar mais preocupado com o seu sucesso pessoal do que com o sucesso da empresa; portanto, uma oferta melhor para trabalhar em outro lugar será muito tentadora.

- *Leais.* São os empregados que têm prazer em trabalhar, acham que podem fazer contribuições significativas e que seu trabalho é reconhecido e bem remunerado; a maioria se preocupa muito com a empresa. No entanto, nem sempre a lealdade incentiva a criatividade e as idéias próprias, o sentido de propriedade e a iniciativa.

- *Comprometidos.* Trata-se daqueles funcionários que deram um passo além da lealdade; eles são tão motivados pelos valores e pelos objetivos da empresa, que estão sempre em busca de novos caminhos para que a organização se desenvolva e prospere. Essa agitação, essa paixão e o fato de "vestirem a camisa da empresa" contagiam os outros empregados.

A pergunta óbvia é: "O que se deve fazer para inspirar o envolvimento dos funcionários?"

Uma nova visão: os empregados como componentes do ativo da empresa

É preciso encontrar um novo estilo de liderança. Os funcionários não reagem bem à microadministração ou quando são tratados como dentes de uma engrenagem. Na tentativa de se encontrar melhores meios para aumentar a produtividade dos empregados, elaboraram-se diversas teorias, técnicas e abordagens para motivá-los. As abordagens são totalmente baseadas na premissa fundamental de que, para aumentar a motivação, o administrador precisa induzir os empregados a ter determinados comportamentos ou controlá-los de alguma forma. Entretanto, os bons executivos sabem que, para conseguir o comprometimento, é muito mais fácil persuadir o empregado a adotar os valores e lemas da empresa.

Os líderes bem-sucedidos sabem que as técnicas de motivação são eficazes apenas pelo tempo suficiente para se atingir metas a curto prazo. Se às formas vigentes de motivação dos funcionários se acrescentar a persuasão, para que os funcionários acreditem na missão da empresa e na importância de sua própria contribuição, consegue-se o envolvimento — com uma empresa da qual eles têm orgulho, que contribui para a sociedade. Para o empregado do futuro, fazer parte de uma organização que trará mudanças é mais importante do que as gratificações almejadas pela antiga geração "para mim".

No entanto, para se conseguir isso, é preciso que se tenha uma estrutura organizacional muito diferente da organização hierárquica tradicional que, conforme disse Robert Haas, presidente e diretor-executivo da Levi Strauss, numa entrevista à *Industry Week*, limita as pessoas "a uma camisa-de-força, com estreitas delimitações de serviço, distinções funcionais rígidas e a norma de não partilhar a informação de que as pessoas precisam para ser bem-sucedidas". Ele acrescentou que "o primeiro desafio que se apresenta a todos nós é acabar com as estratégias dos executivos para inibir a inteligência, a energia, o envolvimento e a emoção que já existem em nossas empresas". Ele disse ainda que, para fazer com que as empresas sejam bem-sucedidas, é preciso abandonar "a miríade de políticas e procedimentos que acorrentam as pessoas atualmente, a mentalidade arcaica de comando-e-controle de muitos executivos, a incapacidade de ouvir e se empenhar num diálogo bilateral e valorizar as opiniões de pessoas que fazem parte da força de trabalho (...) [isso] está cortando o Q.I. da empresa pela metade".[12]

Numa entrevista mais recente para a *Harvard Business Review*, Haas reconheceu que é muito "difícil abandonar comportamentos que nos garantiram sucesso no passado. Falar mais do que ouvir. Valorizar pessoas de diferentes gêneros, culturas ou partes da empresa tomando nós mesmos como padrão. Fazer as coisas sozinho e não em colaboração com outros. Decidir por si mesmo em vez de pedir a opinião de outras pessoas. Comportamentos que eram extremamente eficazes na antiga organização hierárquica são absolutamente impróprios no tipo de empresa em que estamos tentando nos transformar — mais nivelada, mais sensível, em que se delegam mais poderes".[13]

Somente as empresas que conseguem proporcionar aos empregados responsabilidade, informação e autoridade florescem no ambiente competitivo atual. Mas novas políticas e procedimentos são apenas o começo; para chegar ao sucesso de verdade, uma nova forma de pensamento também precisa se transformar em norma. Nessas empresas, o lado mais leve dos negócios — crenças, valores e filosofias adotados pela administração — precisa atingir um alto grau de importância.

O que estamos discutindo aqui é a motivação social: os controles que impomos a nós mesmos quando trabalhamos com pessoas que têm expectativas e objetivos semelhantes. Um artigo na *California Management Review* revelou recentemente que, "com sistemas formais (de controle), as pessoas geralmente têm uma sensação de pressão externa, que é frustrante e insatisfatória. Com controles sociais, muitas vezes nos sentimos como se tivéssemos grande autonomia, mesmo quando, paradoxalmente, estamos na verdade nos conformando com a situação".[14]

A espécie de automotivação que resulta de uma estrutura em que se acredita contrasta agudamente com a liderança por comando e controle. Pense nos termos associados a essa espécie de liderança. Em *The Renewal Factor*, Robert Waterman diz que é interessante "procurar no dicionário a palavra 'chefiar'. No começo da lista está gerenciar e dirigir. Nada mau. A lista continua com controlar, mandar, comandar, encarregar-se, presidir, observar, supervisionar, superintender, tiranizar, dominar, pôr na linha, tratar com descortesia, tripudiar e abrir caminho a cotoveladas".[15] Obviamente, o executivo que ainda ostentar o título de "chefe" com orgulho, sabendo que ele carrega todas essas conotações, não tem estofo para ser líder nas empresas atuais, para inspirar as pessoas a ser as melhores dentro de suas possibilidades.

Um novo modelo de administração

Stephen Covey, já citado anteriormente, descreve as maneiras pelas quais os líderes podem gerar o comprometimento numa empresa. Segundo ele, trata-se de um processo de quatro fases.

A primeira é a "fase da administração científica". Nela, os empregados são vistos basicamente como "estômagos" (seres econômicos). Nessa espécie de empresa, a administração motiva os funcionários de forma primária, usando a "cenoura e o bastão". Nesse estágio, os executivos provavelmente dizem que a responsabilidade deles "é motivar pelo método do burro (...) a cenoura na frente, para provocar e despertar o interesse deles, guiando-os para seus benefícios, e o bastão atrás". Isso significa que eu, o executivo, "estou no controle, sou a autoridade, sou da elite número 1, sei o que é melhor, vou mostrar-lhes para onde ir, e é claro que a recompensa será boa".[16]

Covey chama a segunda de "fase das relações humanas". É o estágio em que os executivos até admitem que as pessoas têm coração. Eles percebem "que as pessoas têm sentimentos (...) [e então as tratam] não somente com integridade, mas com bondade, cortesia, civilidade, decência (...) [Nessa] passagem do autoritário para o autoritário benevolente – nós ainda sabemos mais. O poder permanece conosco, mas não somos apenas íntegros com as pessoas, somos bondosos".[17]

A terceira fase enfatiza os "princípios dos recursos humanos", reconhecendo que as pessoas, além do estômago e do coração, têm cérebro. Esse reconhecimento significa que, como executivos, "fazemos melhor uso da criatividade, da imaginação deles. (...) Começamos a delegar mais, ao perceber que as pessoas se comprometem mais com um objetivo quando estão envolvidas. (...) Começamos a explorar caminhos para criar um ambiente mais favorável, uma mentalidade que reconheça o talento delas e as deixe motivadas. (...) As pessoas querem fazer contribuições valiosas. Querem que seu talento seja descoberto, desenvolvido, utilizado e reconhecido".[18]

Covey chama a quarta e última fase de "paradigma da pessoa como um todo". Esse é o melhor de todos os mundos. Quando uma organização entra nessa fase, ela dá aos empregados um sentimento de "importância, de que fazem algo que interessa. As pessoas não gostam de trabalhar em coisas de pouca importância, mesmo que façam os maiores elogios à sua capacidade mental". Nessa fase, os líderes lidam com isso enaltecendo "valores, ideais, regras e ensinamentos que elevam, fortalecem, realizam, habilitam e inspiram as pessoas".[19]

Segundo Covey, "o modelo da administração científica (estômago) reza 'pague-me bem'. O modelo das relações humanas (coração) diz 'trate-me bem'. O paradigma de recursos humanos (cérebro) sugere 'use-me bem'. A administração por princípios (pessoa como um todo) diz 'falemos de valores e objetivos'".[20]

Chegou a hora de os negócios entrarem na quarta fase. Para isso, os líderes precisam exercer seu poder proporcionando aos funcionários uma visão do futuro e imprimindo um senso de propósito e missão naqueles que lidera.

Em *Leadership Is an Art*, Max De Pree, presidente e diretor-executivo da Herman Miller, Inc., ressalta que, "numa época em que tanta energia parece ser despendida em manutenção e manuais, em burocracia e qualificações sem importância, ser líder é gozar de privilégios especiais de complexidade, ambigüidade, diversidade. Mas ser líder significa, sobretudo, ter a oportunidade de

Da obediência ao envolvimento

mudar substancialmente a vida daqueles que permitem aos líderes liderar. (...) Não se mede liderança pela qualidade da mente, mas pelo tônus do corpo. Os sinais de uma liderança bem-sucedida aparecem primeiramente entre seus seguidores. Eles estão atingindo seu potencial? Estão aprendendo? Estão alcançando os resultados almejados? Aceitam mudanças?"[21]

Um artigo recente na *Fortune*, que analisa o exercício de poder, discutia o ponto de vista de John Kotter, professor da Harvard Business School, que disse haver cinco espécies de poder: "O primeiro é o poder de recompensar – dar a alguém uma promoção, um aumento ou um tapinha nas costas. Seu equivalente negativo é o poder de castigar, de despedir alguém; (...) o terceiro é o poder que os especialistas denominam autoridade. A autoridade pode ser específica e outorgada especificamente – o direito de assinar contratos no valor de 100.000 reais. (...) O quarto é o poder que emana da especialidade. (...) Finalmente, os psicólogos falam de um poder representativo que se agrega ao líder porque as pessoas o admiram, querem ser como ele ou foram envolvidas pela integridade, pelo carisma ou pelo charme."

O artigo prossegue, discutindo outros pontos de vista dessa teoria. Segundo o artigo, Jane Halpert, professora de psicologia industrial e organizacional na Chicago's DePaul University, diz: "É notório o fato de que os três primeiros tipos de poder – recompensa, castigo e autoridade – vêm com o cargo. Quanto mais elevada for a posição do líder, mais ele os terá à disposição. Mas especialidade e poder representativo são inatos na pessoa. Quanto melhor for o líder (...) mais provável será que ele confie em suas fontes pessoais de poder. (...) Os verdadeiros líderes dificilmente precisam pressionar alguém."[22]

Ralph Stayer, diretor-executivo da Johnsonville Foods, concorda em que "o poder real faz as pessoas se envolverem. O poder real vem da transferência daquilo que não se pode fazer para alguém que esteja em melhor posição. O controle é uma ilusão; o único que talvez se possa exercer é o controle sobre si mesmo".[23]

Administrar com princípios

Mais de duzentos anos atrás, os antepassados dos norte-americanos criaram uma Declaração de Direitos para a nação. Notavelmente, as palavras que escreveram, reinterpretadas de acordo com as mudanças na sociedade, resistiram ao tempo. Os princípios contidos nesse documento, que sempre mantiveram os Estados Unidos em boa posição como nação, podem ser aplicados aos negócios. Seus valores talvez nos ajudem a analisar a quarta fase do processo – aquela em que os líderes conferem a todos os empregados aqueles direitos inalienáveis que os inspiram a ser os melhores dentro da área em que atuam.

Antes de estabelecer uma declaração de direitos dos empregados, é bom recordar aos líderes atuais que um dos pré-requisitos desses princípios é o esforço constante para encontrar as pessoas certas. E o recado é: acredite que os empregados são o ativo mais importante e, portanto, devem ser tratados com respeito e dignidade. Além do mais, quanto maior for o esforço despendido na procura das pessoas certas, maior será o empenho em investir em seu desenvolvimento, mais se confiará em seu julgamento e mais se esperará delas. Isso também indica que haverá um maior empenho na criação de um ambiente que assegurará a permanência deles. Mas, acima de tudo, aceitar esse compromisso equivale, em primeiro lugar, a deixar claro para os empregados o quanto eles são especiais, desenvolvendo desse modo um sentimento de orgulho e camaradagem dentro da empresa. Tudo isso acontecerá caso se tenha em mente as seguintes diretrizes:

Declaração dos Direitos do Empregado

Os empregados têm o direito de decidir qual a melhor forma de atuar para atingir suas metas. As pessoas trabalham melhor quando sabem pelo que são responsáveis e quando têm autoridade para escolher o caminho certo para obter resultados. Mesmo que eles não determinem a direção seguida pela organização, devem ter participação no processo.

Os empregados têm o direito de ser tratados como partes integrantes da máquina e não como peças intercambiáveis. As pessoas querem ser parte de alguma coisa especial e saber que estão contribuindo com algo valioso. Querem que seu trabalho tenha importância — que não seja apenas uma tarefa — e que lhes mostrem de maneira clara como suas tarefas cotidianas atuam no desempenho global e bem-sucedido da empresa.

Os empregados têm o direito de ser vistos como pessoas especiais. Toda pessoa tem talentos especiais que pode usar na empresa. Os empregados querem passar a maior parte do tempo trabalhando nas áreas em que podem fazer melhor uso de suas habilidades.

Os empregados têm o direito de ser desafiados. Seus funcionários têm de ser encorajados a dar o melhor de si; eles precisam sentir-se desafiados para aumentar seu potencial. Solicite e valorize as contribuições deles. Eles devem ser incentivados a seguir uma filosofia de melhora contínua e saber que as recomendações que fazem serão bem recebidas.

Os empregados têm o direito de ser tratados com dignidade e respeito. As pessoas devem ser tratadas com respeito o tempo todo. É necessário que se reconheça suas necessidades pessoais e profissionais. Críticas sem importância e acessos de mau humor precisam ser substituídos por um comportamento civilizado e respeito mútuo. As contribuições de cada funcionário têm de ser reconhecidas e valorizadas, fazendo com que se sintam parte do mesmo grupo.

Além disso, muitas organizações acreditam que o impacto de uma atitude tomada recai somente sobre o empregado a quem ela é dirigida, mas não é esse o caso. A frase "a toda ação corresponde uma reação equivalente" aplica-se tanto às relações pessoais quanto às físicas. Transferências, promoções ou advertências raramente afetam apenas a pessoa envolvida. Por exemplo, quando três funcionários são dispensados num departamento, a administração imagina que apenas eles serão afetados pela dispensa. O que acontece, em vez disso, é que os que restaram no departamento, além de outros nas demais seções, passam uma boa parte do tempo especulando sobre "quem será o próximo" ou então procurando emprego, preparando-se para o "próximo *round*".

Os empregados têm o direito de tentar e de falhar. Se as pessoas não cometem erros, é provável que não estejam tentando nada de novo. Os erros, que serão discutidos amplamente no próximo capítulo, constituem um estágio importante no processo de aprendizagem. Os empregados precisam acreditar que podem tentar algo novo e falhar sem que haja represálias.

Os empregados têm o direito de saber que seus patrões confiam neles e em suas habilidades. As pessoas não reagem bem à vigilância de terceiros ou ao controle de cada movimento que fazem. Querem ter certeza de que a administração confia em suas habilidades e os respeita o suficiente para admitir que farão o trabalho com responsabilidade. Os executivos que agem dessa forma têm mais probabilidade de conseguir um desempenho melhor dos seus empregados. De fato, "a pesquisa psicológica formal, bem como grande quantidade de experiências empíricas, não deixam dúvidas de que a força da expectativa, por si mesma, pode influenciar o comportamento de outros. A totalidade desse fenômeno é chamada de 'efeito Pigmalião'".[24] Estudos mostram que os índices de Q.I. de crianças, sobretudo no que diz respeito às capacidades verbais e ao nível de informação, podem ser elevados "simplesmente porque esperamos que elas se saiam bem. (...) Um estudo mostrou que o desempenho dos funcionários melhorava de maneira significativa quando o supervisor deles tinha sido avisado de que seu grupo demonstrara uma aptidão especial para aquele trabalho".[25]

Se você passar aos empregados a sensação de que são irremediavelmente preguiçosos, eles agirão dessa forma. Mas, se acreditarem que são essenciais para o sucesso da empresa, eles corresponderão, aceitando maiores responsabilidades, mostrando-se à altura da situação e, por último, melhorando sua produtividade.

Os empregados têm o direito de ser tratados de maneira justa e honesta. A *Industry Week* relatou que, "enquanto 87% dos funcionários consultados [numa pesquisa] acham que é muito importante que a administração seja honesta, justa e consciente, mas somente 39% acredita que isso aconteça". Não é de surpreender que, se a administração fecha os olhos a um atendimento insatisfatório ou a acordos desonestos com clientes e fornecedores, a impressão que passa aos empregados é de que não é confiável. Além disso, "três quartos das pessoas consultadas também revelaram que é muito importante para elas que a administração se preocupe verdadeiramente com os empregados como indivíduos, mas apenas 27% deles acha que exista, de fato, qualquer coisa semelhante a uma atitude de dedicação".[26] Essa descrença é resultante de políticas que não são administradas de modo consistente e uniforme e do erro de não se estender aos empregados o mesmo tratamento dado aos fornecedores.

Os empregados têm o direito de ter sua condição profissional reconhecida. Para muitos, não é suficiente desempenhar bem as atividades cotidianas. Eles querem estar a par das novas teorias e procedimentos em sua área. Querem continuar a aprender tanto no trabalho quanto por meio de suas associações profissionais, colegas de profissão ou educação formal. Se a empresa estiver disposta a apoiar esses esforços, tem de percorrer um longo caminho. Essa atitude, além de promover o desenvolvimento pessoal e profissional dos empregados, faz com que eles retribuam com um aumento de criatividade, lealdade e comprometimento.

Muitas organizações acham que os custos associados a essas atividades são proibitivos. Elas erram ao não considerar que essas atividades ajudam basicamente a empresa a adaptar-se a mudanças e a reduzir os custos da rotatividade de pessoal. O dinheiro que seria gasto para recrutar novos empregados poderia ser aplicado em programas de treinamento e desenvolvimento do empregado, para que ele se envolva mais com a empresa. (Esse assunto será tratado com mais detalhes no Capítulo 6.)

Os empregados têm direito à liberdade de expressão. Os funcionários precisam se sentir confiantes para poder expressar seus sentimentos sobre um assunto. Suas idéias devem ser ouvidas e valorizadas, ter um retorno, sem que eles corram o risco de ser recriminados.

Os empregados têm o direito de ser informados. Eles precisam ter acesso a toda e qualquer informação que os ajude a desempenhar bem seu trabalho. Para isso, a empresa deve deixar que os funcionários saibam o motivo que a levou a tomar certas decisões que os afetam, em vez de simplesmente exigir que eles cumpram ordens. Além disso, os eventos mais importantes que afetam a empresa têm de ser comunicados a eles por meio de correspondência formal, e não por intermédio de informações confidenciais, conversas de clientes ou ainda pelos jornais.

Os empregados têm o direito de se comunicar com a administração. A menos que tenham acesso à administração, os empregados sentem-se excluídos. Eles têm a sensação de que não são valorizados como membros da empresa. Uma das maneiras de mudar isso é anunciar uma política de abertura. Mas só anunciar não é suficiente. Os administradores também precisam fazer com que os empregados sintam-se à vontade para abordá-los. Pergunte a si mesmo se você fica num lugar por tempo suficiente para ser abordado. Você está à disposição durante o expediente ou só às cinco da manhã? Sua secretária faz tudo para protegê-lo de intrusos, exceto pôr arame farpado em volta da sua sala? Quando alguma solicitação é submetida à sua consideração, confidencialmente, você divulga parte da informação? Você ouve de verdade ou apenas finge ouvir? A iniciativa de sair da sua sala para encontrar seus empregados só depende de você. Marque sua presença regularmente, para que as pessoas não pensem que você as está evitando.

Os empregados têm o direito de saber que seus esforços são valorizados. Num artigo da *Industry Week*, David Kearns, presidente e diretor-executivo da Xerox Corporation, disse: "Se você tiver um pote de ouro, é fácil administrar. Basta mostrar o dinheiro, sacudindo as cenouras. Mas, se não tiver o pote de ouro, administrar é bem mais difícil. Aí é que se revelam os verdadeiros executivos."[27]

Evidentemente, a primeira retribuição para qualquer trabalho é o pagamento. Mas, se considerarmos todos os fatores, essa não é, de maneira nenhuma, a única retribuição que o empregado quer. Inúmeros estudos demonstram que é tão importante — se não mais — ter consciência das necessidades e opiniões dos funcionários, reconhecendo quando eles fazem um trabalho bem-feito, quanto pagar salários diferenciados.

Por exemplo, uma pesquisa feita pelo Houston-based American Productivity Center revelou que "90-95% dos funcionários consultados acham que o reconhecimento por se fazer um bom trabalho é importante, ou muito importante, como fator de motivação. De fato, isso foi colocado acima da competitividade salarial, e o pagamento evidentemente empatou com o desempenho".[28]

O *Personnel Journal* relata que "o reconhecimento e o elogio no trabalho são tão importantes que um em cada quatro funcionários entrevistados pelo Motivational Systems of West Orange, New Jersey, disse que deixaria o emprego atual para trabalhar, pelo mesmo salário e benefícios, em outra companhia que lhes dispensasse atenção especial e reconhecimento".[29]

Programas de reconhecimento do empregado

Como regra geral de procedimento prático, os programas de reconhecimento devem seguir os seguintes critérios:

- *Simplicidade suficiente para que todos entendam como, por que e quando as pessoas serão premiadas.* Estou cansado de ouvir que uma organização lançou um programa de incentivos que ninguém consegue entender.

- *Comunicação contínua.* Conheço uma pessoa que ganhou um prêmio de um programa cuja existência ela desconhecia.

- *Cerimônias públicas.* As pessoas devem ser elogiadas em público; só assim seu comportamento servirá como parâmetro de competição para os outros. Um bilhete de agradecimento na escrivaninha, embora seja um ato de gentileza, é um recurso limitado de administração.

- *Na premiação, envolvimento de alguém que ocupe um posto mais elevado dentro da administração.* Esse tipo de participação acrescenta ênfase e significado a qualquer prêmio.

- *Realce compatível com os melhores resultados alcançados.* O reconhecimento deve ressaltar e reforçar as áreas mais importantes da empresa. Se o programa não for compatível com a estratégia de direção da empresa ou não reforçá-la, não será eficiente. Por exemplo, recompensar os funcionários por sua permanência no emprego em vez de premiá-los pela produtividade incentiva-os mais a se manter no emprego do que a alcançar resultados.

- *Sinais de reconhecimento no decorrer do processo.* Os melhores programas oferecem sinais constantes e apropriados de reconhecimento; não dependem de um processo formal de revisão, executado posteriormente.

- *Garantia de recompensas formais e informais.* Prêmios e reconhecimento não precisam ser sempre concedidos formalmente; às vezes, os programas mais eficientes são informais e espontâneos. A IBM tem um programa de reconhecimento que premia a excelência do serviço. Chama-se "Sucessos-Relâmpagos" e pode ser concedido a qualquer momento, segundo o critério da administração. O reconhecimento também pode assumir a forma de senso de propriedade. Quando a Apple Computer anuncia a evolução ou a criação de um produto, "em vez de ter uma equipe de relações públicas ou um executivo graduado para fazer o pronunciamento, a apresentação da inovação é feita por quem a desenvolveu, seja uma pessoa ou um grupo".[30]

- *Metas que se apresentem como realizáveis e atingíveis.* Se as exigências para se ganhar um prêmio não forem realistas, o programa será inútil. O oposto — estabelecer metas tão fáceis que todos consigam vencer — também não tem sentido.

- *Prêmios significativos.* Nem toda gratificação precisa ser materialmente significativa; pode ser apenas simbólica. É claro que deve haver uma correspondência. Mas tenho visto com tanta freqüência administrações concederem um simples certificado, ou a Dale Carnegie Organization premiar com uma caneta barata o melhor orador do encontro, que concluí que o valor dos prêmios não é importante. O que pesa é que sejam oferecidos de maneira sincera e honesta, além de justa.

Afeto

Uma história contada por Fran Tarkenton que resume tanta coisa do que tem sido dito até agora — e ele faz isso tão bem — que vale a pena repeti-la na íntegra.

Um mês depois da minha eleição para o Hall da Fama, eu estava na cozinha de nossa casa em Atlanta, rodeado de malas. Chegara o dia em que meu filho sairia de casa para ir para a Princeton University. Ele saiu da cozinha por um instante e, quando voltou, trazia um envelope para cada um de nós.

Isso no momento em que eu sofria o impacto de uma constatação: "Meu filho está se despedindo de tudo o que já conhece. A segurança da família, o lar... ele sabe que nada será como antes. Está saindo para começar tudo de novo." E então aconteceu. Ele deu a volta na mesa da cozinha, veio em minha direção e vi as lágrimas em seus olhos. Quando pus os braços em volta dele, pude senti-las. As lágrimas dele molharam minha camisa, as minhas rolaram livremente pela primeira vez em minha vida. Por alguns minutos, só nos abraçamos, sem dizer nada.

Depois, pensando sobre aquele momento, percebi que uma grande mudança havia ocorrido na relação com meu filho. Nós nos importávamos um com o outro de verdade, sem dúvida. Muito mais do que nosso machismo nos deixava admitir. E, quando vimos e sentimos como isso era bom, nós dois constatamos que não era sinal de fraqueza deixar aflorar nossos sentimentos.

Foi preciso ser forte. Só homens de verdade choram.

Quanto mais penso no mundo dos negócios, nos problemas de administração, mais me convenço de que o que falta são lágrimas! Talvez não ao pé da letra, é claro, mas certamente no que as lágrimas representam em termos de dedicação pessoal e envolvimento.[31]

3

É uma boa idéia, mas...

Construir uma empresa inovadora que se renove todos os dias

Quando foi a última vez que alguém de sua empresa apresentou uma idéia nova? As idéias surgem de uns poucos eleitos ou todos têm a responsabilidade de contribuir? Existe uma gratificação para a inovação ou ela é abafada por políticas internas, protocolos e adiamentos? As idéias são recebidas de braços abertos ou apenas ouvidas por obrigação? Existe um projeto formalizado para estimular idéias ou apenas se deixa que elas ocorram? Os executivos mais graduados quebram velhas barreiras ou constroem novas? A apresentação de novas idéias é incentivada como filosofia incorporada ou é feita apenas quando a situação obriga a isso?

Nessa nova era de grande competitividade, a capacidade de uma empresa de gerar e pôr em prática novas idéias pode fazer a diferença entre um vencedor e um perdedor. Mas, da mesma forma que o equipamento básico precisa ser bem conservado e consertado para manter seu valor, a criatividade — uma das maiores fontes naturais de recursos de uma empresa — precisa ser cultivada, caso se espere dela os melhores benefícios.

A criatividade faz diferença em cada nível de todo tipo de organização — tanto para a criação de novos produtos e serviços, num relacionamento de publicidade, como para resolver problemas a longo prazo que parecem insolúveis até que alguém com imaginação "arremesse uma bola velha com um novo efeito".

Em algumas organizações, a criatividade é estimulada pela mentalidade corporativa, pelo estilo operacional da empresa e pelas práticas individuais de administração; em outras, é bloqueada a cada passo. As barreiras são inúmeras, e a dificuldade para ultrapassá-las depende, em grande parte, do patamar em que se encontram. Os obstáculos mais difíceis para a criatividade encontram-se nas empresas em que o "setor pensante" encoraja a prática de políticas internas, em que há um sistema de casta, em que a empresa resiste a mudanças de qualquer tipo e em que fracassos representam o dobre de finados para a carreira de uma pessoa.

O estilo operacional é um obstáculo menor, porque nesse patamar os problemas podem ser localizados mais facilmente e resolvidos. O excesso de regras e de papelada, o pântano burocrático que impede a ação e a oportunidade de expor novas idéias, e a falta de incentivos para gratificar os funcionários, tudo isso pode ser transformado em criatividade.

A última dificuldade a ser superada é o estilo de administração que sufoca a criatividade. Para se vencer essa barreira, é preciso convencer os executivos de que manter os subordinados na ignorância, tratá-los ditatorialmente, sem oferecer-lhes oportunidades e adiando soluções, não são fatores que contribuam para o seu próprio sucesso.

Liberar a mística da criatividade

Muitas pessoas entendem pouco do processo criativo ou têm dificuldade em avaliá-lo. Tentam dar ordens para estimulá-lo, estabelecem limites de tempo ou insistem para que ele siga noções preconcebidas. O fato é que, quanto mais se compreende o processo criativo, mais fácil se torna estimular a criatividade.

Em seus estudos intensivos sobre a criatividade, o escritor Roger von Oech observa que: "Existem duas fases principais no desenvolvimento de idéias novas: uma fase de germinação e outra, prática. Na fase de germinação, as idéias são geradas e trabalhadas; na fase prática, são avaliadas e executadas. Para usar uma metáfora biológica, a fase de germinação faz brotar as idéias novas e a fase prática as amadurece."[1]

Von Oech previne contra a concentração em uma só área. Diz que o melhor pensamento decorre do desempenho de quatro diferentes papéis — explorador, artista, juiz, guerreiro —, no momento certo. Para começar, você

precisa da matéria-prima de que são feitas as idéias novas: fatos, conceitos, experiências, conhecimento, sentimentos e qualquer outra coisa que você descubra (...), então, você se torna um *explorador* e procura os materiais para concretizar sua idéia. (...) Eles podem constituir um padrão, mas, se você quiser algo novo e diferente, precisará distorcê-los um pouco. Esse é o momento em que você muda de papel e deixa aflorar o *artista*. (...) Então você se pergunta: "Essa é uma boa idéia? Vale a pena ir em frente? Será que ela vai me dar o retorno que espero? Tenho recursos para fazer isso?" Para facilitar essa decisão, adote a posição de *juiz*. (...) Finalmente, está na hora de executar sua idéia. No entanto, você percebe que o mundo não está preparado para aceitar toda idéia nova que surge. (...) Então, você se torna um *guerreiro* e luta por sua idéia (...) talvez seja obrigado a

É uma boa idéia, mas...

superar subterfúgios, sabotadores de idéias, recuos temporários e outros obstáculos.[2]

A interpretação de Von Oech é particularmente interessante se considerarmos que usamos diferentes lados do cérebro para cada atividade mental. A atividade que ocorre do lado esquerdo é lógica, concreta e crítica, muito específica e consistente. O lado direito, ao contrário, é capaz de abstrair o pensamento, de juntar várias peças e apresentar algo novo; é onde a intuição floresce. Portanto, os papéis de explorador e de artista podem funcionar melhor quando se usa o lado direito do cérebro; os de juiz e guerreiro, quando se usa o lado esquerdo. A dificuldade surge no momento em que uma pessoa que utiliza basicamente o lado direito ou o lado esquerdo do cérebro é responsável por todos os papéis e tem problemas no ajuste da engrenagem. Outra dificuldade aparece quando as responsabilidades da administração requerem a atuação do juiz, e a pessoa, estando no time da criação, convoca o artista; os lados entram em conflito quando tentam impor um ao outro seus diferentes modos de pensar.

Algumas companhias são excelentes em termos de criatividade. É evidente que há bolsões de criatividade nas empresas e entre executivos, mas é difícil encontrar uma mentalidade criativa mais ampla. Uma empresa que reconhecidamente se encaixa nesse perfil é a 3M, responsável por produtos como os blocos de notas adesivas Post-it e a fita Scotch — uma companhia que se esforça para retirar 25% das vendas anuais de produtos que têm menos de cinco anos. Elogiados como "mestres da inovação" e "campeões de produtos novos", os dirigentes da 3M são o exemplo perfeito de como promover o espírito de criatividade entre os funcionários.

Um repórter, ao analisar o que faz da 3M uma empresa diferente, disse que o "'décimo primeiro mandamento da 3M' é 'Não matarás uma idéia'". Esse mandamento é posto em prática criando-se um clima que incentiva a "paciência em alimentar novos projetos; o respeito pelas idéias dos outros; a atitude construtiva com relação aos erros, considerados subprodutos da inovação, e uma atmosfera de comunicação aberta".[3]

As críticas à criatividade

O primeiro passo para encorajar a criatividade é aprender a reconhecer os obstáculos e as razões que estão por trás deles — algumas das quais são inconscientes. Uma boa idéia é começar por aqueles que são mais fáceis de derrubar: os que são criados pelos executivos porque lhes falta uma compreensão das habilidades requeridas durante cada fase do processo criativo ou porque acreditam que precisam manter o controle o tempo todo ou, ainda, por sua própria inaptidão como executivos.

Estilo de administração

Nos ambientes mais criativos, a linha entre o trabalho e a diversão é muito tênue. As pessoas vão trabalhar não por obrigação, mas porque querem. Criar um ambiente assim é responsabilidade da administração. John Welch, Jr., presidente do conselho e diretor-executivo da General Electric, escreveu o seguinte no *Relatório Anual* de 1989 da GE:

> Queremos que a GE torne-se uma companhia em que as pessoas venham trabalhar todos os dias com a disposição de pôr em prática alguma coisa na qual estiveram pensando na noite anterior. Queremos que, quando elas forem para casa depois do trabalho, em vez de tentar esquecer, tenham vontade de falar sobre o que fizeram naquele dia. Queremos fábricas em que, quando o apito soar, todos fiquem imaginando como o tempo passou depressa, e, de repente, alguém pense em voz alta: "Por que precisamos de um apito?" Queremos uma companhia em que os funcionários descubram uma maneira melhor de fazer as coisas rotineiras; e onde, ao moldar sua própria experiência de trabalho, possam construir uma vida melhor e fazer de sua empresa a campeã.
>
> Forçada? Inconsistente? Branda? Ingênua? Nem um pouco. Essa é a espécie de mentalidade aberta, liberada, envolvente, excitante, que está presente nas empresas de ponta bem-sucedidas. Não se ouve falar nisso em instituições do nosso tamanho; mas queremos isso e estamos dispostos a consegui-lo.

Nesse tipo de organização, os empregados sentem que os executivos mais graduados lhes proporcionam um senso de direção adequado, que seus colegas buscam os mesmos objetivos que eles e, mais importante, que todos — do topo da organização ao empregado menos qualificado — estão comprometidos com os mesmos objetivos e têm um interesse pessoal em atingi-los.

Nessas organizações, a administração transfere aos empregados a autoridade e a responsabilidade pela realização do trabalho, deixando a seu critério o processo de atingir as metas. A responsabilidade da administração, então, é garantir que os funcionários tenham os recursos de que precisam para fazer o serviço, além de remover as barreiras que possam impedir seu progresso, como manter as pessoas na ignorância, exigir criatividade, estabelecer prazos irreais e adiamentos.

Manter as pessoas na ignorância

"Por que você precisa saber tanto a respeito do que estamos fazendo? O que eu quero são só algumas idéias." Como alguém pode tirar idéias do nada? O tempo investido na transmissão de informações relativas a uma área muitas vezes ajuda a garantir que as idéias desenvolvidas sejam compatíveis com a estratégia global da empresa. Além do mais, a informação geralmente se torna um catalisador para a criação de novas idéias.

"Apenas não está certo. Não posso lhe dizer por quê, mas não gosto disso." Os executivos que não dedicam nem seu tempo nem esforço para avaliar cuidadosamente uma idéia e fornecer as informações necessárias (não apenas críticas) ficam desapontados quando os empregados voltam a cometer os mesmos erros.

"Eu sei exatamente o que eu quero, apenas não consigo explicar. Quando conseguir descobrir, então lhe direi." A incapacidade de fornecer indicações certas ou de verbalizar expectativas induz os funcionários ao erro. Talvez seja necessário passar um pouco mais de tempo imaginando o que se quer antes de pedir assistência.

"Discuta o projeto com Harry, Tom e Bill. O ponto de vista deles é importante." Não se deve mandar um funcionário consultar outros, a não ser que se tenha certeza de que ele receberá um retorno consistente ou de que, juntos, eles serão capazes de resolver o problema. Caso contrário, o empregado pode acabar atuando como mediador e não como criador. Um velho provérbio, "cozinheiros em excesso azedam o caldo", aplica-se ao mundo dos negócios. *The Wall Street Journal* relatou a triste história de um redator de discursos a quem foi pedido que enviasse a alguns executivos da organização o rascunho do discurso que ele escrevera para o diretor-executivo da empresa. O redator disse que "recebeu 24 cópias do seu rascunho dos 24 executivos — 'com 24 baterias de comentários'. E o chefe dos executivos nem ao menos tinha visto o discurso. 'Cada uma das 24 pessoas reescreveu-o segundo seu próprio ponto de vista'", ele lamentava, acrescentando que deixara o emprego.[4]

"Seu trabalho não é encontrar-se com o cliente. É apresentar resultados." O "time de criação" — de uma agência de publicidade, por exemplo —, deveria ter acesso direto não só à administração de seus clientes, mas também à sua linha de frente, isto é, vendedores e distribuidores (os que estão mais próximos do consumidor). Afinal, quem está mais perto chega ao cliente de verdade, com uma chance mínima de que alguma coisa se perca no processo de filtragem ou seja modificada por preferências pessoais.

Para se assegurar de que as pessoas não estão sendo mantidas na ignorância, mesmo inadvertidamente, a administração precisa se comprometer a promover comunicação livre e aberta, tanto vertical quanto cruzada por toda a empresa. Essa abertura faz parte do processo de criação de um ambiente que incentive a criatividade, em que haja pouca desconfiança, em que todos trabalhem para alcançar o mesmo objetivo. Nesse ambiente, avaliam-se as novas idéias e oferecem-se muitas informações construtivas. A comunicação interna não é filtrada por alguns eleitos, porque o que parece importante para uma pessoa pode ser insignificante para outra. Em vez disso, a administração trabalha firme para derrubar barreiras de comunicação e criar fóruns que incentivem as pessoas a trocar idéias e a estabelecer redes de comunicação dentro e fora da empresa. (Um novo modelo para comunicação interna é apresentado no Capítulo 4.) Em empresas conhecidas por seu espírito inovador, a comunicação é constante. A *Business Week* observa que "sessões informais de troca de idéias surgiram na 3M — nos cantos dos laboratórios, nas saletas ou nos corredores. E não é incomum que alguns clientes se vejam envolvidos nesses *brainstormings* relâmpagos".[5] Afinal, quem sabe em que mente brilhará a próxima grande idéia?

Relações ditatoriais

"Eis a minha idéia; agora execute-a!" Quando se diz aos funcionários não apenas aquilo que se quer, mas também como se deseja que o trabalho seja executado, eles começam a ligar o piloto automático, deixando de pensar em qual seria a melhor forma de atacar o problema, executando a tarefa como lhes foi determinado. Uma vez que as ordens da administração parecem indicar resistência a — e talvez punição por — encontrar modos novos e talvez melhores de fazer determinadas coisas, nega-se ao funcionário qualquer possibilidade de desenvolver uma nova abordagem, visando maior eficiência no serviço.

"Esta é a minha idéia; e a sua, qual é?" Quando os executivos apresentam suas idéias sem antes deixar que os empregados expressem as deles, os que tiverem idéias diferentes das do chefe não irão se pronunciar, porque não querem dar a impressão de que as idéias do chefe não são boas. Esses limites e parâmetros impostos ao pensamento do empregado desencorajam o raciocínio independente.

"Descubra a idéia mais favorável." Quando se está procurando uma só resposta — a melhor —, é muito fácil parar depois de encontrar uma satisfatória, que pode ser a mais simples mas nem sempre a melhor. Os empregados devem ser incentivados a dar idéias até que as possibilidades se esgotem.

"Por que você está perdendo tempo com uma pesquisa tão detalhada?" Não se deve deixar que o próprio preconceito com relação a novas idéias influencie os processos alheios. É bom lembrar que quem usa o lado direito do cérebro gosta de explorar as idéias enquanto está no caminho do desenvolvimento; não é conveniente deixar que o preconceito administrativo, gerado do lado esquerdo do cérebro, impeça a investigação. As pessoas que estiverem fazendo a pesquisa sabem o que funciona para elas. Sob muitos aspectos, "lidar com talentos é como educar crianças. Talentos são crianças que jamais crescem por completo; executivos são pessoas que crescem de verdade, mas muitos deles se esquecem de que já foram crianças. Perdem aquele devaneio infantil. Não sabem se relacionar com crian-

ças ou com talentos. Os executivos que eliminaram a criança de sua personalidade nunca conseguirão lidar muito bem com o talento".[6]

"Não desperdice seu tempo com brain-stormings*; traga-me apenas uma grande idéia."* É bom lembrar que muitas das melhores idéias resultam de uma fagulha que depois se avoluma. Muitas inovações derivaram de uma idéia que partiu de outra pessoa, indústria ou empresa, depois aplicada de forma diferente para solucionar outro problema.

"Parem de brincar e voltem ao trabalho." Os autores de *The Creativity Infusion* dizem que "outra barreira à criatividade freqüentemente citada é a falta de tempo livre. Quando se trabalha para uma empresa, geralmente o contrato é de tempo integral. Isso quer dizer que, se o empregado não for visto fazendo alguma coisa durante todas as horas de trabalho — muitas vezes até além delas —, então é óbvio que tem pouco serviço. (...) Alguns executivos verdadeiramente dedicados às vezes tentam convencê-lo de que ele não pode ser criativo. Empilham diante dele coisas realmente desnecessárias, mais uma vez com a teoria de que, se o empregado está com os pés em cima da escrivaninha, obviamente não está trabalhando em tempo integral".[7]

"O que você me trouxe está bom, mas vamos fazer isso de uma forma um pouco diferente." Não convém fazer alterações sutis e desnecessárias no trabalho dos funcionários, apenas para justificar o tempo que se gastou examinando-as. Além disso, é importante que haja reconhecimento pelas novas idéias. Quando os empregados sabem que suas sugestões foram aceitas, trabalham mais ainda para implantá-las.

"Aqui estão 3 milhões de reais para testar sua idéia." Ser excessivamente generoso pode matar uma idéia. O tamanho do investimento cria expectativas antes que a idéia tenha tido tempo suficiente para provar que funciona. Muitas vezes, é melhor testar uma idéia em passos progressivos, aprendendo com os erros, do que ampliar sua visibilidade e sufocá-la com dinheiro.

Alguns executivos costumam usar o estilo ditatorial por medo de perder o controle da situação, caso dêem ao empregado muita liberdade. Eles mantêm um controle rígido para evitar que haja qualquer tipo de confusão. Perderam a noção de que, se acreditarem nos seus subalternos, eles acreditarão neles mesmos. As empresas deveriam adotar a filosofia de executivos como Dick Madden, diretor-executivo da Potlatch Corporation, que afirma ser bem melhor "pensar nos limites dentro dos quais seu pessoal opera como se fossem as paredes de um cômodo. É preciso ter certeza de que as paredes estão suficientemente afastadas para dar o máximo espaço possível para o pessoal, mas nunca tão afastadas que a administração não possa apoiar as pessoas se elas tropeçarem. As paredes estão ali para dar apoio e guiar; não para negligenciar ou confinar. Com o aperfeiçoamento das habilidades, os limites podem ser ampliados".[8]

Prazos irreais

"É só uma página. Não vai levar mais do que uma hora para você acabar." Não é possível impor um relógio de ponto para a criatividade. Se isso for feito, os resultados serão idéias pobres, pouco desenvolvidas, e empregados frustrados, por não terem tido tempo de concluir seus trabalhos, o que os obriga a retomá-los no dia seguinte.

"Sei que não há motivo para que o trabalho fique pronto amanhã, mas quero que seja assim de qualquer maneira." Alguns chefes acham que precisam exercer pressão para forçar a criatividade, pois os funcionários reagem a essa pressão com arroubos criativos. Embora isso aconteça em alguns casos, a pressão e o medo são sempre soluções a curto prazo. Além do mais, caso se alerte sobre a presença do lobo com muita freqüência, quando realmente for necessário um esforço extra dos empregados, eles não o farão.

"Eu lhe dei dois dias para fazer isso; não acredito que tenha erros de digitação." Em primeiro lugar, ao se estabelecer prazos irreais e depois ridicularizar o resultado do trabalho, o chefe não só influencia negativamente o moral e o trabalho do empregado, como diminui a confiança dele, comprometendo seus trabalhos futuros.

A administração precisa resistir à pressão de criar falsas expectativas aceitando prazos irreais e depois impondo-os aos empregados. A análise de um estudo sobre executivos seniores, realizada pela Wharton School, revelou que "os problemas surgem quando uma pessoa mais velha entra em contato com novos produtos e não reconhece o processo de aprendizagem. (...) Outro problema é a impaciência. Quando a administração (finalmente, no entender de alguns) decide começar, eles querem o produto imediatamente".[9]

Adiamentos

"Nós queremos realmente que vocês nos dêem sugestões. Não é nossa culpa se estamos sempre tão ocupados que não podemos avaliá-las e colocá-las em prática." Em muitas empresas, pede-se aos empregados que apresentem sugestões, garantindo-lhes que a direção dará um retorno a eles, o que nunca acontece. Os empregados começam a achar que ninguém está interessado, por isso deixam de tentar. O problema é mais complexo quando os chefes estão no cargo há tanto tempo que vêem uma idéia nova como um aborrecimento, e então essa atitude é transmitida aos empregados.

"Acho que agora conseguimos. Só tenho umas correçõezinhas a fazer na planta 8." Alguns chefes fazem mudanças nos trabalhos dos funcionários só pelo

É uma boa idéia, mas...

prazer de alterá-los. Outros fazem mudanças porque não haviam dado a atenção necessária ao documento ou à idéia logo no início. O estudo sobre criatividade relatado na *Marketing News* indica que "a supervalorização e a competitividade entre membros de grupos foram mencionadas por 41% dos participantes como causas de fracasso".[10]

"Agradeço pela informação adicional. Nossa direção se reunirá dentro de poucas semanas e então decidiremos se vamos levar o projeto adiante." Os adiamentos tiram a motivação das pessoas. Uma queixa freqüente é que "as pessoas mais velhas aceitam com boa vontade as idéias novas, mas têm a tendência de protelar as decisões de investimento. (...) O entrave para as inovações é o processo de análise a que são submetidas. Em vez de julgarem, querem reunir uma quantidade sempre maior de dados".[11]

"Com todos os problemas mais importantes com que tenho de me preocupar, você não pode esperar que eu pense nisso agora." Talvez, se a idéia de um funcionário tivesse sido ouvida seis meses atrás, o problema que surgiu agora não teria existido. Dá mais trabalho arranjar desculpas para não ouvir do que realmente ouvir.

Hoje em dia, a concorrência exige rapidez — o que é discutido mais detalhadamente no Capítulo 7. Isso explica por que os adiamentos — esperar que os problemas fiquem críticos para se cuidar deles — sempre causam complicações. Acaba-se perdendo mais tempo apagando o fogo do que o acendendo. Além disso, se a solução dos problemas for deixada para o último minuto, os prazos finais se tornarão fictícios. Causando-se tanto dano ao projeto por quebrar-lhe o ímpeto, cria-se uma atitude cínica por parte dos empregados com relação aos prazos, e isso acaba com o entusiasmo.

Estilo operacional

Cada organização tem seu próprio modo de conduzir os procedimentos de rotina. Isso se revela pela maneira como ela é estruturada, pelas regras a que o pessoal se sujeita e pelas recompensas que ele recebe. É importante lembrar, entretanto, que regras específicas podem ser modificadas para aumentar a criatividade, o que é diferente de tentar mudar a mentalidade corporativa que permeia o espírito da empresa.

Formalidades e protocolo

"Faça isso por escrito." Essa ordem reprime a criatividade de duas maneiras. Em primeiro lugar, as pessoas podem se sentir mais à vontade e mais aptas a expressar seus conceitos verbalmente, em especial quando se exige uma demonstração. Em segundo lugar, muitos perdem o interesse antes de ter tempo ou vontade de escrever suas idéias.

"Certifique-se de que sua idéia se adapta à nossa estrutura." Com essa imposição, impõem-se limites à idéia — o estilo sobrepujando o conteúdo. Por que não avaliar primeiro o mérito da idéia para depois pensar em sua embalagem?

"Traga alguma coisa realmente criativa, mas que não passe de oito páginas, com um texto sintético e criativo." Ao se incluir preferências pessoais no processo criativo, limitando a liberdade de expressão, pode-se atrapalhar o processo ou mudar a idéia básica de tal forma que a invalide.

"Não faça perguntas, cumpra as regras." Todas as organizações precisam de procedimentos que regulamentem suas atividades básicas; o perigo está em estabelecer normas para determinadas situações, abafando a criatividade e o espírito inovador. Como diz Roger von Oech: "Em nossa cultura, existe muita pressão para que sigamos regras. É um dos primeiros valores que aprendemos quando crianças. As pessoas nos dizem: 'Não pinte fora das linhas' e 'Não pinte o elefante de laranja'. O sistema educacional reforça o cumprimento de regras. Geralmente, os estudantes são mais recompensados por regurgitar informações do que por brincar com idéias e imaginar usos diferentes para algumas coisas. Como conseqüência, as pessoas sentem-se mais à vontade cumprindo as normas do que desafiando-as (...) se, entretanto, elas estiverem tentando gerar novas idéias, então o valor 'siga as regras' pode tornar-se um cadeado mental, porque significa 'pense nas coisas apenas como elas são'."[12] No artigo da *Business Week* mencionado anteriormente, o autor ressalta que "a escassez de regras corporativas na 3M deixa espaço para que haja muita experimentação — e fracasso [que não é considerado de maneira nenhuma uma catástrofe]".[13]

As empresas desenvolvem procedimentos ou projetam estruturas-padrão para funcionar mais uniformemente — de fato, a inexistência total de regras levaria ao caos. Mas muitas vezes, quando as circunstâncias mudam, o motivo inicial que gerou a regra desaparece ou, então, os procedimentos tornam-se mais importantes do que a realização do objetivo idealizado. Deve-se dar aos empregados liberdade para burlar as normas, quando isso for do interesse do cliente. Quando Philip Caldwell era diretor-executivo da Ford, afirmava que "é a magia do envolvimento do empregado que permite às pessoas descobrir seu potencial para trabalhar de maneira mais criativa. [Permite a elas] desenvolver o amor-próprio nas relações de trabalho, o respeito por si mesmo, a autoconfiança e mais senso de responsabilidade".[14] É por isso que a estrutura e os procedimentos da empresa devem servir como guias e parâmetros, mas sem ser rígidos a ponto de ninguém poder modificá-los. Além do mais, têm de ser revistos e testados, de tempos em tempos, para se verificar se ainda servem aos propósitos iniciais.

Burocracia

"Essa é uma grande idéia. Agora, só falta conseguir as dez rubricas requeridas e estaremos prontos para levá-la adiante." Há dois finais para essa cena. O primeiro é a centralização, em que poucas pessoas precisam dar sua aprovação, rubricando tudo, o que geralmente faz com que os papéis se avolumem e se formem filas. O segundo é aquele em que há necessidade de consenso total, em que se cria um sistema com tanta gente envolvida no processo decisório que é praticamente impossível tomar decisões rápidas. O redator de discursos que teve seu rascunho revisado por 24 executivos observou que, se tivesse aceito a sugestão de todos, seu texto viraria uma salada. Ele lembrou que "um diretor de *marketing* (...) queria que o discurso transmitisse à audiência como determinados produtos do mercado financeiro poderiam ser adaptados a suas necessidades específicas. Um advogado queria falar sobre a batalha legal que a companhia estava preparada para enfrentar. Um economista queria focalizar as tendências do mercado".[15]

"Hasteie a idéia no alto do mastro. Você precisa da aprovação de cinco pessoas." Esse cenário é muito comum. Algumas situações são incompatíveis entre si: uma dessas pessoas está de férias por duas semanas e outras duas ficarão fora do país durante cinco dias — mas o encarregado do trabalho tem três dias para terminá-lo.

"Eu, pessoalmente, achei uma boa idéia, mas, quando a expus ao meu chefe..." Aqueles que criaram a idéia provavelmente são os que a exporiam da melhor forma. Estão numa posição mais vantajosa para responder às perguntas e demonstram o entusiasmo necessário para conseguir a aprovação dela. Entretanto, quando as idéias são apresentadas em todos os níveis hierárquicos, é melhor que seu criador ou seus criadores também estejam presentes na reunião de apresentação. Afinal, um dos maiores incentivos aos empregados é deixar que eles exponham suas boas idéias ao diretor mais graduado.

"Você não pode contar com esse profissional no novo grupo de projetos... ele está no departamento de vendas." Os autores de *The Creativity Infusion* destacam que "parece bastante razoável e lógico que, se os diretores de uma companhia estão investindo na sobrevivência e no crescimento futuros da empresa, precisam reservar para seus projetos de criação os melhores e mais brilhantes profissionais. Ainda que muitas vezes isso seja difícil, pois essas pessoas são muito valiosas e essenciais em outras áreas importantes ou críticas. O chefe, então, pode ficar relutante na hora de oferecê-los para um contrato de alto-risco que as afastará da área em que prestam uma contribuição valiosa".[16] De acordo com o estudo de Wharton já mencionado, um chefe de produção afirmou que "seu maior problema era que levava três meses para tirar os funcionários da empresa e levá-los para

trabalhar temporariamente em seu projeto. Ele estava sempre preocupado em garantir que os chefes dos empregados reconhecessem o valor do trabalho deles no novo projeto, para que não fossem prejudicados nas avaliações de desempenho".[17]

A capacidade para responder à solicitação de um cliente, de conseguir um novo produto para ser comercializado rapidamente, de ser o primeiro a apresentar uma nova idéia é o fator-chave no ambiente atual de competitividade. Como afirma o já mencionado *Annual Report* de 1989, da General Electric,

quem está no topo, controlando todas as coisas, precisa dar espaço para a participação e a confiança. A maior parte da burocracia que infesta as instituições de negócios — avaliações, comunicados, informes de rotina e relatórios — deriva em grande escala da falta de confiança (...) o controle exercido sobre as pessoas impede que elas fiquem motivadas. Abafa-as. Descobrimos que os funcionários trabalham melhor, até mesmo com heroísmo, quando vêem que sua atuação no dia-a-dia faz diferença. Quando percebem que — ao lhes ser permitido fazer contribuições reais para vencer — rapidamente desenvolvem maior confiança em si mesmos. Essa autoconfiança, por sua vez, produz a simplificação — de ação, de projeto, de processo, de comunicação —, porque não existe mais a necessidade física de envolver-se em complexidade, adornos e jargões que, na burocracia, significam sofisticação e *status*.

Quando as decisões só são tomadas depois que as idéias passam por um elaborado processo de avaliação, sem se dar importância à extensão ou ao significado da idéia, a empresa é seriamente prejudicada. Isso porque as idéias muito importantes — não sendo classificadas como prioridade — receberão tanta atenção quanto as idéias menores e, por esse motivo, poderão morrer. Além disso, a direção, ao receber um fluxo significativo de idéias, não terá tempo hábil para responder a elas. Conseqüentemente, os empregados deixarão de enviar suas idéias à direção, pois sabem que não terão resposta. Nos dois casos, a empresa perde.

Por que as empresas insistem em manter burocracias complexas? Em alguns casos, as pessoas agem assim para tentar proteger seu feudo, com medo de que alguém "pise na grama". Outras empresas impõem e mantêm um estilo rígido e pragmático porque os executivos que a dirigem têm medo de perder poder ou controle — ou sentem que os estão perdendo. Eles avaliam cada situação a fim de demonstrar seu poder, sem levar em conta a capacidade da empresa para inovar.

Em outras empresas, ainda, o estilo burocrático desenvolve-se à medida que os encarregados da administração, com medo de tomar decisões, passam adiante qualquer coisa que requeira uma decisão. Embora evidentemente a aprovação seja necessária quando as decisões envolvem muito dinheiro, têm conseqüências estratégicas maiores ou requerem a avaliação de um especialis-

É uma boa idéia, mas...

ta (por exemplo, um advogado), na maioria dos casos, os mais aptos a julgar se uma idéia irá decolar são os que estão mais próximos da situação.

Desestimular novas idéias

"Não tenho tempo para me encontrar com você; então, por que não envia sua idéia pelo correio?" Quando se quer criar um ambiente de inovação, estimular novas idéias deve ser uma das prioridades. Se o chefe acha difícil avaliar idéias no tempo adequado, pelo menos deve dar uma explicação e prometer discutir o assunto futuramente — e é essencial que ele mantenha a palavra.

"Desculpe-me, ainda não avaliei sua idéia. Mas recebi cinqüenta idéias iguais à sua nesta semana." Todos acham que suas idéias são especiais. Mas não trate as pessoas como números. Da próxima vez, a pessoa que acabou de ser recusada pode ser a única capaz de propor algo novo.

"Eu, pessoalmente, não faria isso, mas por que você não tenta, de qualquer forma?" Essa frase expressa os rumos da administração. As pessoas trabalham melhor num ambiente onde sintam que sua contribuição é valiosa para a empresa. Quando você dá permissão a um funcionário para fazer alguma coisa, é importante não transmitir nenhuma mensagem que dê margem à dúvida; é preciso demonstrar confiança nas pessoas e em suas idéias.

"Não me venha com idéias, faça apenas o seu trabalho." Propor idéias novas deve ser responsabilidade de todos, não apenas de uns poucos eleitos; a pessoa que acabou de ser desestimulada talvez tenha a única idéia que poderia fazer diferença.

"Você teve uma grande idéia... agora só temos de descobrir para quem vamos apresentá-la." Quando as empresas falham, não esclarecendo a quem as novas idéias devem ser apresentadas, os empregados geralmente ficam confusos. As companhias inovadoras criam um processo para avaliar as novas idéias, designando uma pessoa ou um grupo para fazer isso.

"Eu sei que a minha idéia é ótima; se ao menos eu descobrisse um jeito de convencer meu chefe disso..." Muitas idéias são desperdiçadas, não porque sejam ruins, mas porque não têm embalagem nem apresentação apropriadas. A administração pode eliminar essa barreira providenciando tanto recursos de *marketing* como treinamento para auxiliar no processo.

"Por que você me incomoda com detalhes sem importância?" Analisar apenas grandes idéias é um mau negócio. As inovações que estimulam mudanças na organização também são importantes. Além disso, um detalhe sem relevância pode se transformar no primeiro passo para alguma coisa realmente grande.

A vitalidade de uma empresa é determinada pelo bom controle do ambiente criado. As empresas que seguem esse princípio "vêem as novas idéias como flores silvestres. Elas sabem que não se plantam sementes de flores silvestres; para encontrá-las, é preciso procurá-las em muitos lugares. Assim, essas empresas procuram as condições para que as flores silvestres cresçam, e também dão impulso a toda mudança para melhor em qualquer lugar".[18]

Isso significa que as empresas precisam analisar, em primeiro lugar, o clima interno, as regras e os preconceitos pessoais que inibem a criatividade, e então começar a instituir mudanças que irão criar um ambiente em que as idéias novas serão bem recebidas e poderão florescer; em que as idéias serão valorizadas em seus méritos individuais e não pelo *status* da pessoa que as estiver apresentando; em que se levará em conta o lado bom de cada idéia, tentando-se valorizá-la em vez de descartá-la.

O processo de avaliação

"Eu apresentei a idéia ao comitê, mas ela não foi bem aceita." As pessoas encarregadas do processo de avaliação de novas idéias precisam fornecer ao criador da idéia uma explicação resumida de como a decisão foi tomada.

"Em vez de perder tempo fazendo críticas a você, será mais fácil se eu mesmo cuidar disso." Esse tipo de reação impede os funcionários de aprender com seus próprios erros, e o pior é que esses erros se repetirão. Além do mais, quando não se deixa as pessoas corrigirem o que não estiver certo, tira-se a satisfação que a maioria delas tem de completar uma atividade.

"Sei que lhe pedi para ser criativo, mas isto aqui está completamente fora dos limites." Quando se descarta a sugestão de uma pessoa, ainda por cima desprezando seu trabalho, garante-se, no futuro, soluções que não envolvam nenhum risco. Explicar o que está errado sem ofender é muito mais produtivo.

"John, como você espera que eu aprove isto se você não levou em conta...?" Isso é conhecido como "jogar o bebê fora junto com a água do banho". Tenha cuidado para não jogar fora uma boa idéia por sua apresentação ou porque um elemento não foi levado em consideração.

Muitas vezes, não é o fato de o *feedback* ser negativo que interrompe o fluxo de idéias, mas a maneira como ele é apresentado. Além do mais, a administração precisa estabelecer um processo de avaliação em que as idéias não sejam ignoradas porque os avaliadores não entendem seu potencial e hesitam em levantar questões, temendo que as perguntas pareçam um sinal de fraqueza. Além disso, aqueles que fazem a avaliação não podem ser apressados nem muito prolixos; devem ser capazes de dar às novas idéias tempo e atenção proporcionais ao esforço despendido para que elas chegassem até eles. É importante também que as pessoas envolvidas no processo de avaliação sejam capazes de deixar de lado suas preferências pessoais.

Incentivos

"Por que dizer 'obrigado'? Este é ou não é o trabalho dele?" As pessoas trabalham por alguma coisa a mais do que dinheiro. A maioria delas quer ser reconhecida pelo trabalho bem-feito e ir para casa satisfeita.

"Por que deveríamos espalhar o fato de que John teve uma idéia? Queremos as pessoas trabalhando, não perdendo tempo com idéias." Ao dar a John o crédito que ele merece, cria-se um incentivo para que ele apresente outras boas idéias, além de inspirar outros a imitá-lo.

"Ouça a grande idéia que acabei de ter." Não há nada mais desmoralizante do que os superiores ficarem com o crédito pelo trabalho de subordinados. Como conseqüência dessa quebra de confiança, as pessoas passam a hesitar antes de apresentar uma idéia nova; preferem procurar uma situação em que recebam reconhecimento por sua contribuição.

"Por que dar incentivos ou recompensas por idéias?" Recompensas concretas geram entusiasmo, dedicação e lealdade à empresa, além de inspirar outros a imitar o comportamento da pessoa que foi objeto de reconhecimento.

Stratford Sherman, num artigo para a *Fortune*, explica que as companhias que estimulam a inovação e a criatividade "reforçam o medo de estagnação com recompensas pelo sucesso. 'Queremos que o nosso pessoal tenha os olhos focalizados no alto', diz Welch, diretor-executivo da GE, que doa, anualmente, 2 milhões de dólares em prêmios especiais para contribuições extraordinárias. Outros confiam menos em dinheiro do que numa política de reforço ao ego. A 3M dá prêmios — troféus e certificados —, enquanto a Intel oferece aos seus engenheiros projetistas a oportunidade gratificante de apresentar seus novos produtos às companhias que compõem sua clientela".[19] Quase todas as empresas inovadoras têm sistemas de gratificação, mas talvez nenhuma faça isso melhor do que a 3M, onde a pessoa que "defende um novo produto externamente tem, então, a oportunidade de lidar com ele como se fosse de sua propriedade".[20]

Em algumas empresas, foram estabelecidas formas duplas para ascender na carreira a fim de recompensar os funcionários que merecem promoção mas estão felizes com o trabalho criativo, pelo qual eles foram reconhecidos. Por exemplo, na 3M, os engenheiros que não querem cargos de chefia não são punidos. A forma dupla de ascensão, diz Lester Krough, vice-presidente da área de pesquisa e desenvolvimento, "permite aos empregados percorrer o caminho de ida e volta da administração à pesquisa e vice-versa. Como cientistas, eles têm os mesmos benefícios e privilégios financeiros que os executivos".[21]

Nas empresas que se destacam por sua criatividade, até mesmo os fracassos resultantes de um esforço fora do comum recebem prêmios especiais. Os diretores dessas organizações reconhecem as diversidades individuais. Sabem que algumas pessoas são menos motivadas por dinheiro ou ascensão na carreira do que pela satisfação íntima de ter as próprias idéias. Assim, eles procuram vários meios para recompensar os funcionários que ousaram se arriscar:

- com agradecimentos públicos;
- com várias formas de demonstrar reconhecimento, inclusive jornais internos, notas formais, almoços com diretores mais graduados, assim como presentes especiais;
- assegurando-se de que a gratificação seja oferecida logo depois que o esforço foi concretizado.

A mentalidade organizacional

Um participante do estudo da Wharton School, já mencionado anteriormente neste capítulo, disse: "Em primeiro lugar, é preciso aprender como driblar, bloquear ou trabalhar a mentalidade existente para poder lançar um produto no mercado. (...) Boa parte do tempo é gasta vendendo o produto dentro da empresa. Só depois é possível vendê-lo lá fora."[22] A barreira mais difícil que pode surgir é uma mentalidade organizacional que trabalha contra a criatividade e a inovação, que batalha contra qualquer mudança, que acredita que a maneira como as coisas eram feitas no passado deve continuar a prevalecer no futuro. As motivações para esse comportamento são o medo do fracasso, o jogo político, a dificuldade de lidar com qualquer coisa nova ou diferente (que afaste as pessoas da zona de acomodação) e a crença no sistema de castas.

Medo do fracasso

"Apesar de você ter me desapontado da última vez, vou lhe dar mais uma chance." Ao receber esse tipo de resposta, alguém que esteja querendo tentar algo de novo vai levar mais tempo com medo de represálias do que se dedicando integralmente a explorar uma idéia. Provavelmente, também vai esconder o jogo, hesitando em revelar qualquer parte da idéia antes do tempo.

"Você apostaria seu emprego nisso?" Quando os chefes exigem que o sucesso seja garantido, os empregados encobrem os problemas e superestimam o potencial de sucesso, criando falsas expectativas. As empresas que incentivam inovações evitam o medo ao tratar os erros como um passo a mais no processo de aprendizagem. Elas deixam claro que, quando ninguém comete erros, é porque nada de novo está sendo testado.

"Tenho medo de que isso não funcione; vamos parecer uns imbecis." A menos que a empresa aceite a premissa de que vale a pena correr riscos, acabará por refrear os impulsos criativos. Todos precisam perceber que "a necessidade de estar com a razão o tempo todo é a maior barreira que existe contra novas idéias. É melhor ter idéias em quantidade, mesmo que algumas possam estar erradas, do que estar sempre certo por não ter idéia nenhuma".[23]

É uma boa idéia, mas...

A mentalidade de uma corporação que alimenta o medo do fracasso impede a criatividade. Um dos participantes do estudo de Wharton disse: "É preciso imaginar quantas idéias potencialmente boas não foram apresentadas porque alguém, com medo de perder o emprego, agiu de forma 'sensata'. (...) É mais fácil se deixar levar pela onda do que manter o pescoço fora d'água. Quando realmente se está trabalhando em algo novo, o resultado poderá ser positivo ou negativo — um sucesso ou um fracasso. Se for um fracasso, o funcionário será despedido. Se for bem-sucedido, ele subirá um pouquinho no conceito da empresa. Não vale a pena assumir o risco."[24]

Em companhias que estimulam inovações, os executivos mais graduados sabem que podem aprender muito com os fracassos. Ronald Mitsch, vice-presidente sênior do setor de pesquisa e desenvolvimento da 3M Company, disse:

> Se na 3M ganhamos muito com cada programa bem-sucedido, também aprendemos tanto ou mais com cada fracasso. Por exemplo, tentamos lançar no mercado uma linha de bronzeadores que aderem à pele sem se tornar pegajosos; protegem a pele mesmo depois de trinta minutos dentro d'água. Não há nada de errado com a ação do produto; entretanto, não fomos bem-sucedidos no mercado. Os bronzeadores foram sobrepujados por outros, de outras marcas, já produzidos por competidores que oferecem uma extensa linha muito conhecida de produtos para a pele.
>
> A experiência reforçou nossa opinião tradicional de que, se ficarmos acomodados, não poderemos ter sucesso na competitividade do mercado. Assim, aprendemos que é preciso dar impulso às nossas forças de *marketing*, quando introduzimos novos produtos. Mas também aprendemos a nunca desistir com facilidade. Alguém muito esperto do laboratório continuou trabalhando na tecnologia do bronzeador e acabou chegando a um eficaz repelente de insetos.[25]

Além disso, de acordo com Jack Matson, professor da Universidade de Houston: "Há duas formas de errar. (...) Uma delas é tentar fazer as coisas seqüencialmente, (o que ele) chama de falha burra, lenta, que é a pior. O processo é tão demorado que a pessoa se cansa e manda tudo para o inferno. A outra, inteligente, é a falha rápida, que significa despejar várias idéias ao mesmo tempo e preparar mais para a próxima avalanche. (...) Errar é o caminho normal, natural para localizar o que não se sabe; dessa forma, é melhor condensar as tentativas no menor espaço de tempo possível."[26]

Segundo Thomas J. Watson, o fundador da IBM, uma boa maneira de conseguir sucesso "é dobrar o índice de fracassos".[27] E, para que isso aconteça, a administração tem de criar um ambiente confortável, estimulante e livre de risco, onde os funcionários se sintam à vontade para expor idéias especulativas, imprecisas, até mesmo incomuns. Como diz Art Fry, um cientista ligado à 3M, responsável pela criação do bloco Post-it: "Os empregados precisam ter oportunidades para cometer erros, para explorar os caminhos que parecem obscuros, e ao fazer isso têm de confiar em si mesmos e na empresa."[28]

Políticas

"O que o chefe vai pensar?" Freqüentemente, os funcionários olham para trás, recordando-se da última vez em que apresentaram uma idéia. Lembram-se de que o chefe não foi receptivo, e assim muitas idéias nunca são apresentadas.

"Não balance o barco (...) Não sei se é uma boa política." Introduzir mudanças nunca é fácil, mas, em ambientes que estimulam a criação, as idéias são apresentadas e desenvolvidas sem medo de que alguém "se vingue".

"Fico pensando se minha idéia vai ofender alguém." Num ambiente dominado pela prática de políticas, é de se esperar que o criador se preocupe mais com as pessoas do que com sua própria idéia. Todos têm medo de encontrar um atirador atrás das moitas, à sua espera. Assim, as idéias ficam tão comprometidas que, quando chegam a ser apresentadas, não se parecem com o modelo original, pois foram projetadas para enfrentar as mais variadas objeções.

"Fico imaginando se alguém na reunião vai bombardear minha idéia para ficar bem com o meu chefe." Quando o que é bom para a empresa depende da ambição de seus empregados, a livre expressão das idéias senta-se no banco de trás, temendo ser apunhalada pelas costas.

Se todos numa empresa estão ocupados com seus próprios interesses, cria-se um ambiente de competição que desestimula a criatividade. A menos que a mentalidade da empresa seja modificada, para que todos tenham objetivos comuns e para acabar com o jogo de puxar o tapete, que inibe a livre troca de informações, fica muito difícil promover a criatividade. O incentivo à comunicação, tanto interna como externa, ajudará a eliminar a mentalidade do "nós *contra* eles", que impede as pessoas de fazer esforços conjuntos.

Resistência a mudanças

"Se a idéia é tão boa assim, como ninguém pensou nisso antes?" Muito provavelmente, essa idéia já ocorrera a alguém, mas só não foi posta em prática por causa da inércia, porque a pessoa teve medo de apresentá-la ou porque ninguém jamais pensou que valesse a pena tentar levá-la adiante sabendo como seria difícil encontrar alguém com disposição para ouvi-la.

"Nunca fizemos isso dessa forma anteriormente." Pode ser que seja assim, mas, se for bom para a empresa, por que não começar a fazer desse jeito agora? As culturas organizacionais tendem a sempre empregar pessoas que "se ajustam" ao modelo da empresa. Além disso, as empresas geralmente tendem a seguir a mentalidade interna ou porque ela pareceu bem-sucedida ou porque as pessoas vivem encasteladas em torres de marfim, sem contato com a realidade.

"Nosso desempenho vai muito bem. É melhor não mexer em nada para não estragá-lo." As novas idéias costumam ser rejeitadas porque são injustamente comparadas com as grandes idéias do passado. Isso se aplica melhor ainda a empresas que têm uma história longa e são bem-sucedidas, mas essa é uma atitude medíocre, porque o mundo lá fora está em constante mudança, e os fatores que garantiram sucesso a uma organização no passado podem não garanti-lo no futuro.

"Como você pode dizer que teve uma idéia melhor? Não percebe quanto tempo levamos para chegar até o sistema atual?" Se você se apaixonar pelo modo como as coisas estão sendo feitas, ficará fora de forma e acomodado. Uma mentalidade voltada para o passado, cujo lema é repetir que "sempre fizemos desse jeito", não é produtiva para os negócios. Em vez disso, aprenda a se perguntar por que as coisas são feitas de um determinado modo e se não haveria uma alternativa melhor. Lembre-se de que muitas idéias são descartadas apenas porque não existem informações disponíveis em quantidade suficiente para se tomar uma decisão. E, acima de tudo, tenha em mente que todos temem o desconhecido.

O sistema de castas

"Por que eu deveria ouvi-lo? Essa não é a sua especialidade." Muitas vezes, estamos tão perto da floresta que não enxergamos as árvores. Alguém com uma perspectiva diferente pode encontrar uma maneira melhor de abordar um problema. Thomas Osborn, num artigo que avaliava o sucesso da 3M, disse: "Muitas das inovações de maior sucesso da 3M partiram do pessoal de vendas e de outros departamentos, não dos técnicos de laboratório, (...) por exemplo, o produto mais famoso da 3M, a fita adesiva Scotch, era feito para uso estritamente industrial, até que um vendedor teve a idéia de embalá-la em plástico transparente para uso doméstico e em escritórios."[29]

"Por que você está me perguntando isso? Sou apenas um vendedor." É importante evitar que os empregados fiquem limitados somente às suas áreas de especialização. Segundo Von Oech, "a especialização é perigosa porque pode levar a uma postura do tipo 'Esta não é a minha área'. Quando isso ocorre, a pessoa não só se restringe a uma área muito pequena, como também deixa de procurar idéias em outros campos".[30]

"Por que todos estão reunidos discutindo esse assunto? É para isso que temos uma administração." Naturalmente, quanto mais cabeças pensarem no problema, melhor. De fato, numa pesquisa de 1988 sobre criatividade, feita com 150 executivos de 27 empresas, os participantes disseram acreditar que "os grupos ultrapassavam os indivíduos com relação à qualidade e à quantidade de idéias. Setenta e oito por cento dos interrogados disseram que o desempenho em grupo era melhor do que o individual no que diz

respeito à qualidade das idéias, e 91% revelaram que o desempenho em grupo era melhor do que o individual quanto à quantidade de idéias". Além disso, de acordo com o estudo, "para solucionar problemas, existe uma preferência pelo trabalho em grupos pequenos, em vez de individualmente ou em grupos grandes. Setenta e um por cento disseram que, para resolver problemas, preferem que os empregados trabalhem em grupos de seis pessoas ou menos".[31]

"Por que pedir a opinião de Joe, Tom ou Harry? O que eles sabem sobre isso? Alguns executivos ignoram os empregados propositalmente porque eles estão num patamar muito baixo da pirâmide. Eles se esquecem de que "qualquer parte do corpo humano que não é exercitada da forma adequada começa a atrofiar. Isso também é válido para as diferentes partes do cérebro, em particular no que se refere à imaginação".[32] Eles não conseguem se desvincular da crença nascida na Roma Antiga de que, "aquinhoados pelos deuses com um intelecto transcendental e/ou dotes artísticos, (...) os gênios não são criados, nascem assim".[33] Os executivos se esquecem de que, ao decidir quem é criativo, podem comprovar uma profecia que se cumpre por si mesma; isso também pode significar que, se a "pessoa criativa" estiver sem idéias, nada acontecerá.

As organizações cuja mentalidade baseia-se num "esnobismo fora de moda, do tipo que acredita que o homem comum é incapaz de criar qualquer coisa, (...) [que] o universo funciona de acordo com um padrão cósmico em que tudo e todos têm um lugar determinado", não sobrevivem à competitividade dos dias de hoje, em que as mudanças são rápidas e a tecnologia impulsiona o mundo.[34] Para que uma empresa entre no campo da concorrência moderna, ela precisa mudar essa postura de superioridade.

Chegada ao círculo dos vencedores

Não é suficiente, entretanto, eliminar os obstáculos à criatividade e à inovação. A comunicação interna, que é o tema do Capítulo 4, tem de ser vista como um meio para liberar o gênio criativo na organização. Além disso, é preciso incentivar os empregados a olhar as coisas através de novas lentes. A maioria das pessoas foi educada por um sistema que enfatiza e gratifica o aprendizado automático; procure estimular os empregados a deixar de lado a visão estreita e a começar a pensar de maneira aberta. Faça com que eles percebam que o trabalho deles não é apenas uma série de tarefas, mas que eles têm a responsabilidade de descobrir formas novas e melhores de fazer as coisas. Assegure a eles que, se apresentarem uma nova idéia e ela não der resultado, eles não serão vistos como pessoas fracassadas; e, talvez o mais importante, mostre-lhes que você valoriza a criatividade. Eliminar os obstáculos à criatividade é o único caminho para alcançar a vitória.

4

Comunicação interna — mais do que um serviço supérfluo

Construir uma empresa com concentração total e objetividade

Nos últimos dez anos, o mundo mudou drasticamente. O intenso crescimento da concorrência global alterou de forma definitiva a maneira de se conduzir os negócios. O tempo ficou tão restrito que o lançamento de um produto no mercado, que demorava dois anos, atualmente é feito em meses. Isso significa que os empregados precisam da informação hoje, não amanhã; e, para complicar ainda mais as coisas, o montante de informações disponíveis aumenta continuamente. De fato, segundo afirmou Richard Wurman em *Information Anxiety*, as informações dobram a cada cinco anos. "Hoje, a edição do jornal *The New York Times* dos dias úteis contém um número maior de informações do que o que as pessoas recebiam, durante uma vida inteira, no século XVII, na Inglaterra."[1]

Se acrescentarmos a essas mudanças a avalanche de tomadas de controle acionário, as reestruturações, a redução do porte das empresas, as destituições e o aumento de poder pela compra da parte dos sócios, teremos uma idéia da confusão e da ansiedade que toma conta dos empregados. O nosso desafio, hoje, é encontrar meios de ampliar a fidelidade do funcionário, criar laços entre as pessoas e aumentar a produtividade durante um período de mudanças sem precedentes, acoplado a uma sobrecarga de informações.

Num artigo para o *Training and Development Journal*, especialistas em comportamento relataram que "as pessoas preferem exercer controle sobre o seu ambiente de trabalho (...) particularmente (...) em situações estressantes como a compra da empresa. Como a informação aumenta o senso individual de controle, a comunicação com a direção, se for feita de forma honesta e sincera, pode ajudar os empregados a sentir que tem algum controle".[2] Isso é totalmente compatível com o que se descobriu num estudo conduzido pela Columbia University School of Business e a Dunhill Personnel System Inc.: "Quando se perguntou a 225 executivos médios quais seriam os picos de *stress* no trabalho, 43% apontaram a falta de informações, enquanto 31% citaram as informações conflitantes."[3] A necessidade de informações existe em todos os lugares. Por exemplo, uma empresa multinacional de grande porte instalou um número de telefone gratuito, para fornecer à mídia um relatório diário e atualizado dos acontecimentos da companhia. Eles descobriram, com surpresa, que a maioria das chamadas era feita por seus próprios executivos, instalados nos Estados Unidos e em outros países, que queriam saber o que estava acontecendo com a companhia.

Os empregados dizem que precisam da informação hoje, pois amanhã ela estará obsoleta; as informações têm de se adequar às suas necessidades específicas, senão não haverá interesse para eles. O que provocou essa vontade incontrolável de saber mais e mais rápido? Foi a crença de que, numa era de informação abundante e de rápidas mudanças, não se pode ser produtivo tendo de esperar até o fim do mês para conseguir apenas um relatório genérico e uma circular sem-graça, que não contém nenhuma informação importante. Embora esse método tenha sido satisfatório no passado, quando as coisas não eram tão sensíveis à passagem do tempo, na atual economia globalizante ele não funciona.

Pressão para alcançar o sucesso

Pense na eficiência da sua empresa na área de comunicação. Se você escolher ao acaso cinqüenta de seus empregados e lhes fizer perguntas básicas sobre a organização, até que ponto as respostas serão parecidas? Por exemplo: Qual é o objetivo da empresa? Quais são os fatores mais importantes para se ter sucesso? Como uma pessoa é promovida em nossa empresa? Quem são nossos concorrentes e como nos diferenciamos deles? Quais são nossas maiores iniciativas neste ano? Que mudanças você acha que a indústria sofrerá nos próximos anos e como nossa empresa reagirá a elas? A menos que você receba respostas comuns a essas perguntas básicas, é possível que depare com redundâncias, ineficiências, confusão e ansiedade. O resultado — empregados trabalhando em campos opostos.

Em *Innovative Employee Communication*, Alvie Smith, diretor de comunicações da General Motors, compara a comunicação ao sistema cardiovascular do corpo humano: "A administração da empresa é a ligação primária, de cima para baixo, com os empregados. Ela representa a rede de artérias que mantém juntas as partes do corpo da empresa. E a comunicação é o sangue vital que carrega a força informativa de várias fontes, remodelando-a em formas mais

Comunicação interna – mais do que um serviço supérfluo

assimiláveis e retransmitindo os materiais revitalizados para todas as partes do corpo."[4]

De fato, a maioria dos diretores-executivos pesquisados em 1987 pela IABC (International Association of Business Communicators) e por Johnson e Higgins disse que "a comunicação com os empregados influencia diretamente o fator de satisfação no trabalho, amplia o envolvimento do funcionário e aumenta a produtividade. Setenta e um por cento deles afirmaram que a comunicação afeta diretamente o desempenho financeiro".[5]

Para ser bem-sucedidas no mercado competitivo dos dias de hoje, as empresas precisam dar à comunicação interna a prioridade que ela merece. Precisam vê-la como um meio de liberar o gênio criativo da organização, não como uma tarefa aborrecida. Além disso, a comunicação atua como um agente modificador, como uma fonte de contínua melhoria e como um catalisador para mover a empresa para a frente. E, finalmente, as empresas devem se dirigir às audiências interna e externa com uma só voz, para evitar que as mensagens enviadas ao mercado sejam confusas.

Infelizmente, essas tentativas de estabelecer programas sólidos de comunicação interna competem a setores da empresa com recursos limitados. Isso inclui tempo e dinheiro gastos com comunicação a clientes, associados, empregados e comunidades locais em que eles moram. Normalmente, a comunicação interna é uma das primeiras coisas a serem cortadas em épocas de crise; ela fica em segundo plano com relação à comunicação externa. Além disso, as empresas encaram a comunicação interna mais como uma obrigação do que como uma coisa que realmente gostariam de fazer.

Na próxima década, as organizações deverão ter em mente a volta dos empregados vencedores, inspirando ao pessoal confiança, respeito e o espírito de trabalho em equipe; sendo receptivos e levando adiante as melhores idéias; e, uma vez mais, incutindo nos empregados orgulho e um sentimento de compromisso com relação à empresa. A comunicação interna será um fator importante para alcançar esses objetivos.

Comunicação na Era da Informação

A comunicação interna tem de acompanhar as mudanças que acontecem no mundo. Em 1980, para 45% dos empregados, a circular bimestral era considerada a principal fonte de informação; atualmente, de acordo com um estudo do IABC, ela é classificada como útil por apenas 16% dos empregados.[6] Como veículo para manter os empregados informados nas empresas atuais, ela está tão obsoleta quanto a velha máquina de somar. A comunicação com os empregados, que antes era de responsabilidade exclusiva de profissionais especializados, será feita, daqui para a frente, por leigos. O que antes era irradiado da torre de marfim será transmitido em bate-papos. O propósito da comunicação interna era informar a realização de um evento; agora, será espalhar sementes para que se desenvolvam novas idéias. A comunicação, que era inconstante, daqui para a frente será freqüente. É preciso eliminar o espaço de tempo que havia entre o evento e seu relatório, tornando a comunicação instantânea. Em lugar da comunicação maciça formal, surgirão os informes dirigidos e personalizados.

Todos na empresa precisam ter em mente que a comunicação interna é uma filosofia, não uma atividade. Não há mais lugar para afirmações como: "Precisamos nos comunicar mais com os empregados, vamos afixar avisos nos quadros" ou "O moral está um pouco baixo, neste mês; temos de organizar algumas reuniões." Não há mais espaço para a crença na eficácia da varinha mágica da comunicação, que fará os problemas desaparecerem. Em vez disso, as empresas precisam se comprometer com um processo contínuo de comunicação, que existe em três níveis. O primeiro é entre a liderança da empresa e os empregados; o segundo é entre os executivos de primeiro escalão e seus subordinados; e o terceiro é entre os empregados.

O papel do líder

No passado, o papel do líder era controlar as informações de que os empregados precisavam para as decisões do dia-a-dia. Os líderes que continuarem seguindo esse caminho ficarão frustrados ao perder a confiança dos empregados cujo desejo por informações oportunas e habituais não for satisfeito. Além disso, cada vez mais, os funcionários ansiarão por uma comunicação multidirecional, participatória, completa, digna de crédito, sincera, relevante e oportuna. Os boletins aparecerão em quadros de aviso eletrônicos, secretárias eletrônicas e outros processos tecnológicos acrescidos à rede de comunicação para substituir os veículos formais.

Em vez de tentar controlar a informação que ficará obsoleta antes que tenham chance de mandá-la, os líderes do futuro darão aos empregados outro tipo de mensagem. Jack Welch, da General Electric, disse uma vez: "Os líderes — e vocês podem escolher qualquer um, de Roosevelt a Churchill, ou mesmo Reagan — inspiram as pessoas com sua visão clara de como as coisas podem ser feitas com maior eficiência. Alguns executivos, por outro lado, complicam as coisas com detalhes inúteis e complexos. Eles falam de modo sofisticado, como se o seu discurso fosse mais inteligente do que qualquer outro. Esses não inspiram ninguém."[7]

Os líderes do futuro devem transmitir uma visão clara que reforce as crenças e os valores da organização. É preciso que eles forneçam uma direção firme, esclarecendo os motivos que estão por trás da política da empresa, envolvendo todos numa causa comum e criando rituais e cerimônias que ajudem a criar heróis que sirvam de inspiração. E eles não devem fazer isso apenas com palavras, mas com ações firmes, que lhes dêem validade.

Criar uma visão do futuro

Numa pesquisa feita em 1989 entre quatrocentos executivos e profissionais, Robert Kelley, professor de administração da Carnegie-Mellon University, descobriu que quase dois terços dos entrevistados achavam que a liderança da sua companhia falhava ao não lhes dar uma "noção clara do que é uma visão corporativa, de seus compromissos e objetivos. (...) Apenas uma entre cinco companhias executivas foi considerada apta a motivar os empregados e desenvolver uma visão bem-sucedida o suficiente para resultar em alto desempenho. (...) Somente um entre três funcionários sentia-se envolvido com o destino da empresa e com a realização de seus objetivos".[8]

Os líderes precisam criar uma visão compartilhada que se adapte à maneira como os empregados vêem a sua empresa. Eles devem assumir a responsabilidade de tornar "a empresa" a "nossa empresa", um lugar em que as pessoas trabalhem juntas, em vez de "cada um fazer sua própria tarefa". A visão pode ser precisa ou vaga; pode representar um objetivo específico ou ser apenas o sonho de um futuro melhor. O mais importante é apresentar uma visão clara e concisa do futuro da empresa, que seja realista, atraente e mereça crédito; talvez, mais ainda, que prometa um futuro melhor do que as condições que hoje predominam no mundo dos negócios.

Mas a visão não deve ser tão afastada da realidade da empresa ou tão difícil de ser atingida que ninguém consiga levá-la a sério. A visão compartilhada, o objetivo comum e os valores vigentes têm de estar tão integrados que formem uma trama com as operações cotidianas da empresa. Peter Senge explica esse processo em seu livro *The Fifth Discipline:* "Imagine uma tira de borracha esticada entre a sua visão e a realidade atual. Quando é esticada, a tira cria tensão, que representa a tensão entre a visão e a realidade atual. (...) Só há dois meios possíveis para a tensão se resolver! Puxar a realidade na direção da visão ou puxar a visão na direção da realidade; o que acontecerá vai depender da firmeza com que seguramos do lado que corresponde à visão."[9]

Uma visão compartilhada também deve estar atrelada aos valores pessoais e aos desejos de todas as pessoas. Para ilustrar essa afirmação, podemos imaginar um holograma, "a imagem tridimensional criada pela intersecção de fontes luminosas. (...) Se você cortar uma fotografia ao meio, cada pedaço lhe mostrará apenas uma parte da imagem integral; mas, se você dividir um holograma, cada pedaço lhe revelará a imagem integral intacta. Da mesma forma, à medida que você continua a dividir o holograma, não importa quão pequenas fiquem as partes, cada uma delas ainda apresentará a imagem inteira. Fazendo uma comparação, quando um grupo compartilha uma imagem da empresa, cada pessoa cria, da melhor forma possível, sua própria visão da empresa. Cada um divide a responsabilidade pelo todo, não apenas pelo seu pedaço. Mas, embora as peças que compõem o holograma não sejam idênticas, cada uma representa a imagem integral a partir de um ponto de vista diferente. É como se você olhasse através de buracos abertos numa cortina; cada buraco ofereceria um ângulo de visão único da imagem inteira".[10]

No entanto, não basta criar a visão; ela precisa ganhar vida e depois ser impregnada com a mentalidade da corporação. A visão tem de ser tão onipresente que os empregados novos e os antigos a integrem ao seu conjunto de valores, tanto pessoais quanto da empresa, para então comunicá-la aos clientes e fornecedores e mesmo ao mundo em geral. Além disso, ela deve ser veiculada com clareza e freqüentemente a toda a organização; só assim se tornará arraigada à mentalidade da empresa. Então, a estrutura corporativa e o estilo de administrar devem ser ajustados, para dar crédito ao quadro criado pela visão.

Quando a visão compartilhada se entranha na cultura corporativa, as políticas internas e os jogos de poder começam a se extinguir. À medida que as pessoas absorvem a visão da empresa e adquirem confiança no futuro, não apenas passam a trabalhar em harmonia, em vez de isoladamente, como também descartam o interesse próprio e atuam pelo bem comum.

Promover as crenças e os valores da empresa

Como as crenças e os valores formam o cerne da mentalidade da empresa, os grandes líderes nunca perdem uma oportunidade de reforçá-los. Eles sabem que, uma vez arraigados, as crenças e os valores tornam-se normas que influenciam as ações cotidianas de todos, orientando sobre o que é importante, reforçando o comportamento adequado e mudando atitudes.

Entretanto, caso essas normas devam ser seguidas com firmeza, a administração precisa dar-lhes sustentação por meio de ações notórias e transparentes, carregando a crença nesses valores no coração e não na cabeça. Caso contrário, os administradores provavelmente serão incoerentes na aplicação das normas ou, pior ainda, deixarão de promovê-las em épocas de crise. Se o compromisso da liderança com os valores da empresa for sentido como retórica sem conteúdo, a empresa não será bem-sucedida.

Segundo Terrence Dean e Allen Kennedy em *Corporate Cultures*, há um grande número de "sinais óbvios de uma cultura em crise; culturas débeis não têm valores ou crenças com relação aos meios de se alcançar o sucesso nos negócios; ou têm muitas crenças, mas não são capazes de entrar num acordo sobre quais são as mais importantes; ou as diferentes partes de uma companhia têm crenças fundamentalmente diferentes; os heróis da cultura são destrutivos ou dilaceradores e não conseguem chegar a um acordo sobre o que é mais relevante; os rituais diários ou são desorganizados — com todo o mundo fazendo apenas a própria tarefa — ou absolutamente contraditórios — com as mãos, direita e esquerda, trabalhando para atingir objetivos opostos".[11]

Os líderes certificam-se de que todos têm uma imagem consistente das crenças e dos valores da empresa e estão prontos e dispostos a agir de acordo com ela. Eles fazem isso por meio de suas próprias ações e criando heróis,

Comunicação interna – mais do que um serviço supérfluo

organizando cerimônias e rituais e incentivando a difusão das histórias para criar mitos que estabeleçam o tom adotado pela empresa.

Heróis. Os heróis de uma organização são as pessoas colocadas sobre pedestais para que os outros possam imitar seu comportamento. Há duas espécies de heróis. O primeiro tipo serve como um modelo a ser seguido por todos – personifica os valores da empresa. São pessoas que, apesar de não fazer parte da direção, geralmente são escaladas para programas de ritmo acelerado; ocupam posições de destaque, estão envolvidas com os percalços de uma operação mal-sucedida ou, então, comandando um produto bem-sucedido. São os empregados que fazem de tudo para satisfazer as necessidades de um cliente; que conseguem recuperar um cliente que estava à mercê de um concorrente, ou que provocam mudanças na empresa.

O segundo tipo de herói é o legendário – são aqueles que construíram a organização e a fizeram crescer, como Thomas Watson, Henry Ford e Thomas Edison. Esses heróis são considerados os antepassados dos Estados Unidos; a história deles precisaria ser escrita e suas palavras cravadas no âmago da empresa; são forças imutáveis de inspiração e, por isso, servem como modelos.

Rituais e cerimônias. Rituais são as atividades cotidianas que demonstram os valores culturais de uma empresa, e cerimônias são os espetáculos grandiosos e esporádicos. Cada um deles tem uma função importante. Se há um excesso de cerimônias, logo elas se tornam rituais extravagantes, sem muito significado. Nos Estados Unidos, os desfiles do Dia do Veterano, que acontecem em muitas localidades, são rituais que permitem ao povo agradecer e relembrar. Um desfile espetacular para recepcionar a volta de heróis é uma cerimônia que celebra a nação e seus feitos, durante a qual é reverenciada a contribuição dos veteranos. Nos negócios, as cerimônias são a celebração de heróis e mitos que sustentam uma empresa. Os rituais abrangem as atividades diárias que normalmente não são reconhecidas: não há holofotes iluminando-as, e elas fazem parte do inconsciente dos empregados.

Por mais belas que sejam as cerimônias, entretanto, elas não relembram aos empregados a importância que a empresa dá aos valores nem os reforçam. Rituais – a incorporação da mentalidade da empresa – são os eventos diários que reforçam as crenças e os valores da organização. Eles abrangem desde o modo como são conduzidas as reuniões até quantas foram realizadas num ano; desde a maneira como é feito o anúncio da promoção de um funcionário até como é comemorada uma grande venda; desde a forma como as pessoas são integradas à empresa até a postura dos dirigentes quando elas vão embora. Os rituais estabelecem o clima da empresa e determinam a atitude dos empregados.

Difusão das histórias. Em *Leadership Is an Art*, Max De Pree ressalta que "toda companhia tem suas histórias tribais. Embora deva haver apenas uns poucos contadores de história, é tarefa de todos impedir que coisas sem importância como manuais os substituam".[12]

As histórias não ameaçam; elas expandem a percepção, mostram alternativas e modos diferentes de executar o trabalho, mexem com a imaginação e tornam os conceitos difíceis mais interessantes e atraentes. As histórias nos ajudam a lidar com sentimentos complexos, abrem espaço para novos relacionamentos e nos convocam para a ação. Mas, para ser eficazes, elas precisam conter a realização de aspirações, sonhos concretizados e objetivos atingidos.

Existem inúmeros tipos de história. Um deles visa ajudar os empregados a entender o que acontecerá se fizerem bem seu trabalho. Refere-se às dúvidas que as pessoas têm em relação à empresa para a qual trabalham. As histórias podem fornecer informações sobre a reação da companhia a alguém que não segue as normas ou a uma pessoa que, percebendo que muitos empregados infringem as regras, relata essas transgressões. Existe um padrão para essas histórias. Segundo um artigo do *Administrative Science Quarterly*, a mensagem transmitida é "que todos deveriam obedecer às regras; todos são humanos; qualquer um deveria ser capaz de chegar ao topo se for competente e trabalhar com empenho. Nas versões positivas dessas histórias, essas qualidades emergem de fato. Nas negativas, podem emergir, e se isso não ocorrer reforça-se a desigualdade".[13]

Os autores do artigo relatam, mais adiante, dois casos clássicos que ilustram o assunto. O primeiro, que aconteceu na IBM, e o segundo, na Revlon Corporation, são considerados por aqueles que trabalharam nessas organizações bons exemplos da diferença de mentalidade existente entre as duas:

> Uma mulher recém-casada, com 22 anos e 44 quilos, cujo marido fora enviado para o alto-mar e que, em conseqüência, foi admitida num emprego até que ele voltasse (...) era obrigada, em suas funções, a certificar-se de que as pessoas que entrassem na área de segurança estariam usando a correta identificação. Rodeado pela comitiva comum a um executivo de sua posição, Watson [um ex-presidente da IBM] aproximou-se da passagem para a área onde ela estava de plantão, usando um crachá laranja aceito em qualquer outro lugar do prédio, mas não o verde, que era o único que permitiria a entrada naquele local. "Eu estava tremendo dentro do meu uniforme, que era enorme para mim", recorda-se ela. "Ele ocultava minha tremedeira, mas não minha voz. 'Sinto muito', eu disse a ele, mesmo sabendo perfeitamente quem era. 'O senhor não pode entrar. Seu crachá não é reconhecido.' Era exatamente o que deveríamos dizer numa situação dessas." Os homens que acompanhavam Watson ficaram chocados; o momento era de suspense. "Você não sabe quem ele é?", disse alguém com aspereza. Watson levantou a mão pedindo silêncio, enquanto uma pessoa saía e voltava em seguida, trazendo o crachá apropriado. (...) Uma possível mensagem ou moral para a história de infração de normas por empregados de alto escalão da IBM seria: "Até Watson obedece às regras; você, portanto, deve fazer a mesma coisa." Para pessoas de *status* menos elevado, a moral seria outra: "Defenda as regras, não importa quem as esteja desobedecendo. (...) Pode existir um outro tipo de orga-

Comunicação interna – mais do que um serviço supérfluo   **71**

nização, em que os chefes infringem as normas impunemente e os empregados de escalões inferiores não se atrevem a interpelar o infrator."[14]

A segunda história descreve o comportamento de Charles Revson, chefe da Revlon Corporation.

[Revson] andava preocupado porque os empregados não estavam chegando no horário, embora ele mesmo raramente chegasse antes do meio-dia. Naquele tempo, até 1971, (...) exigia-se que todos assinassem a lista de ponto pela manhã. Todos, inclusive Charles. Certo dia, em 1969, quando a Revlon estava se mudando do nº 666 da 5ª Avenida para o prédio da General Motors, Charles estava dando uma volta e, ao passar pela entrada, pegou a lista de ponto e começou a examiná-la. A recepcionista, que era nova, disse: "Desculpe-me, mas o senhor não pode fazer isso." Charles retrucou: "Posso, sim." "Não, senhor", ela disse. "Tenho ordens estritas para que ninguém mexa nesta lista; devolva-a, por favor." Essa discussão se manteve por algum tempo, e enquanto isso a recepcionista continuava a se comportar com cortesia, como costumam fazer todas as recepcionistas da Revlon, até que, finalmente, Charles disse: "Sabe quem eu sou?", e ela respondeu: "Não, senhor, não sei." "Certo, então hoje à tarde, quando for acertar suas contas de demissão, peça a alguém que lhe diga."[15]

A narrativa de histórias também pode ser usada para situar o chefe como um ser humano "real". A história precisa, primeiro, reforçar a posição do chefe dentro da empresa — revelando *status*, normalmente por meio do título diretor-executivo; então, deve dar ao chefe a oportunidade de agir de uma maneira inesperada para alguém de posição tão elevada; e, finalmente, tem de ficar claro que o ato humano realizado não altera de forma alguma o *status* de quem a desempenhou.

Alguns anos atrás, o diretor de uma grande organização com fins não-lucrativos concordou em deixar que dois membros da sua equipe — que tinham planos de abrir uma empresa para fornecer refeições — se encarregassem da comida a ser servida numa importante reunião de planejamento. Na véspera, caiu uma tempestade de neve sobre a cidade. Muitos participantes, que tinham vindo de diferentes cidades, foram alojados num hotel situado no outro lado da rua em que ficava a sede da organização. A reunião se realizou no horário previsto, mas um dos rapazes que deveria fornecer a comida morava num lugar tão afastado que não conseguiu chegar. O diretor, um notório *gourmet* e ótimo cozinheiro, escapava da reunião, de tempos em tempos, para ajudar o outro funcionário encarregado da comida, que ficara sozinho.

Quando o almoço começou, ele anunciou aos participantes que, como era um dos cozinheiros do dia, só poderia estar com eles à mesa mais tarde. Uma vez que um dos garçons também tinha faltado, o diretor ajudou nessa tarefa. Assim que foi servido o prato principal, o diretor ocupou seu lugar à cabeceira da mesa e juntou-se à conversa. Os convidados brincaram com ele, pedindo que enchesse novamente seus pratos, e lhe perguntaram se estaria disponível, se eles precisassem daquele serviço. Aquele acabou sendo um almoço inesquecível.

É fácil perceber por que as pessoas mais graduadas nessa firma arregaçam as mangas para que o trabalho seja feito; por que todo o pessoal fica até mais tarde quando o serviço é urgente, todos cooperando para finalizá-lo. Ajudar a cozinhar e a servir os pratos não diminuiu, em hipótese nenhuma, o poder do diretor; em vez disso, mostrou que ele considerava importante qualquer serviço que fosse útil à empresa.

As histórias também esclarecem dúvidas e desfazem boatos. Numa empresa que está reduzindo a sua estrutura, a maior preocupação dos empregados é se serão despedidos ou não e, caso sejam, que assistência a companhia lhes dará. Se os precedentes já foram estabelecidos — e há casos de pessoas que foram treinadas novamente para poder prestar outros serviços, que foram assistidas por meio de programas externos ou receberam uma indenização generosa pela demissão —, não há por que se preocupar com demissões prematuras ou perder tempo com mexericos atrás das portas.

As histórias podem ser transmitidas em bate-papos, contadas nos minutos que antecedem uma reunião, incorporadas aos discursos ou, se for o caso, divulgadas por meio de circulares. Os relatos devem abranger fatos como gratificações recebidas por aqueles que desempenharam suas funções de maneira exemplar; ou casos de executivos de primeiro escalão que criaram um ambiente de trabalho mais agradável e recompensador ou que motivaram outras pessoas a aumentar a produtividade.

As histórias da organização devem ser perpetuadas porque revelam importantes informações sobre a empresa e influenciam os empregados, aproximando-os mais dos objetivos em vez de empurrá-los para eles. Além disso, ao receber informações sobre ações passadas que indicam o possível desenrolar de uma ação futura, os empregados se sentem mais no controle da situação. Entre as perguntas que as pessoas hesitam em formular, mas que podem ser respondidas por histórias, estão as seguintes:

- As companhias valorizam o comportamento ético em negócios a curto prazo? Se, no último dia de venda do mês, as cifras não parecerem favoráveis, os empregados são incentivados a fazer o que for melhor para o cliente ou a cruzar aquela linha tênue, vendendo alguma coisa para ter ganho imediato, mesmo que a transação ponha em risco um relacionamento a longo prazo com o cliente?

- As pessoas são recompensadas somente quando alcançam um objetivo ou também por seu desenvolvimento pessoal? Deve haver histórias sobre os funcionários que chegaram ao topo da organização e ainda se preocupam com os interesses dos outros, em vez de passar por cima das pessoas que estão no seu caminho.

- Há pessoas dignas de confiança, que cumprem o que prometem? Alguma promessa foi feita para um cliente e mantida mesmo no caso de as circunstâncias terem mudado tanto que um acordo desse tipo tenha se tornado proibitivo? Isso demonstra aos outros empregados, e também aos clientes, que a empresa é merecedora de confiança.

- Os relacionamentos são duradouros ou apenas de conveniência? Existem histórias sobre pessoas que estão sempre presentes para apoiá-lo enquanto você está trabalhando sob suas ordens, mas, quando são promovidas, parecem dizer-lhe: "Não preciso mais de você; portanto, não me incomode. Você tem um chefe novo."

- Os empregados são tratados com compreensão quando precisam cuidar de um parente muito próximo que esteja doente?

- O que acontece com uma pessoa que já teve um desempenho excelente, mas agora está passando por uma fase ruim?

Lembre-se, entretanto, de que as histórias que não apresentarem sua empresa sob uma luz favorável provavelmente ficarão tão marcadas quanto as que você decidiu enfatizar. Histórias que apresentam a imagem de uma empresa dura, fria, que não zela pelos empregados, mas os considera como peças sem importância para a engrenagem, são particularmente danosas. Por exemplo, nenhuma empresa consegue sobreviver por muito tempo a uma série de histórias sobre uma pessoa que, depois de ter trabalhado por dezesseis anos numa organização, foi despedida num momento de crise nos negócios. Em vez de ser tratada com dignidade e respeito e ouvir agradecimentos pela contribuição prestada durante os anos de sucesso, ela recebe a notícia de que não é mais necessária e é escoltada até a sua escrivaninha para empacotar os objetos pessoais, enquanto alguém permanece de guarda e a leva até a porta. Esse comportamento é um recado para os que ainda ficaram. A história transmite a desumanidade da organização.

O papel da administração de primeira linha

Enquanto a liderança envolve todos numa causa comum, os executivos do primeiro escalão devem agir como facilitadores, certificando-se de que as barreiras à comunicação foram removidas. Para isso, eles não podem ter atitudes inconseqüentes nesse setor; precisam treinar os empregados a não serem meros transmissores de informações, mas também receptores. É necessário criar um ambiente que conduza a relações sinceras, confiáveis e interessadas — um ambiente que incentive as novas idéias e receba bem as informações construtivas e no qual a administração sirva como catalisador, primeiramente alimentando e depois ajudando a disseminar novas idéias.

O trabalho do executivo de primeiro escalão é estar atento a todas as coisas que possam criar barreiras à comunicação; só assim a empresa conseguirá evitá-las.

Barreiras à comunicação

Adesão rígida aos quadros organizacionais. Os executivos precisam reconhecer que os quadros organizacionais podem ser enganadores e inibir a comunicação. Embora esses quadros sejam necessários para uma empresa, nenhuma organização deve se ater a eles de uma forma tão rígida que impeça a troca de idéias entre os departamentos, as áreas funcionais e as unidades.

Além disso, é importante que o executivo perceba que "os quadros organizacionais de uma empresa nem definem as relações da maneira como elas realmente existem nem direcionam as linhas de comunicação. Se a empresa não estiver na mente e no coração dos funcionários, ela não existe. Nenhum quadro pode determinar isso. Uma das funções da organização é muito simples: fornecer uma estrutura, um formato, um contexto em que os empregados tenham a oportunidade de usar os recursos de maneira eficaz para alcançar os objetivos".[16] O problema é que os quadros organizacionais dão a impressão de que a comunicação só flui verticalmente. A comunicação precisa fluir bem tanto nas unidades organizacionais quanto nas funcionais.

Administração isolada. Muitos executivos não se comunicam com os empregados, isolando-se de várias formas. Alguns diretores-executivos raramente aparecem em seus escritórios, porque ocupam parte do seu tempo com reuniões em outras empresas ou comparecendo a assembléias e convenções. Os executivos de primeiro escalão passam o tempo em reuniões com outros administradores, assistindo à reuniões de associação e engajando-se em outras atividades externas.

Se esses executivos, ao se sentir culpados por seu isolamento, pensassem na produtividade fantástica das pequenas empresas principiantes, em que cinco pessoas, ou o equivalente a isso, trabalham bem próximas ao fundador da companhia, todos se esforçando ao máximo, poderiam redescobrir a relação entre produtividade e comunicação. Eles devem estar conscientes de que não tem sentido afirmar que a empresa tem uma política de portas abertas se, na verdade, os empregados são obrigados a passar por duas secretárias para marcar um compromisso, que depois é cancelado e remarcado.

Os diretores precisam se conscientizar de que reservar andares especiais para executivos, com uma aparência que cause muita impressão, com secretárias levantando cercas de arame farpado em volta dos seus escritórios, estabelecendo prerrogativas — salas com entrada privativa, espaços reservados no estacionamento, andares separados para executivos, banheiros privativos, refeitórios, carros importados, jatinhos particulares, até mesmo passagens de primeira classe — que proclamam em voz alta quem é o chefe, tudo isso au-

Comunicação interna – mais do que um serviço supérfluo **75**

menta a distância pessoal, desperta suspeitas e cria nos funcionários a sensação de que devem reverenciar seus líderes e considerá-los inatingíveis.

O desenvolvimento do sistema de castas. O sistema de castas é uma barreira à comunicação. Pense na reação do empregado "que, ao sair do estacionamento, localizado na parte de trás do prédio, depois de ter caminhado em meio à neve, em baixa temperatura, vê um daqueles chefes entrando numa vaga sagrada e reservada. [...] O funcionário fica pensando por que o 'filho da mãe' não precisa procurar um lugar para estacionar, como o resto do pessoal. Quando isso acontece, pode-se dizer que o estacionamento privativo dos executivos provoca uma marcha à ré nos negócios".[17]

Há outras barreiras artificiais que criam patamares numa organização e inibem a comunicação interna. Por exemplo, sua empresa incentiva a linguagem clara ou a regra é o emprego de jargões e variações "internas"? Os funcionários de diferentes níveis da empresa e de diferentes áreas têm tempo disponível para se conhecer melhor ou a socialização é feita de acordo com a linha de *status*? Uma das maneiras de derrubar as barreiras entre os empregados é incentivá-los a participar de disputas esportivas ou a se apresentar como voluntários para algumas campanhas especiais.

A existência de barreiras físicas. Num livro anterior, *Marketing to Win,* eu afirmei que "o distanciamento provoca um outro tipo de problema no local de trabalho. Como, em geral, as pessoas se comunicam mais com os que estão mais próximos, os funcionários agrupados para trabalhar em projetos especiais, mas que passam a maior parte do tempo no local de trabalho habitual, tendem a se comunicar menos. Thomas Allen, do MIT (Massachusetts Institute of Technology), observa que 'numa distância maior do que a de 30 metros, a relação entre as pessoas cai notoriamente'. Daí a importância de aproximar o máximo possível aqueles que trabalham juntos".[18] Para isso, é preciso estabelecer um local para que as pessoas se reúnam ou enviar os empregados para diferentes pontos, em regime temporário.

A atmosfera das reuniões. Os executivos devem ter em mente que a maneira de organizar uma reunião e as mensagens não-verbais transmitidas durante as reuniões geralmente comunicam tanto quanto o conteúdo do próprio encontro. As respostas às seguintes perguntas, por exemplo, revelam muito sobre a mentalidade vigente na empresa. Com que freqüência se realiza esse tipo de reunião? As pessoas chegam atrasadas ou adiantadas a esses eventos? Onde eles são realizados? Qual é a aparência do local? Quem é convidado? O que consta da agenda? Como ela é preparada? Qual é a ordem dos assuntos na agenda? Quanto tempo é destinado a cada item? Quanto tempo dura o encontro? Quem se senta ao lado do chefe? Quem apresenta os oradores? O tom da reunião é formal ou informal? Que perguntas são feitas nessas ocasiões? Há muito ou pouco diálogo? Há troca de idéias?

Palavras coerentes com as ações. Sua organização age de acordo com a política adotada? Por exemplo, alardeia que aprecia inovações, mas promove aqueles que não se arriscam nunca? A organização admite ser adepta da gratificação pelos grandes desempenhos, mas dá aumentos iguais para todos? E quanto à criatividade, acredita também que deva ser recompensada, mas tem um processo tão longo de aprovação dos projetos que qualquer pessoa com uma idéia nova fica logo frustrada?

Um exemplo flagrante da falta de coerência entre palavras e ações foi relatado por Thomas Schellhardt num artigo em *The Wall Street Journal*, onde ele menciona um relatório anual apresentado pela Utilicorp United, que diz que "atrás do crescimento 'esconde-se a dedicação e o profissionalismo de nossos empregados'. Com exceção da foto do diretor-executivo, o relatório só apresentava desenhos representando funcionários".[19] Ser coerente também significa reforçar continuamente a mensagem a intervalos de tempo adequados; por exemplo, numa companhia, quando "um executivo convidou pequenos grupos de empregados para participar de discussões abertas sobre a mentalidade da empresa, os objetivos e as estratégias de venda, [eles descobriram] (...) que os empregados contratados nos últimos cinco anos — mais de 50% do total de funcionários da empresa — achavam que sua tarefa era ampliar os negócios, mesmo que isso significasse negligenciar os já existentes. Ao se concentrar na expansão, a administração não tomou os devidos cuidados para definir e reforçar seus valores para os novos empregados. O crescimento rápido enfraqueceu a mentalidade da empresa como um todo, num momento crítico de desenvolvimento".[20]

Conflito de políticas. Algumas pessoas ocultam as informações para obter ganho pessoal. Elas acham que o fato de saberem sobre determinado assunto enquanto os outros se mantêm na ignorância aumenta seu poder. As empresas precisam combater a idéia de que esse jogo com as informações proporcionará vantagens pessoais. As organizações marcadas por políticas, batalhas campais e lutas internas entre funcionários provocam uma comunicação inadequada entre eles.

Prestar atenção. Numa empresa, todos, do mais alto ao mais baixo escalão, precisam comunicar-se de maneira mais eficaz. Em *Marketing to Win*, mostrei que, de acordo com algumas pesquisas, dedicamos sete de cada dez minutos do tempo em que estamos acordados para nos comunicarmos, e esse tempo de comunicação é gasto na seguinte proporção: 9% escrevendo, 16% lendo, 30% conversando, 45% ouvindo; e pelo que as fichas de pesquisa revelaram sobre a forma como ouvíamos, poucos de nós seríamos aprovados. Existem vários comportamentos que levam as pessoas a não prestar atenção: achar que um assunto não tem importância e então "desligar"; transferir a atenção para a forma como a coisa está sendo dita e deixar o conteúdo de lado; reagir depressa demais, antes que a mensagem se complete; captar apenas as palavras

Comunicação interna – mais do que um serviço supérfluo **77**

emotivas e não ouvir nada além disso; escutar apenas os fatos em vez de tentar absorver as idéias; permitir-se ficar distraído; e evitar concentrar-se em assuntos que não se entende. Todos precisam aprender a superar essas barreiras.[21]

Comunicação interna eficaz. As maiores barreiras de comunicação são erigidas por aqueles que não sabem que, no futuro, a comunicação assumirá formas diferentes das utilizadas no passado. Assim, a administração tem de encontrar meios para incentivar o uso de tecnologias novas e manter diferentes formas de comunicação. É preciso encarar a informação como uma arma competitiva, não como ameaça; é preciso sustentar o conhecimento e aprender em todas as esferas. Para ter um resultado eficaz, a comunicação interna deve ser:

- multidirecional – ascendente, descendente, lateral e diagonal;
- objetiva – apresentando todos os lados da questão;
- compreensiva – tanto na amplitude do assunto quanto na profundidade do conteúdo;
- relevante – expressando questões importantes; por exemplo, esclarecendo as razões que motivam a política da empresa;
- merecedora de crédito – expressa por aqueles que conhecem o assunto;
- convidativa – fazendo um corte no excesso de informações;
- honesta – confiável, concreta e sem erros;
- aberta – uma troca de idéias aberta e completa, quer as notícias sejam boas ou ruins;
- completa – contendo mais informação do que menos;
- priorizada – distribuída conforme a importância do assunto, para que as pessoas não se sintam bombardeadas;
- oportuna – para que não sejam obrigadas a recorrer a outras fontes para conseguir a informação;
- consistente – as ações devem ser coerentes com as palavras;
- interessante – fácil de ser examinada e entendida;
- freqüente – transmitida em intervalos regulares;
- reforçada – por intermédio de múltiplas vias;
- coordenada – ligada a outros elementos de comunicação;
- participatória – que inclua a audiência;
- mensurável – submetida a avaliações periódicas para determinar sua eficácia em atingir a audiência.

O fluxo da informação

Em vez de pensar que a comunicação só flui para cima ou para baixo dentro da empresa, de acordo com os quadros da organização, é tarefa de todos incentivar para que ela também flua lateral e diagonalmente, derrubando a compartimentalização do conhecimento. Nesse cenário, a informação compartilhada existirá em diferentes patamares, departamentos e unidades de uma empresa.

Comunicação descendente

Segundo indicou a pesquisa de A. Foster Higgins & Company, "mais de um terço (34%) dos diretores-executivos comunicam-se com outros diretores-executivos diária ou semanalmente. Quarenta e três por cento disseram que se comunicam com os clientes diária ou semanalmente. Cinqüenta e nove por cento mantêm contato diário ou semanal com seu *staff* profissional e técnico. E 98% comunicam-se diária ou semanalmente com outros altos executivos; ao passo que somente 22% dos diretores-executivos entrevistados declararam que se comunicam com seus empregados menos categorizados nos intervalos de tempo mencionados".[22]

De acordo com outro estudo, enquanto os "altos executivos são a fonte de informação preferida de 62% dos funcionários, somente 15% deles nos disseram que recebem informações continuamente dos líderes da empresa".[23] Mesmo quando a maneira de comunicação é formal, envolvendo uma retrospectiva, cerca de 33% dos empregados não acham que a última avaliação de desempenho os tenha ajudado a compreender o que se esperava deles.[24] A comunicação descendente não está funcionando.

Os chefes podem imaginar toda espécie de desculpas por falhar na comunicação: "Não tive tempo." "Por que perguntar a eles? Sei como eles se sentem." "Não acredito que eles saibam lidar com informações negativas; isso só os confundiria." "Eles não vão compreender as implicações da decisão; então por que eu iria me aborrecer tentando explicar?" "É um ponto delicado, tenho medo de que alguém vire a mesa." E alguns executivos não têm confiança suficiente para dirigir-se ao grupo; temem que os funcionários levantem questões com as quais eles não possam lidar. E, é claro, sempre existe a possibilidade de discordâncias.

Por fim, há o problema do executivo que faz visitas a todos os departamentos da organização. As visitas incluem o acompanhamento de uma comitiva e se resumem a uma passagem tão rápida pelos escritórios que ninguém tem muita certeza se ele veio mesmo, a não ser pelo fato de que, antecipando a visita, os empregados põem tudo em ordem nas duas semanas anteriores. Muitas vezes, os executivos não percebem que, como despertam intimidação nos empregados quando se apresentam sozinhos, precisam supercompensar essa reação.

E, mesmo que os empregados tenham fácil acesso à administração, "muitos chefes não sabem como falar com os empregados e muitos empregados têm medo de falar com seus superiores. Como resultado, os dois grupos ficam encalhados em margens opostas do mesmo rio, lutando pelo mesmo objetivo mas separados por uma corrente de informações não-compartilhadas, bloqueados por boas intenções, falta de compreensão e medo".[25]

Comunicação ascendente

Os executivos de primeiro escalão podem criar um ambiente aberto em que os empregados tenham oportunidade de expressar suas esperanças, idéias, sentimentos, medos e críticas; o único requisito é que sejam sensíveis e tenham empatia com as necessidades dos empregados. Segundo um estudo realizado com 5 mil profissionais entrevistados nos Estados Unidos, em 1987, pela Boston-based Wyatt Company, somente 40% disseram que a administração procurava sua colaboração em questões importantes; cerca de 25% afirmaram que não tinham liberdade para expressar sua opinião.[26]

Um bom exemplo de como se pode alcançar sucesso trabalhando em conjunto encontra-se na seguinte história relatada por Jack Shewmaker, ex-vice-presidente e diretor-executivo da Wal-Mart. Ele disse:

> Lembro-me de quando, em 1975, catorze das cem maiores lojas estavam com o movimento baixo e os executivos decidiram levar o problema aos empregados que ocupavam os cargos mais simples. Sam Walton, presidente e fundador, além dos outros executivos, visitaram todas as lojas. (...) Nas visitas a cada loja, dizíamos simplesmente que as vendas estavam ruins, que talvez fosse necessário fechar a loja, coisa que nunca tínhamos feito antes (pelo menos por esse motivo), porque o desempenho estava baixo. E que, como sabíamos que eles não queriam que fizéssemos isso, pedíamos que eles nos dessem sugestões sobre o que deveríamos fazer para voltar a ser bem-sucedidos.
>
> No começo, as sugestões pareciam ser de pequena importância, como mudar um relógio de uma parede para outra ou instalar um novo relógio. Eu ficava remoendo em minha mente que diferença isso iria fazer. Mesmo assim, em alguns casos trocamos o relógio de lugar e em outros compramos um novo e o colocamos na parede. Acatamos três ou quatro sugestões semelhantes. Então, de repente, os funcionários começaram a falar sobre o que poderiam fazer para modificar a loja. Não se tratava de definir um plano de ação para a administração, mas sim para eles. Dez anos mais tarde, a administração voltou às catorze lojas que a Wal-Mart tinha pensado em fechar. Com exceção de uma, todas estavam entre as 10% maiores geradoras de lucro da organização.[27]

Há muitas maneiras de incentivar a comunicação ascendente que tornou a Wal-Mart tão bem-sucedida. Uma delas é o pessoal da administração circular pela empresa. Em algumas companhias, os executivos, de vez em quando, selecionam um grupo de uma seção para tomar o café da manhã com eles. Em outras, formam-se conselhos de consultores, que selecionam empregados de todas as áreas da empresa para trabalhar com eles por um espaço de tempo determinado. Outras fazem reuniões de um dia para apresentar um problema que surgiu ou para dar novo alento a um projeto. Certas empresas têm vários programas para incentivar os empregados a se comunicar.

Os sistemas de sugestões e programas de comunicação aberta estão aumentando. A IBM usa um sistema de correio interno, "Speak up", que permite aos empregados receber de altos executivos respostas individuais a diversas questões, sem se identificar. Os empregados marcam seu nome e seu endereço em adesivos, que são recolhidos pelo diretor do "Speak up" e guardados separadamente. Quando o executivo indicado tiver respondido à questão, a resposta será enviada à casa do empregado. De forma alternativa, o empregado pode requisitar uma resposta pessoal ou por telefone. Muitas companhias grandes, como a Anheuser-Busch e a Eastman Kodak, já têm programas semelhantes.[28]

Outros tipos de programa incluem a instalação de linhas diretas de telefone, a manutenção de grupos dirigidos e a realização de reuniões com empregados de patamares diferenciados, em que os executivos possam se encontrar com empregados dois níveis abaixo de sua competência direta.

Para que esses programas funcionem eficientemente, toda questão ou idéia deve ser levada a sério. Os resultados da iniciativa podem ser atribuídos à administração e aos empregados. O programa precisa incluir um plano de ação. Muitos programas duram pouco porque a administração só tem olhos para as grandes idéias, em vez de procurar meios para dar grandes passos a partir de ganhos acumulados.[29]

Comunicação lateral

Os empregados precisam saber e compreender como suas ações afetam os outros na organização, dando-se conta do impacto de suas decisões em outras áreas da empresa. As mudanças devem ser comunicadas entre os setores equivalentes, entre os departamentos e entre os turnos. Lembre-se da história do diretor-executivo que, num de seus primeiros dias de trabalho, pediu uma cópia de todos os relatórios realizados na empresa. Ele conta que, "no dia seguinte, surgiram 23 deles sobre minha escrivaninha. Não consegui entender nenhum. Os relatórios da fábrica eram escritos em linguagem fabril, os relatórios financeiros em 'economês' e os comunicados de venda tinham uma terminologia própria. (...) Cada relatório de determinada área era grego para as outras, e todas eram grego para mim. Já que seríamos obrigados a cortar

Comunicação interna – mais do que um serviço supérfluo **81**

custos e produtos, deveríamos conversar muito, mas, enquanto não tivéssemos uma linguagem mercadológica comum, não conseguiríamos discutir juntos nenhum relatório da administração".[30]

Em geral, a ênfase na comunicação vertical ofusca a importância da comunicação lateral, que abrange a informação a ser partilhada por todos do mesmo escalão que façam parte de diferentes departamentos ou unidades operacionais. Mas, "segundo uma pesquisa recente, mais de 60% dos empregados nas mais variadas organizações dizem que a comunicação lateral é ineficiente. Mais especificamente, cerca de 45% afirmam que a comunicação entre empregados com função equivalente dentro de departamentos é inadequada, e 70% declaram que a comunicação entre departamentos precisa melhorar".[31]

Quando os empregados não compartilham a informação, os esforços são redobrados, perdem-se os prazos, ocorrem redundâncias, a quantidade de trabalho a ser refeito aumenta e as relações entre os departamentos se deterioram. Quando os colaboradores não se comunicam uns com os outros, as pessoas são orientadas a cumprir tarefas e se esquecem de levar em consideração outros departamentos. Esses problemas também acontecem quando os empregados ficam tão concentrados em atingir as metas do departamento a que pertencem que não querem ser incomodados por problemas que julgam não se referir a eles. Nesses casos, não foi feita uma delegação de trabalho lateralmente, porque todos estão visando seus interesses pessoais, mesmo que seja em prejuízo da empresa. Além disso, quando os empregados só prestam contas a seus supervisores e nunca aos seus colegas, ocorre a inércia.

É importante que haja entre os empregados trocas regulares de informação sobre os projetos em andamento, os processos que eles estão atravessando e as dificuldades encontradas. Mas, em diversas organizações, só existe a comunicação lateral quando surge uma crise ou um problema. Por isso, muitas vezes os empregados não conhecem os produtos vendidos em outras unidades da organização, não sabem o efeito que seu trabalho tem sobre outros ou com quem entrar em contato para conseguir informação em outros departamentos.

Há muitos meios de se promover a comunicação dentro da empresa. Por exemplo, existe o processo de planejamento. Os planos são mais facilmente implantados quando os empregados tomam parte em sua criação. Em vez de ter uma equipe especial ou uma firma de consultoria que, distantes da ação rotineira, desenvolvam planos isolados, a administração deve manter alguns empregados envolvidos na estratégia dessa fase. Acrescente-se a isso o fato de que a reunião de grupos de planejamento de diferentes partes da organização cria um clima de camaradagem e ajuda o funcionário a sentir-se integrado à empresa. As sessões de planejamento propiciam o encontro de colegas de diferentes áreas e uma compreensão melhor dos problemas e das dificuldades que os outros enfrentam. Para ampliar a comunicação entre os departamentos, áreas funcionais e unidades, há ainda outros meios de organizar agrupamentos saudáveis, como a criação de forças-tarefas temporárias, programas de serviços rotativos e programas de treinamento que abrangem toda a organização.

Comunicação diagonal

Para que a comunicação flua diagonalmente, os empregados precisam se sentir livres para entrar em contato e relacionar-se com qualquer pessoa que tenha a informação necessária para completar uma atividade, sem distinção de nível, unidade operacional ou outra fronteira artificial. Isso também deve incluir as redes externas. É preciso que a administração realmente desenvolva encontros que incentivem os empregados a conhecer outras pessoas, a construir valores compartilhados, a discutir questões emergentes e a resolver problemas em conjunto.

Ao fracionar o conhecimento, você impede que as pessoas tenham a oportunidade de ver a figura por inteiro. A única forma de ser bem-sucedido é deixar que a comunicação flua de maneira descendente, ascendente, lateral e diagonalmente. Cada uma delas tem um papel importante, e se todas coexistirem você terá um resultado semelhante ao descrito por John Young, diretor-executivo da Hewlett-Packard, que afirmou: "A comunicação é fundamental. (...) Temos uma companhia que funciona como um time. Não existe uma mentalidade do tipo 'eles-e-nós', e, apesar de termos quarenta companhias espalhadas pelo mundo e 55 divisões de operações, pensamos na organização como uma só empresa e em cada empregado como um membro. Essa comunicação tão eficiente é o eixo da abordagem que adotamos nas relações empregatícias."[32]

Comunicação franca e honesta

Sua organização é regida pelo princípio da retenção da informação, porque você tem medo de se comunicar com seus empregados receando que o que disser a eles poderá chegar aos ouvidos dos concorrentes? Donald E. Petersen, ex-presidente da Ford Motor Company, diz: "Um dos nossos objetivos fundamentais é estabelecer um clima de confiança com os empregados. Para isso, precisamos expor a eles honestamente os problemas da companhia, suas ações e seus pontos de vista. Isso abrange tanto nossos problemas e controvérsias quanto nossos atributos e realizações. (...) As boas e as más notícias."[33]

A abordagem de Petersen é muito diferente da filosofia de só se partilhar a quantidade de informação necessária para que o empregado execute determinado serviço. As empresas que adotam esse princípio declaram que os empregados não entenderiam além disso, que não confiam neles no que diz respeito a questões mais delicadas ou, ainda, que os funcionários não produzem quando passam o tempo se comunicando. Isso é típico de muitas empresas. Em *Rude Awakening: The Rise, Fall, and Struggle for Recovery of General*

Motors, Maryann Keller diz que as companhias americanas "tendem, fundamentalmente, a não confiar nos empregados. O princípio que norteia essa atitude é que, 'se você der a mão, eles levarão o braço, porque não querem trabalhar de verdade. (...) Mais do que qualquer outra coisa, a filosofia da GM com relação às pessoas contribuiu para a perda de competitividade. Não há confiança nem respeito".[34]

A comunicação desempenha uma importante função de coordenação, e o acesso à informação é tão fundamental para exercer o trabalho com propriedade que não é mais considerado um privilégio, mas um direito. Numa época em que precisamos que nossos empregados nos apresentem novas idéias, as informações que passamos a eles servem de base para que essas idéias sejam formuladas e atuam como catalisadores para estimulá-las.

Em caso de dúvida, é sempre melhor errar ao fornecer informação a mais do que a menos. Os administradores que não transmitem as informações necessárias se esquecem de quanto tempo os funcionários perdem tentando adivinhar as intenções dos outros e de quanto custam as jogadas, políticas e manobras para se conseguir a informação. A ironia de tudo isso é que esses mesmos dirigentes dizem não compreender por que sua empresa não é uma família feliz.

A Wal-Mart acha que a comunicação franca e honesta é a chave para o sucesso. Jack Shewmaker explica que

> a companhia não tinha medo de desafiar a suposição, largamente difundida entre parte dos executivos, de que é arriscado falar demais sobre negócios com os empregados, pois as informações podem chegar aos ouvidos dos concorrentes. Decidimos que era importante que cada pessoa ligada à empresa compreendesse nossa missão, nossa direção, nosso progresso ou a falta dele e entendesse qual é o seu papel para tornar a Wal-Mart uma companhia melhor no futuro do que é na atualidade.
>
> Quando deixamos de passar informações aos empregados da Wal-Mart, prejudicamos as pessoas que de fato precisam avaliar de alguma forma sua contribuição para a empresa, diz ele. Atualmente, a Wal-Mart emite relatórios mensais das operações realizadas, incluindo todas as perdas e os encargos de cada divisão da empresa. Esses relatórios são distribuídos poucos dias depois do final do mês. Todos os diretores de departamento, encarregados de vendas, têm os resultados da sua área comparados aos dos outros naquela loja específica, naquele distrito, naquela região, naquela indústria. Esperamos não só que eles tenham acesso à informação, mas que a entendam e façam uso dela.[35]

O caminho novo da comunicação

A comunicação interna passou por muitas fases. A primeira foi semelhante ao modelo militar: as ordens eram dadas e obedecidas. Não havia como acrescentar nada ao processo. A segunda fase envolveu o fluxo de informação bilateral. As instruções ainda eram passadas para os empregados, mas o retorno só era possível por meios formais e canais especiais. A terceira fase incentivou a comunicação nos dois sentidos. Reconheceu-se a importância de ouvir os empregados e criaram-se meios para que isso ocorresse. A quarta fase de comunicação interna reconheceu a importância dos canais múltiplos. Da mesma forma que alguns veículos de comunicação são mais eficientes ao estabelecer comunicação com o ambiente externo, outros meios são melhores para a comunicação interna; técnicas muito sofisticadas foram aplicadas para melhorar a comunicação. Na quinta fase, introduz-se a privacidade; mas, apesar do uso de meios eficientes, como transmissões diárias de vídeos, a necessidade de informação dos empregados ainda não foi suprida.

É a sexta fase, em que o controle da informação é abandonado, que as organizações precisam se esforçar para atingir. Nessa fase, a comunicação é contínua, a responsabilidade não é só de um funcionário na empresa, mas de todos. Nessa fase, as boas companhias param de lidar apenas com a "ponta do *iceberg*" no que se refere à comunicação. Elas não enviam uma enxurrada de memorandos, cartas, relatórios e exposições de políticas da empresa. "Acreditamos que 90% do que se passa na empresa não tem relação nenhuma com os eventos formais. (...) Mesmo no contexto de reuniões altamente controladas, ocorre uma série de comunicações informais — rituais, olhares, alusões, e assim por diante. O processo real de tomada de decisões — conseguir apoio, desenvolver opiniões — acontece antes do evento, ou depois. Quando existe uma mentalidade forte, a comunicação em rede é poderosa, porque pode reforçar as crenças da organização, realçando os valores simbólicos dos heróis ao repassar as histórias de suas proezas e conquistas, estabelecer um novo clima de mudanças e fornecer uma estrutura firme de influência para os diretores-executivos".[36]

A informação em rede, formal ou informal, está no âmago da sexta fase. Ela terá lugar de destaque e será caracterizada pelas mudanças que estão ocorrendo na tecnologia e pelo nível de comodidade atual dos empregados com esses avanços. Afinal, a última geração, tendo crescido com os aparelhos eletrônicos, sente-se muito à vontade para se comunicar por esses meios. Por exemplo, Alvie Smith, que já trabalhou na General Motors, escreve que "na Tandem, todos os empregados, exceto os montadores da fábrica, têm um terminal eletrônico em sua escrivaninha. Estão ligados na rede mundial da empresa e, por meio dela, podem receber tanto informações sociais quanto de negócios. Um empregado me disse: 'Pode levar tudo, mas não mexa no meu computador'. Ajudar as pessoas a se comunicar diretamente umas com as outras em vez de obrigá-las a passar por uma hierarquia protocolar cria um clima de confiança".[37]

Evidentemente, as redes internas não substituirão outras formas de comunicação do dia para a noite, mas os empregados, cada vez mais, optarão por elas e por pequenos grupos de interação, porque têm um caráter mais pessoal.

Pela rede, a mensagem normalmente é emitida por uma pessoa que você conhece e em quem confia, ao contrário de outro tipo de comunicação, em que a mensagem é transmitida por alguém que pode estar tentando lhe impingir a filosofia da companhia ou que está muito distante da questão. A mensagem não se perde em generalidades, mas é feita sob encomenda. Além disso, sempre há a possibilidade de se discutir as implicações do que for dito. Uma comunicação de cunho pessoal é expressa com paixão e recebida com grande interesse, enquanto, na situação inversa, a informação nem sempre é precisa.

A acessibilidade, disponibilidade e tecnologia fácil de ser usada, que são os pontos principais que caracterizam a comunicação em rede, ajudarão a criar um ambiente franco e honesto, especialmente quando associado à eliminação das barreiras de comunicação e ao envolvimento dos grandes líderes, que aproveitam todas as oportunidades para transmitir os princípios, as crenças e os valores que orientam a empresa. Assim como as estrelas eram usadas para guiar os navios à noite, esses princípios ditam o que é importante, como as decisões são tomadas, como os funcionários são gratificados, quem conseguiu promoção, quais são os tipos de pessoa associados à empresa e como se comunicam umas com as outras. Uma das coisas mais importantes que se deve comunicar aos empregados é que a razão principal da existência da companhia é promover a excelência do serviço para clientes e consumidores, como veremos no Capítulo 5.

5

Se eu tivesse apenas um cliente

Construir uma empresa voltada para a excelência do serviço

*Se eu tivesse apenas um cliente, se todo o meu negócio
e a minha subsistência dependessem apenas desse
cliente – rapaz, como eu o trataria de forma
diferente daquela com que trato os meus clientes
agora. Esse cliente seria realmente especial para mim.*
FRASE OUVIDA NUM ELEVADOR

Mesmo que a sua empresa tenha centenas, talvez milhares de clientes, alguns grandes e outros pequenos, todos eles merecem ser tratados como se fossem o único. Na maioria das companhias, entretanto, nenhum cliente é tratado de maneira especial. Por que algumas empresas tornam tão difícil fechar um negócio? Por que os escritórios parecem desleixados e sujos? Por que as propostas são preenchidas com erros de datilografia e as promessas são quebradas com regularidade? Por que os clientes são ignorados, tratados com grosseria, como se fossem inconvenientes? Por que os funcionários são indiferentes, descuidados, até mesmo rudes? Por que eles não são bem treinados, por que não conhecem os próprios produtos e nem sequer são capazes de responder a perguntas básicas? Quando os problemas aparecem, por que os clientes são mantidos longe dos escritórios, como se fossem batatas quentes? E por que a reação típica a um cliente é: "Sei tudo e você não sabe de nada", "Não é minha função" ou, ainda, "Estou certo, você é que está errado"?

Essa atitude tornou-se típica no mundo dos negócios. *AdWeek's Marketing Week* relata que "de 1966 a 1983 a empresa de pesquisa Lou Harris apurou que o número de norte-americanos com 'grande margem de confiança' nas instituições profissionais caiu significativamente. Na medicina, caiu de 61% para 36%. Uma pesquisa recente da Gallup constatou que dois em cada três norte-americanos acham que os médicos estão 'interessados demais em ganhar dinheiro'. Outra pesquisa recente da Harris revela que somente 13% dos norte-americanos têm 'uma boa margem de confiança nos advogados', o índice mais baixo entre treze categorias isoladas (...)". O advogado e o médico da família, que tinham tempo para bater um papo, já não existem, diz Samuel S. Smith, presidente da comissão da Ordem dos Advogados dos Estados Unidos, e acrescenta: "Ninguém tem realmente a oportunidade de manter o tipo de relacionamento que gostaria. Você tem vinte outros casos aguardando sua análise, e espera-se que você cobre centenas de dólares por hora de trabalho."[1]

O impacto de uma prestação de serviços com um nível tão baixo é chocante. Um dos motivos de esse problema ser negligenciado é que os sistemas de avaliação atuais não refletem acuradamente os verdadeiros custos e benefícios das relações com os clientes. Por exemplo, eles ignoram o fluxo de caixa pelo tempo de duração das relações porque as práticas de avaliação não refletem o fato de que é mais fácil e cinco vezes mais barato conservar um cliente do que conseguir um novo.[2] Assim, muitas pessoas acham que cada venda é uma transação isolada, em vez de um investimento na construção de um relacionamento de longa duração com um cliente; elas acreditam que, se conduzirem mal um negócio, perderão apenas uma venda.

Infelizmente, o custo de uma mentalidade voltada para o curto prazo vai muito além da perda de clientes insatisfeitos. Uma pesquisa da Technical Assistance Research Programs demonstra que uma pessoa que não foi bem tratada por uma empresa geralmente conta a experiência para nove a dez outras, e 13% dos clientes insatisfeitos espalharão essas informações negativas para mais de vinte pessoas.[3]

A palavra-chave é qualidade

Para superar a tendência de tratar os clientes com negligência — e as perdas acarretadas por esse comportamento — é preciso dar um novo enfoque à qualidade do serviço. De fato, a realização de um serviço de qualidade tem se mostrado capaz de levar à expansão de mercado e mesmo à possibilidade de preços especiais. Numa pesquisa da Forum Corporation feita com 2.374 clientes de 14 empresas, mais de 40% apresentaram a prestação de serviço insatisfatória como a razão número 1 para a mudança de fornecedor, enquanto 8% indicaram o preço.[4] E, segundo os dados do Strategic Planning Institute's Profit Impact for Marketing Strategy (PIMS), as empresas classificadas favoravelmente pelos clientes pelo cuidado na prestação de serviços receberam uma média 9% maior do que aquelas avaliadas como insatisfatórias.[5]

Até recentemente, entretanto, o termo "qualidade" aplicava-se basicamente à fabricação. Quando as pessoas falavam de qualidade, referiam-se à rela-

Se eu tivesse apenas um cliente

ção de trabalho com o produto e a quantidade de defeitos encontrados depois que ele saía da linha de produção. As empresas eram capazes de tornar suas organizações e seus produtos diferenciados com base na qualidade da fabricação. Mas, finalmente, ficou evidente que, apesar de o processo de fabricação ser importante, é apenas uma parte da equação de qualidade. Devido à concorrência global, as empresas deram muita ênfase nisso e avançaram tanto que ficará bastante difícil diferenciar os produtos com base apenas na sua fabricação. A diferença entre eles será tão infinitesimal que será preciso muito mais para assegurar a fidelidade do mercado. Como foi tratado no Capítulo 1, haverá um aumento da ênfase nos intangíveis como forma de satisfazer os clientes.

Essa ênfase é ainda mais importante nos serviços industriais em que os próprios produtos geralmente são intangíveis, não sendo possível estabelecer especificações precisas, e em que a produção e o consumo de muitos serviços são inseparáveis. Portanto, a qualidade será definida universalmente como o atendimento e a superação das expectativas dos clientes — isto é, tudo abrindo caminho para a venda e sua fase posterior. Os clientes perceberão que o valor do serviço é medido não apenas em dólares desembolsados, mas também em custos psicológicos como a conveniência, a característica da empresa e do produto e o risco associado à aquisição, aspecto que será tratado com maiores detalhes no Capítulo 10.

Já que um serviço superior de atendimento ao cliente é mais uma disposição de espírito do que uma atividade, é importante descobrir que espécie de mentalidade produz essa condição. Pergunte a si mesmo:

- Sua empresa está propensa a fazer mudanças em sua política para tornar melhor a vida dela ou a do cliente?

- Sua empresa não se preocupa com a possibilidade de perder os clientes antigos?

- Os empregados da sua companhia só procuram fazer o melhor possível quando a concorrência passou à frente?

- Os empregados da sua organização sabem que sua primeira e mais importante tarefa é servir aos clientes?

- A política da sua companhia visa o sucesso dos clientes a longo prazo ou apenas os lucros imediatos da empresa?

- Até que ponto você conhece realmente os negócios de seus clientes? E o que eles sabem a respeito dos seus?

- Você sabe por que os clientes estão satisfeitos ou insatisfeitos com a sua empresa? Que providências você tomou para descobrir isso?

- Quando os clientes precisam da sua atenção, você está à disposição?

- Como você trata os clientes agora em comparação ao modo que os tratava quando queria conquistá-los?

- Você está tão preocupado em não perder os clientes que até pára de fazer sugestões inovadoras?

- Você incentiva e gratifica o empregado que apresenta o melhor desempenho no interesse do cliente?

As conseqüências a longo prazo de suas ações

Se as empresas devem apresentar excelência no serviço, seus empregados precisam aprender a reconhecer a importância de estabelecer relações a longo prazo com os clientes e a compreender quais são as conseqüências quando isso não é feito. Eles precisam deixar de encarar os clientes apenas como uma fonte de vendas imediatas e uma forma rápida de aumentar o caixa. Em vez disso, devem tratá-los como se fossem negociar com eles por muitos anos. Precisam aprender a se ver através do olhar dos clientes, em vez de se concentrar neles próprios. Precisam ir além do papel de vendedores e oferecer conselhos e informações que acrescentem valor agregado aos compradores e reconheçam suas necessidades progressivas. A partir daí, poderão se concentrar na formação de relações duradouras com alguns clientes, em vez de continuar em sua eterna busca de novos clientes, perdendo-os assim que eles reformulam seus objetivos.

Ter uma visão holística

Muitas organizações são divididas em vários centros contábeis, que negociam com os clientes como se cada centro fosse uma empresa totalmente diferente; elas se esquecem de que, do ponto de vista dos clientes, todos eles são parte de uma mesma companhia. Quando clientes importantes de uma divisão recebem um chamado de um representante de outra, que os trata como se fossem clientes novíssimos, a impressão que eles têm é de que essa empresa é desorganizada.

Além disso, quando as empresas não pensam realmente nas necessidades dos clientes e em procurar adaptar seus serviços para atender a essas necessidades, trabalham inadequadamente. Por exemplo, os agentes de viagem que planejam as férias dos clientes procuram tornar os passeios o mais agradáveis possível. Eles o ajudam a escolher os hotéis e então fazem as reservas; escolhem os melhores planos de viagem, desde vôos diretos até rotas cinematográficas e aluguéis especiais de carros; e montam o itinerário para eles. Tratam de todos os detalhes das férias, poupando tempo e aborrecimentos aos clientes.

Esse tipo de abordagem holística ajuda a estabelecer relacionamentos a longo prazo com os clientes. Se uma empresa falha nesse aspecto, está prestando um mau serviço aos clientes. Por exemplo, quando as pessoas estão doentes, geralmente passam por uma série de exames para descobrir a causa da doença. Se os pacientes, depois de consultar vários especialistas, percebem que eles têm dificuldade de relacionar as descobertas reveladas pelos exames,

Se eu tivesse apenas um cliente

são obrigados a descrever os resultados para cada médico que consultam, o que acrescenta uma pesada carga emocional a um momento já difícil.

A abordagem holística é aquela demonstrada pelos representantes de vendas que conhecem o trabalho interno das organizações para as quais trabalham. Quando surge algum problema, os clientes têm certeza de que o vendedor saberá a quem se dirigir para conseguir as respostas certas. Diante de uma pergunta ou de um problema apresentado por um cliente, é um erro dizer: "Sou o encarregado de vendas; fale com alguém ligado à prestação de serviços" ou "A pessoa que tratou originalmente do seu caso não está aqui no momento" ou "Como a mercadoria foi comprada em outra filial, tem de ser devolvida lá". As empresas só conseguem uma longa e fiel trajetória com os clientes quando procuram se colocar na posição deles.

O caminho para a qualidade

Segundo o livro *Delivering Quality Service*, há dez fatores que os clientes levam em conta ao avaliar a qualidade do serviço:[6]

1. Bens tangíveis — a aparência do material usado, equipamentos, objetos pessoais e de comunicação.

2. Confiabilidade — a capacidade para desempenhar o serviço prometido de forma segura e cuidadosa.

3. Sensibilidade — a disposição para atender os clientes e realizar o serviço com presteza.

4. Competência — a posse das habilidades e dos conhecimentos necessários para executar o serviço.

5. Cortesia — polidez, respeito, consideração e cordialidade no contato pessoal.

6. Credibilidade — o fornecedor do serviço deve ser honesto, fidedigno e confiável.

7. Segurança — a relação livre de riscos, perigos ou dúvidas.

8. Acessibilidade — a facilidade para ser contatado.

9. Comunicabilidade — a prestação contínua de informações para os clientes em linguagem acessível, além da manutenção de um canal aberto para que eles possam se pronunciar.

10. Conhecimento do cliente — o esforço feito para conhecer os clientes e suas necessidades.

Esses dez fatores críticos servirão de base para o que será tratado a seguir.

Bens tangíveis

A primeira impressão que os clientes têm de uma empresa é formada pela maneira como seus telefonemas são atendidos e pela publicidade feita pela organização. Na primeira visita que fazem ao estabelecimento, eles prestam atenção na conservação do edifício, na afabilidade das pessoas e se elas estão vestidas adequadamente. Eles percebem se a tecnologia que você usa já é ou está ficando obsoleta e se a sua nova proposta no campo dos negócios foi preparada de uma forma profissional. Depois de comprar um produto, os clientes o avaliarão pelo serviço que receberem e pela facilidade com que compreenderem sua linguagem.

Orgulho na execução do trabalho. Soletrar errado o nome do cliente, preparar um relatório sem conferir se todos os dados estão corretos ou fazer um orçamento que desagrade o cliente. Tudo precisa ser lido e revisado antes de ser mostrado. Assim que aparece um erro de datilografia, mesmo que seja numa circular, os clientes notam que você é descuidado e relaxado e perdem a confiança na sua capacidade de executar o serviço; eles temem que a falta de cuidado e precisão influencie na qualidade do trabalho a ser prestado.

Não basta estar presente, quando você está no palco. Algumas pessoas acham que uma proposta pode parecer desleixada desde que o produto final seja de alta qualidade; que podem chegar atrasadas a reuniões desde que cheguem a tempo quando sua presença for realmente necessária; que uma promessa implícita não precisa ser cumprida, só as promessas "reais". Elas acreditam que, se estiverem vestidas de forma conservadora nas reuniões de negócios, podem vestir-se de qualquer jeito quando se encontram com os clientes depois do expediente. O fato é que a confiança é um resultado de impressões e experiências acumuladas, e a falta de confiança de um cliente numa determinada área pode facilmente se espalhar para outra.

Os pequenos detalhes. Nunca é demais enfatizar que toda e qualquer impressão é importante. Em *Customers for Life*, Carl Sewell e Paul B. Brown salientam que os clientes vêem tudo em sua empresa como sinal de qualidade. Perguntam-se coisas como: "Se é assim que eles cuidam dos banheiros, que cuidados terão comigo?"[7] Se os trens de pouso de um avião estão sujos, será que a manutenção deles está sendo feita de maneira adequada? Os clientes notam quando seus telefonemas são atendidos prontamente e se a pessoa que os atende se preocupa em encontrar a pessoa certa para falar com eles. Aprendem a confiar em empresas que indicam o melhor caminho a ser seguido antes da primeira visita, além de indicar-lhes lugares e restaurantes que ficam no trajeto. Eles apreciam mensagens de congratulações pela concretização de um negócio, pelo nascimento de uma criança ou mesmo um postal enviado do local onde você está passando férias. O que conta não é a despesa, mas sim o fato de você demonstrar que se lembra deles fora do âmbito de negócios.

Fornecer aquilo que o cliente quer. Os clientes não compram produtos, mas soluções. Nunca diga a um cliente que seu produto é o melhor, até saber como ele pretende usá-lo. Rosabeth Moss Kanter escreveu, na *Harvard Business Review*, que "a importância e o valor do produto dependem do uso que cada cliente faz dele".[8] Muitas empresas são tão apegadas a seus produtos que comparam as características deles com as dos concorrentes e concluem, erroneamente, que os seus são os melhores para todos. É importante determinar como os produtos serão usados e comparar apenas as características particulares que atendem às necessidades daquele cliente. Mais adiante, Kanter explica que "um executivo de alto escalão era muito citado por afirmar: 'Se os clientes não gostam de nossas soluções, eles é que têm os problemas errados'".[9]

Relações amigáveis não substituem a qualidade. Conhecer os clientes e cultivar a relação com eles é uma boa política, mas esse tipo de relação jamais deve substituir um trabalho bem-feito. As pessoas sempre acham que podem fornecer um produto de baixa qualidade ou economizar se presentearem os clientes com vinhos e jantares. Se o seu produto for inadequado ou não satisfizer as necessidades do cliente, o fato de você ser uma pessoa atenciosa não vai interessar.

Estabelecer preços. Como Sewell e Brown dizem em *Customers for Life*: "É possível tosquiar uma ovelha durante anos, mas esfolá-la, apenas uma vez."[10] Como regra geral, nunca cobre de um cliente o que não cobraria de um amigo. Segundo um artigo do *Manager's Journal*,

> (...) Com muita freqüência, "o cliente paga pela conversa em que explicou o problema para o sócio sênior. (...) O cliente paga por que o sênior contou ao júnior aquilo que o cliente lhe havia dito. (...) O cliente paga pelo telefonema que o júnior lhe deu para esclarecer alguns pontos. (...) O cliente paga pela revisão feita pelo sênior no trabalho do júnior. (...) O cliente paga pelo tempo que o sênior gasta para explicar-lhe o trabalho que será feito. (...) O cliente paga por todas as vezes em que os advogados são chamados para avaliar quanto tempo devem cobrar do cliente pelo trabalho. (...) O cliente recebe a conta e, dois meses depois, recebe outra conta pelo serviço de xerox, telefone, entrega, etc. (...)"[11]

Um cliente tratado assim logo achará outra empresa com quem negociar.

Fique dentro do orçamento. Certifique-se da aprovação do cliente antes de gastar um centavo do dinheiro dele. Faça um orçamento por escrito e atualize-o, caso haja mudanças na extensão do trabalho. Se exceder o orçamento, comunique ao cliente por escrito, assim que for possível. Avise-o, mesmo que as mudanças que provocaram o aumento do custo dos projetos tenham sido pedidas pelo próprio cliente; ele pode não imaginar as implicações financeiras de seus pedidos.

Confiabilidade

Quando os clientes lêem anúncios e folhetos descrevendo a eficácia de um produto para determinada finalidade, querem ter certeza de que não haverá advertências em letras bem miúdas. Eles querem saber se sua empresa recebe de volta, sem controvérsias, a mercadoria anunciada, caso ela não os satisfaça plenamente. Os clientes querem que as suas promessas sejam cumpridas. Quando você diz: "Você o receberá na sexta-feira" ou "Vou devolvê-lo no começo da semana" ou "Ele estará no correio ainda hoje", eles esperam que isso aconteça. Além disso, querem ter certeza de que você é capaz de seguir as instruções, de que o trabalho será bem-feito logo na primeira vez, correspondendo às suas expectativas; eles querem também que o serviço seja sempre realizado como da primeira vez.

Organize-se. Deixar atrasar a parte burocrática do trabalho, no esforço de concluir um serviço adicional para o cliente, é um erro que ocorre com freqüência. Muitas vezes, os mal-entendidos acontecem porque parte do acerto não foi feita por escrito. Além do mais, os clientes esperam que você tenha as respostas na ponta da língua; eles não querem ouvir: "Ligarei de novo amanhã", porque você não se lembra dos detalhes do contrato ou não consegue achar as fichas do cliente devido à bagunça da sua escrivaninha. Por último, os clientes esperam que você mantenha seus registros atualizados e lhes apresente a conta imediatamente, não três meses depois de terminado o serviço.

Prepare-se para as reuniões. Quando comparecer a reuniões, procure estabelecer antes os prazos e os objetivos do seu trabalho. Não espere até a última hora para concluí-lo, o que o fará gaguejar durante a apresentação por não estar com o material pronto. Ensaie sua apresentação e evite redundâncias; verifique se o projetor de *slides* está funcionando e tenha uma lâmpada extra para o caso de a original queimar; assegure-se de que o pessoal da sala ao lado não faz muito barulho e descubra com antecedência onde ficam os interruptores e o controle do ar-condicionado.

Preste serviços "além do que foi combinado". Em *Close to the Customer*, James Donnelly ressalta que "há algumas condições em todas as reuniões de negócios que concorrem basicamente para desagradar os clientes. Entretanto, a ausência dessas condições não garante uma satisfação maior por parte deles (...) isto é, quando as condições não estão presentes, o melhor a fazer é não desagradar os clientes".[12]

Esse conceito é conhecido como expectativa de serviço: envolve um nível e um tipo de serviço implícitos. Por exemplo, você não vai entusiasmar um cliente ao lhe dizer que já agendou uma reunião, que o projeto está sendo produzido dentro do orçamento ou que as contas estão corretas. Mas, se você chegar atrasado a uma reunião, exceder o orçamento ou cometer erros nas contas, certamente aborrecerá o cliente. A situação é semelhante à do funcionário que é responsável pela folha de pagamento. Ninguém nunca agradece quando o contracheque está correto, mas o telefone não pára de tocar quando surge algum problema.

Por outro lado, segundo Donnelly, há algumas condições que, quando estão presentes nas reuniões de negócios, podem elevar o nível de satisfação do cliente, mas se estiverem ausentes não provocarão desagrado. Nesses casos, enquanto a ausência da ação passa despercebida, sua execução será bem recebida. Por exemplo, quando você leva seu carro para a oficina e o mecânico não só corrige o problema como, descobrindo outro defeito, conserta-o sem cobrar o excedente, isso lhe dá prazer. Mas, se o problema não fosse levantado, você não o teria percebido. Há outros exemplos, como o do médico que lhe telefona uma semana depois de atendê-lo para saber como você está se sentindo, um professor que liga para ter notícias de um ex-aluno ou, ainda, um vendedor de computadores que lhe procura para saber se você está tendo algum problema.

Donnelly diz que é muito importante "concentrar-se em primeiro lugar na identificação das causas de insatisfação para depois eliminá-las, porque, como já mencionamos, é isso que afasta os clientes. (...) Eliminadas as possibilidades de insatisfação, você pode dedicar-se a procurar meios de agradar seus clientes, assim que descobrir que eles existem e quais são".[13]

Sensibilidade

Os clientes precisam sentir que seu negócio é valorizado e que você se preocupará com as necessidades deles. Eles não querem ter de ficar esperando na linha enquanto ouvem três pessoas batendo papo no fundo. Não querem ouvir você dizer que não poderá comparecer ao encontro com eles porque um grande cliente vai chegar no mesmo dia.

Falta de pontualidade. O tempo é um dos nossos maiores recursos. Chegar atrasado é uma falta de respeito com os outros. Pense em como você se sente quando tem uma reunião marcada para as dez horas e a pessoa que você está esperando chega vinte minutos atrasada — e nem sequer pede desculpas. Certamente há ocasiões em que é impossível ser pontual — atrasos de avião causados pelo tempo, filhos ou cônjuges que adoecem, problemas com o caminhão que transportava um dos componentes da demonstração. Quando ocorrem esses atrasos, a maneira como você reage é importante para o relacionamento futuro. O mínimo que você pode fazer é telefonar para os clientes e avisá-los de que vai chegar atrasado. Lembre-se de que eles também gostam de ser informados regularmente quando houver atrasos num projeto grande ou na complementação de um pedido.

Outros fatores importantes são o respeito à programação de tempo do cliente e o pronto atendimento às suas solicitações, sem perder a sensibilidade. Tenha em mente que, segundo *The Journal of Services Marketing,*

(...) a percepção do valor do tempo é o ponto-chave na avaliação do tempo de espera imposto aos clientes. O tempo, então, como o dinheiro, é um recurso escasso para ser distribuído entre aplicações concorrentes. Quando dois clientes que avaliam seu tempo de maneira diferente sofrem a mesma demora na prestação do serviço, eles pagam de maneira diferente. (...) Esses atrasos também se relacionam com as possibilidades de escolha que cada um julga ter em determinada situação. A falta de controle cria um desgaste que pode se intensificar caso a situação se prolongue. (...) Quando os clientes percebem que o prazo da operação está sendo imposto a eles, como, por exemplo, na compra de coisas indispensáveis e rotineiras, a perda de controle sobre a situação pode tornar a espera insuportável.[14]

Há inúmeros meios para tornar a espera menos aborrecida. Por exemplo, parques temáticos como o Disney World, que proporcionam entretenimento, fazem da espera uma parte positiva da experiência. Quando se sabe o tempo da demora, a situação torna-se menos incômoda: "Este projeto é o quarto na linha de entrega." Fica mais fácil esperar quando se percebe que o vendedor se preocupa com isso. A idéia é facilitar a percepção da demora. Por exemplo, se um relatório está demorando mais do que o esperado para ficar pronto, mesmo que o problema tenha sido causado por mudanças feitas a pedido do cliente, enviar as capas com a observação "recém-impresso" torna a espera menos penosa, pois o cliente nota que o trabalho não está parado.

Certifique-se de que a política da sua empresa não o fará perder clientes. Com freqüência, as organizações colocam sua política e suas normas à frente do interesse dos clientes. Quando se diz aos empregados que sigam as regras e nada mais, sem margem para que se use o bom senso, as relações com os clientes — e a reputação da empresa — ficam abaladas. Todos têm histórias para contar nesse sentido. Por exemplo: você compra um computador e descobre que um *software* está com defeito. Então, você telefona para a empresa que lhe vendeu para saber se seria possível lhe mandarem uma cópia nova no dia seguinte e um funcionário lhe explica que, pelas normas da companhia, você deve devolver o *software* ao concessionário mais próximo (distante uns 50 quilômetros) ou despachá-lo para o fabricante, que então lhe enviará outro como reposição (dentro de três a quatro semanas). Se a empresa parar para examinar o problema, poderá encontrar um jeito para que o próprio vendedor faça a troca.

Ou então, como acontece na história contada por Jim Donnelly em *Close to the Customer*:

Eu estava dando uma volta no Water Tower Place, local onde estão reunidas as filiais de algumas das lojas mais famosas do mundo. Então avistei um suéter que eu queria muito comprar, exposto na vitrine de uma loja de departamentos. Fui informado pela vendedora de que, infelizmente, aquele artigo estava em falta no estoque e seria impossível consegui-lo. Desapontado, saí da loja, mas, quando passei pela vitrine e olhei o suéter novamente, verifiquei que era do meu número. Entusiasmado, entrei de novo na loja e dirigi-me à mesma vendedora.

"Talvez seja um pouco difícil alcançá-lo", eu disse, "mas o suéter que está na vitrine é do meu tamanho". "Desculpe-me, senhor, mas nós nunca tiramos nada da vitrine para vender", informou-me a vendedora. "Nunca? Quer dizer que aquele suéter vai ficar ali eternamente?" Ela me disse que era política da empresa nunca vender nenhuma peça que estivesse exposta.

Aleguei que, como não havia nenhum outro em estoque, de qualquer tamanho, nem previsão de receberem outra remessa, aquela política resultaria na perda de uma venda e no desapontamento de outros clientes como eu; e que ela poderia ter evitado todos aqueles problemas se tivesse me vendido a peça. Tive de me conformar em ficar sem o suéter.[15]

Infelizmente, quando os empregados são obrigados a escolher entre agradar o cliente ou fazer o que a direção determina, na maior parte das vezes a opção escolhida é a última. Por isso, a chefia precisa dar a seus empregados a opção de quebrar as regras para atender os clientes. Por exemplo, quando não há ninguém esperando na fila de um caixa expresso, o funcionário deve poder atender à primeira pessoa da fila mais próxima, que certamente estará carregando maior número de volumes do que seria permitido em seu caixa. Um empregado que tem a permissão de fazer tais julgamentos perceberá com mais facilidade os problemas que surgirem e os solucionará.

A solução dos problemas dos clientes. Quando os clientes telefonam para reclamar de problemas, muitos empregados que não conseguem resolvê-los simplesmente os transferem para outra pessoa qualquer, sem se preocupar em descobrir quem seria indicado para solucioná-los. Esquecem-se de como é frustrante ser empurrado de uma pessoa para outra. Os empregados devem ser instruídos para manter-se na linha com o cliente até resolverem o problema ou então procurar a pessoa indicada e transferir a ligação. Eles podem, também, anotar o número do telefone do cliente, tomar as providências necessárias e, assim que for possível, ligar para ele, apresentando a solução. É importante que eles tenham consciência de que representam a organização inteira e que a satisfação do cliente é responsabilidade de todos. Quando os clientes são empurrados de uma pessoa para outra, o resultado é a perda de clientela.

Admitir a culpa quando ocorre um problema. Em vez de ficar apontando para outros setores da empresa ou, mesmo, acusando o cliente, os empregados devem aprender primeiro a reconhecer os problemas para, em seguida, resolvê-los o mais rápido possível. Depois de uma solução satisfatória, a causa deve ser examinada, não para culpar alguém, mas para se ter certeza de que os problemas não ocorrerão novamente.

De fato, a forma de lidar com um problema demonstra a dedicação que se tem pelo cliente. As pesquisas mostram que há um retorno de 54% a 70% de clientes quando seus problemas são resolvidos satisfatoriamente. Na verdade, cerca de 95% dos clientes insatisfeitos se tornarão consumidores fiéis de novo se suas queixas forem atendidas de maneira adequada. Mas fique atento, pois com certeza muitos não reclamarão, apesar de estarem desapontados. De acordo com uma pesquisa da Technical Assistance Research Programs, "um em cada quatro fregueses, em média, fica insatisfeito o suficiente para não fazer mais negócio com a empresa. Mas, de todos os que estão insatisfeitos, 26 em cada 27 não reclamam".[16] Um estudo da Secretaria de Defesa do Consumidor dos EUA revela que os clientes não reclamam porque acham que isso é perda de tempo e energia (ninguém vai querer ouvir seus problemas); além disso, eles dizem que não sabem como apresentar suas queixas.[17]

Competência

Os clientes querem que os empregados sejam bem treinados, que conheçam a linha de produtos da empresa, saibam responder às perguntas e estejam entrosados com a organização para poder resolver seus problemas. Querem também ter certeza de que os empregados estão atualizados com relação aos novos produtos e aos avanços em seus campos de atuação.

Trainees. Muitas empresas usam o termo "*trainee*" para descrever novos empregados que passarão por um longo período de treinamento para aprender a filosofia da companhia e conhecer sua linha de produtos, as ofertas de ocasião, etc. Os empregados não devem pensar que, uma vez terminado o programa de treinamento inicial, podem parar de aprender. É importante continuar em contato com produtos novos e ofertas durante pelo menos dois anos depois de sua admissão na empresa. Na verdade, os funcionários não deveriam parar de aprender nunca.

Conhecimento do produto. Quando os clientes entram em contato com empregados que não conseguem esclarecê-los quanto aos produtos da empresa, ficam com a idéia de que a companhia não os treinou adequadamente ou, então, de que eles não se importam com a impressão que possam causar nos clientes.

A instrução sobre os produtos pode ser complementada por programas internos de treinamento formal — com laboratórios, onde os empregados tenham contato com produtos da concorrência, recebendo os novos lançamentos antes que entrem no mercado ou fazendo uma pesquisa com os clientes para descobrir como eles usam realmente seus produtos.

Cortesia

Lembre-se de que todo cliente quer se sentir especial. Ninguém gosta de ser tratado como um número ou receber cartas endereçadas ao "Caro cliente", quando tem sido um comprador fiel durante anos. Se um cliente fica sabendo que uma reunião com ele foi cancelada por causa de outro cliente, ou se percebe que não há empenho na prestação de serviços porque ele é considerado de pequeno porte, sua relação com ele fica ameaçada. Todos os clientes esperam que os empregados sejam corteses, que conheçam suas características próprias e que ofereçam explicações de forma clara e sem ares de superioridade. E, talvez o mais importante, eles não querem ser considerados como clientes definitivos apenas porque têm permanecido fiéis durante muito tempo.

Respeito. Seja cortês com todas as pessoas com quem trabalha, não apenas com aquele que assina seu cheque de pagamento. Ninguém gosta de perder tempo com uma pessoa que o faz sentir-se incomodado ou pouco à vontade. Nunca subestime a influência que as pessoas podem ter; por exemplo, muitas secretárias têm muita autoridade porque trabalham em contato direto com o chefe.

Admita o próprio erro. Serviço malfeito é coisa muito comum, o que não o torna aceitável; os clientes merecem receber desculpas todas as vezes em que a qualidade do serviço prestado não atingir um padrão adequado. Por exemplo, um piloto que se dirige aos passageiros dizendo: "Desculpem-nos pelo atraso, mas a política da empresa é 'segurança em primeiro lugar'", acalma a raiva do passageiro que está atrasado. Alguma vez um dentista lhe pediu desculpas pelo atraso? Algum *maître* de restaurante, além de desculpar-se porque sua mesa não estava pronta, ainda lhe ofereceu uma taça de vinho como cortesia? Não tenha medo de admitir seus erros. Algumas vezes, ao dizer "desculpe-me" ou acrescentar um simples "obrigado", você está cortando caminho. Ninguém é perfeito, e os clientes apreciam quem é correto e sensível às suas necessidades.

Use os produtos de seus clientes. Os clientes gostam que seus fornecedores sejam leais. Procure não ofendê-los usando um produto de um concorrente, pois isso significa que você não acredita neles e os levará a se perguntar se deveriam continuar fazendo negócios com você.

Tome cuidado ao contratar funcionários de clientes. Nunca contrate alguém que trabalha para um cliente sem que ele dê sua aprovação. Mesmo que conduza a situação com tato, você pode descobrir que a pessoa que contratou, embora competente, não se relaciona bem com o pessoal do seu antigo emprego.

Tenha um carinho especial pelos clientes de outras cidades. Não existe nada pior do que você viajar para visitar um cliente em outra cidade e demonstrar sua ansiedade para ir embora o mais rápido possível. Assim, não peça a ele para confirmar sua passagem de volta assim que tiver chegado. Além disso, ao visitar um cliente, deixe claro que você estará à disposição dele pelo tempo que for necessário. Se a reunião estiver marcada para a parte da manhã, procure chegar na noite anterior, para não se atrasar ou ficar exausto porque se levantou de madrugada.

Tenha espírito esportivo. Se você for convidado a participar de atividades quando estiver visitando um cliente, aceite. Se disputar uma partida de tênis ou de outro esporte, seja um vencedor afável ou, mais importante, um bom perdedor.

Não reaja quando estiver zangado. Todos os relacionamentos têm seus altos e baixos, e, como adultos, precisamos saber lidar com ambos. Não deixe que as emoções tomem conta de você. Não mande uma carta ou faça um telefonema quando estiver zangado; é provável que mais tarde você se arrependa — conte até dez.

Deixe que o cliente agradeça. Certos clientes gostam de agradecer pelos bons serviços que você lhes prestou. Alguns podem convidá-lo para jantar em sua casa ou pagar-lhe a conta num restaurante. Não insista em ser um eterno pagador. E aceite delicadamente os agradecimentos por um trabalho bem-feito, não depreciando suas próprias realizações.

Credibilidade

As empresas se preocupam com a reputação de seus fornecedores, pois querem ter certeza de que eles vão cumprir o que prometem. Preferem também trabalhar com companhias que estão no mercado há algum tempo, porque a possibilidade de se manterem nos negócios é maior; ninguém quer empreender um grande projeto com uma empresa que, de repente, sai do ramo ou, então, comprar um produto de alguém que não poderá lhe garantir a manutenção mais tarde.

Quando desistir de uma venda. Há ocasiões em que a melhor coisa a fazer é desistir de uma venda. Não aceite fazer um negócio a menos que possa executá-lo adequadamente. Não se comprometa com a prestação de um serviço se não estiver 100% seguro de que poderá satisfazer as necessidades do cliente. Não faça um serviço se sentir que o cliente não vai receber a qualidade correspondente ao dinheiro que pagar. Por último, nunca prossiga num negócio que lhe trará aborrecimentos depois, pois os custos a longo prazo lhe causarão problemas com o cliente.

Honestidade. A melhor política sempre é a honestidade. Há dois tipos de desonestidade: o primeiro se caracteriza pela absoluta consciência do logro, seja por encaminhar mal o negócio, exagerando suas pretensões ou retendo informações; o segundo é involuntário, geralmente causado por um erro honesto ou um engano provocado por uma comunicação falha. Os dois, porém, são igualmente prejudiciais e devem ser evitados a qualquer custo. Leva-se muito tempo para ganhar a fé e a confiança dos clientes, mas ambas podem ser rapidamente destruídas se você não cumprir seus compromissos. (O Capítulo 9 trata desse assunto.)

Integridade. As pessoas fazem negócios com quem tem um alto grau de integridade. Evitam fornecedores que cobram diferentes preços por mercadorias iguais; ou os que têm a reputação de comentar sobre outros clientes com estranhos, seja revelando informações confidenciais, seja falando mal deles. Elas mantêm distância de fornecedores que declaram como suas as idéias alheias ou tiram vantagem de um relacionamento vendendo mais do que podem fornecer.

Fidelidade. Todos os vendedores têm uma dupla fidelidade — aos clientes e à empresa a que pertencem; mas é importante que a fidelidade à empresa esteja em primeiro lugar. Isso não significa, entretanto, que você deva abdicar daquelas coisas que lhe permitem prestar melhores serviços aos clientes. Mesmo que você às vezes se sinta insatisfeito com a empresa ou com seu chefe, jamais discuta esses problemas com os clientes. Nunca diga: "A culpa não é minha; só trabalho aqui" ou "O que você esperava da minha empresa?" ou "Se você tivesse idéia do que se passa realmente aqui, jamais faria negócios conosco". Comentários desse tipo colocarão os clientes numa situação incômoda com relação a você.

Viver em grande estilo. Não é adequado tratar de negócios assumindo um ar de superioridade com relação aos clientes; normalmente, eles querem trabalhar com fornecedores que sejam parecidos com eles. Informe-se sobre a mentalidade da empresa de seu cliente por meio de suas publicações. Descubra qual é a aparência de seus escritórios, como eles se vestem e aonde levam seus convidados para jantar. Afine seu tom com o deles. Alterar o seu comportamento normal para tentar impressioná-los com seu sucesso às vezes é contraproducente. Os clientes podem acabar achando que você esbanja dinheiro e vive dentro de um padrão de vida muito alto para eles (ao trabalhar em escritórios com decoração extravagante ou dirigir carros caros — e muitas vezes diferentes — todas as vezes em que os encontra) e passar a sentir que estão sustentando seu alto estilo de vida.

Presentes. Muitas empresas grandes proíbem os empregados de aceitar presentes. Não ponha seus clientes em situação delicada por violar a política da empresa. Também não presenteie o cliente; ele deve usar seus serviços pela qualidade que você lhe oferece — nada mais.

Segurança

Os clientes não devem se preocupar com segurança — em nenhum estágio do relacionamento. Eles querem confiar em você e jamais se arrepender disso; esperam que as informações que lhe derem não caia nas mãos dos concorrentes e que você zela pela segurança pessoal deles durante as visitas locais. Eles querem ter certeza de que você está tomando as precauções necessárias para proteger as informações que recebeu deles.

Confiabilidade. No momento em que se não se respeita o caráter confidencial de uma informação, mesmo que ela parta de um amigo, o relacionamento fica prejudicado. Não importa o quanto você se desculpe com os clientes ou quantas vezes lhes garanta que isso nunca mais vai acontecer, sempre restará um resquício de dúvida na mente deles. Isso se refere a informações pessoais ou da empresa deles; além do mais, para evitar suspeitas sobre sua confiabilidade, não desrespeite o caráter confidencial das informações de sua própria empresa, já que, ao violar seus segredos, eles ficarão imaginando que você fará o mesmo com os deles.

Segurança tecnológica. Quando uma empresa está num processo de modernização, informatizando maciçamente suas instalações, alguns procedimentos devem ser deixados de lado, como manter cópias em carbono das correspondências importantes enviadas aos clientes. Atualmente, envia-se uma via da carta, e o computador fica com o *backup*. Em compensação, houve um aumento excepcional de informações cruciais para se operar os negócios; por exemplo, uma empresa de serviços é encarregada da mala direta que contém toda a lista de endereços de uma organização ou cuida da preparação da folha de pagamentos de uma companhia. Já que esses dados não ficam nas mãos dos clientes mas são essenciais para seus negócios, é conveniente gravar todos os arquivos do computador, fazer várias cópias de documentos importantes, guardá-los em locais diferentes e saber como recuperá-los no caso de algum imprevisto.

Segurança. Nenhum cliente vai culpá-lo por ter instalações em áreas menos favorecidas, mas eles esperam realmente que você lhes garanta uma visita segura; por exemplo, envie uma pessoa ao aeroporto para receber o cliente e mostrar-lhe o caminho mais seguro para seu escritório ou, então, mantenha uma equipe de segurança vigiando o estacionamento.

Acessibilidade

Num mercado competitivo em ascensão, os clientes se questionam muito antes de renovar compromissos a longo prazo. Eles se perguntam, por exemplo: Quando preciso entrar em contato com meu fornecedor, é muito difícil ter acesso a ele? Seus horários são convenientes? Ele tem uma linha telefônica livre de taxas? Responde prontamente aos meus telefonemas? Está bem localizado? Se eu tivesse um problema e o funcionário que costuma me atender não estivesse lá, será que eu encontraria outra pessoa que pudesse me ajudar? Quando ele viaja a negócios, é possível entrar em contato com ele?

Esteja disponível. Não desmarque compromissos com um cliente por estar muito ocupado com outros e sempre responda prontamente aos telefonemas. Quando isso não for possível, peça a alguém para fazer isso por você, perguntando se alguma outra pessoa poderia ajudar; isso mostra ao cliente que você está preocupado com ele. Nas reuniões com os clientes, dê atenção total a eles e evite interrupções constantes. Sua mente deve estar concentrada na reunião e não em outro lugar.

Quando você tiver de se afastar por um longo período, prepare seus clientes para essa ausência. Informe-os sobre quem se encarregará dos seus negócios e que trabalho será feito enquanto você estiver fora. Comunique a eles que, em caso de uma emergência real, o pessoal do seu escritório conseguirá localizá-lo.

Esteja presente quando precisarem de você. As pessoas parecem estar sempre à vista quando tudo está indo muito bem, mas desaparecem quando alguma coisa dá errado. Procure ser amigo em qualquer ocasião. Fique à disposição, até mesmo procure seus clientes quando eles estiverem passando por maus momentos, devido a problemas profissionais ou familiares, e precisarem desabafar; em casos de doença na família; quando eles perderem o emprego e precisarem de indicações, de sugestões ou então de um escritório que sirva de base enquanto eles estão em transição. Não faça isso apenas esperando alguma coisa em troca, mas sim para sentir-se bem.

Comunicabilidade

Procure sempre os melhores meios para se comunicar com os clientes. Verifique se você e eles estão falando a mesma língua. Quando lança algum produto, você tem em mente as necessidades do cliente ou demonstra as características que acha mais importantes? Você costuma manter os clientes informados sobre as novidades da sua empresa? Você fala com o diretor sênior de seus clientes, mas dispensa os outros, mesmo que eles sejam responsáveis pela execução do serviço?

A proximidade dificulta a visão. Como temos um conhecimento profundo de nossos produtos, esquecemos que o mesmo não acontece com os clientes. Não nos lembramos dos problemas que enfrentamos quando começamos a usá-los. Seja cuidadoso ao demonstrá-los, mostre como funcionam e avalie as reações que você observar. E, o mais importante, lembre-se de como é frustrante lidar com aquilo que não nos é familiar; procure não intimidar os clientes nem falar muito baixo, porque eles farão perguntas fundamentais. Um pouco de paciência e empatia pode facilitar a tarefa de informar os clientes sobre os benefícios oferecidos pelos seus produtos.

Apresentação ao cliente. Os clientes não compram seus produtos ou serviços por causa de suas características, mas porque eles oferecem soluções para os problemas deles. É importante explicar-lhes pessoalmente sobre as vantagens dos novos produtos ou serviços; isso lhe permitirá responder às dúvidas deles e elucidá-los quanto às características do produto que eles acharem mais interessantes.

Relatos – formais e informais. É muito importante manter um contato regular com os clientes. Uma das formas de conseguir isso é por meio de atas. Como os mal-entendidos e a falta de comunicação levam à perda de clientes, a confirmação por escrito daquilo que vocês trataram dá ao cliente a oportunidade de corrigir o que não foi entendido com clareza. Além disso, você pode usar as atas para acompanhar certos itens pendentes que precisam ter andamento e ser comunicados dentro da sua própria empresa.

Outro meio importante de comunicação com os clientes são os relatórios progressivos. Mande regularmente a cada cliente uma lista de todos os projetos em que você estiver trabalhando para ele. É uma boa forma de informá-los sobre a extensão das atividades e ressaltar os obstáculos. Esses relatórios dão margem a reuniões para debates futuros.

Os clientes também devem ser informados sobre eventos em sua organização. Se ficarem sabendo de contratações, do lançamento de novos produtos no mercado, da demissão de empregados, de mudanças de preço, de novos clientes ou mesmo de fusões por meio da imprensa ou de falatório, e não por seu intermédio, os clientes poderão perder a confiança em você.

Longe dos olhos, longe do coração. O contato que você mantiver com seus clientes deverá ser contínuo. Não basta assinar o contrato, desaparecer e depois aparecer com o trabalho já pronto. É importante estabelecer certos marcos ao longo do caminho e pedir aprovação para todas as injunções. Isso evita que o cliente fique apreensivo; dá a ele a certeza de que você está indo na direção certa (ou permite ao cliente mudar de direção antes que a atividade esteja concluída), e ajuda a aumentar o apreço que o cliente tem por você e por seu trabalho.

Assegure aos clientes de que você está pensando neles — longe dos olhos, longe do coração. Seja criativo: apresente a eles novas idéias, mesmo quando não as tiverem pedido, e envie-lhes as informações que possam interessar-lhes. Mas, cuidado! Não desperdice o tempo dos clientes nem os sobrecarregue com informações desnecessárias.

Lidar com a incerteza. A incerteza gera insatisfação. O cliente pode não entender de fato como você vai executar o serviço, quem irá fazê-lo, quanto tempo será gasto nele, quanto vai custar ou se vai funcionar. Como você já passou por esse processo umas quinhentas vezes, esquece que os clientes devem ser considerados como aprendizes; mantenha-os informados, não faça suposições, dê-lhes todas as informações que tiver e esteja atento às necessidades deles. Deixe-os perceber que você está agindo por trás dos bastidores para servi-los; eles não são adivinhos. Fazer estimativas e previsões otimistas ajuda a reforçar a expectativa deles. Além do mais, é bom lembrar que os clientes geralmente estão ligados a outros funcionários da empresa, que precisam ser instruídos a respeito.

Lidar com a expectativa. Um procedimento que nunca o deixará mal com os clientes é prometer a entrega de um produto ou de um serviço num prazo maior e efetuá-la antes da data afixada. Procure sempre fazer um pouco mais do que o cliente espera. Você só será capaz disso se entender o mecanismo que cria as expectativas. Algumas vezes, elas se baseiam em boatos; por exemplo, um cliente pode formar uma imagem deturpada de você ou de sua organização a partir de comentários de amigos. Outras vezes, as expectativas resultam das promessas feitas pela propaganda da empresa ou, ainda, baseiam-se em serviços anteriores: "Os vendedores sempre me prestaram excelentes serviços." Às vezes, ainda, as expectativas são de cunho pessoal.

Uma vez que você perceber como são criadas as expectativas, poderá lidar com elas.

- Analise cuidadosamente a situação sob todos os ângulos antes de fazer promessas com relação a prazo, custo, funcionamento do produto ou serviço.

- Quando se tratar de intangíveis, faça uma descrição completa do produto final, para que os clientes saibam o que vão receber (e não haja surpresas).

- Se os clientes fizerem mudanças que acarretem custos adicionais, explique a eles detalhadamente o que vai ocorrer, para diminuir o impacto no momento em que receberem a conta.

- Explique aos clientes que a demora deles em aprovar o projeto implicará em futuros atrasos em sua conclusão.

- Quando você souber de problemas ou atrasos, não espere até que eles apareçam; leve-os ao conhecimento dos clientes o mais rápido possível.

- Seja moderado em suas previsões; é melhor do que fazer promessas mirabolantes e não cumpri-las.

- Não tenha medo de ser humano — diga que não pode entregar, quando isso não for possível.[18]

Promessas. Tome cuidado ao fazer promessas. "Você não pode prometer aos seus clientes um tempo ensolarado, mas pode garantir-lhes que os protegerá com um guarda-chuva quando estiver chovendo."[19] Os problemas aparecem quando não se cumprem as promessas. Não importa o tamanho delas. As promessas não têm graus de importância, porque a pessoa que ficou desapontada com a sua falha deve pensar assim: "Se não posso contar com eles nas pequenas coisas, como vou confiar neles quando se tratar de grandes negócios?"

Surpresas. Os clientes não gostam de surpresas. Informe-os a respeito dos problemas, nem que sejam pequenos, antes que eles os descubram por conta própria. Mesmo que a sua intenção seja das melhores, se os clientes descobrirem sozinhos o imprevisto ficarão imaginando se existem outros problemas que você está escondendo.

Entenda o cliente

Assim como não é possível estabelecer uma relação duradoura com quem você não conhece bem, também é impossível criar um vínculo a longo prazo com os clientes se você não compreender as necessidades deles. Como você se comporta normalmente? Fica o tempo todo dominando a conversa ou prestando atenção no que lhe dizem? Você sabe quais são os pontos sensíveis de seus clientes? Você tem flexibilidade na hora de negociar ou fica preso à bitola de suas próprias determinações?

Conhecimento da empresa e do ramo em que ela atua. Procure saber tudo o que se referir à empresa de seus clientes e do ramo a que ela pertence. Isso significa estar a par da mentalidade vigente na corporação, especialmente suas nuanças; conhecer os critérios mais importantes usados nas tomadas de decisão; e saber quais eram as relações da empresa com o ex-vendedor e por que decidiram fazer negócios com você. Muitos vendedores têm a idéia equivocada de que, por trabalharem numa empresa que atua num determinado ramo, já sabem como as outras funcionam. Acham que todos os ramos são parecidos; que, como são capazes de realizar uma campanha publicitária para os produtos de uma certa empresa, podem fazer a mesma coisa com os produtos de outras organizações. Não tenha medo de gastar seu tempo investigando por que os clientes usam alguns de seus produtos e não outros, como os empregam e se estão aproveitando todas as suas vantagens — isso lhe permitirá descobrir uma forma de dar a eles uma assistência mais completa e, talvez, até melhorar os produtos.

O conhecimento adquirido durante anos sobre a empresa e o seu ramo de atuação lhe dá uma vantagem sobre concorrentes em potencial. Os clientes sabem que ficará muito caro ensinar outra pessoa sobre as nuanças da empresa deles, e levam isso em consideração antes de mudar de fornecedor, colocando em posição de vantagem aqueles que souberam trabalhar com eles.

Identifique as coisas que são mais importantes para o cliente. Fornecer aos clientes o que eles querem é a única coisa que interessa; é preciso descobrir o que eles entendem por "excelência no serviço". Procure conseguir o maior número possível de informações: faça uma revisão das contas, encontre-se periodicamente com os clientes para conversar sobre o relacionamento de vocês e como ele pode ser melhorado; mantenha reuniões que visem a um objetivo; faça pesquisas; crie conselhos para negociar; faça uma lista dos itens mais importantes.

Antecipe as necessidades dos clientes. No atual clima de competição, não é suficiente reagir às necessidades dos clientes; é preciso ser capaz de prevê-las. Uma das melhores formas de melhorar a prestação de serviço ao cliente é procurar novas idéias, tanto dentro quanto fora da empresa, e então encontrar meios de adaptá-las à sua organização.

Prestar atenção. É preciso ficar atento não apenas ao que o cliente diz, mas também àquelas coisas que ficam subentendidas. Prestar atenção ajuda a descobrir os desejos e as necessidades do cliente, a descobrir novas oportunidades para o uso do produto e evita mal-entendidos. Facilite o caminho dos clientes até você, incentive-os a falar sobre os problemas deles, fazendo com que se sintam à vontade. Não deixe de responder àquilo que é do interesse de muito poucos, explicando por que não está fazendo as mudanças que eles haviam pedido.

Objetividade. As empresas contratam gente de fora para servir-lhes de olhos e ouvidos, e transmitir-lhes uma visão clara do que está acontecendo, um retrato não colorido com as tintas de políticas empresariais nem com as do interesse pessoal. Para ocupar essa posição, é preciso manter a objetividade o tempo todo. Além disso, sua atuação como agente externo pode deixar os empregados da organização, revendedores ou clientes mais à vontade para conversar com você, quando têm algum problema, do que com as pessoas diretamente ligadas à organização.

Faça seu cliente parecer bom. Seu trabalho é fazer o cliente parecer bom — ficar na retaguarda e deixá-lo com o crédito pelo bom trabalho, mesmo que você o tenha feito. Evite deixar transparecer, nem que seja indiretamente, que você se julga inestimável, que o trabalho jamais seria concluído sem a sua atuação. Seu papel não é ser um astro, mas criar um astro assoprando-lhe as idéias no ouvido. Você foi contratado para ajudar o cliente a fazer um serviço, e é bem-sucedido quando consegue isso. Ele demonstrará seu agradecimento continuando a convidá-lo para trabalhar com ele.

Conclusão

Tratar cada cliente como se fosse o único traz mais recompensas a longo prazo do que conquistá-los e depois deixá-los de lado. Isso não só aumentará sua fatia de mercado como reduzirá os custos, além de fortalecer o moral do empregado. No final do processo, você estará bem consigo mesmo e com os clientes.

Se hoje você é responsável com relação aos clientes mas, logo em seguida, falha com eles porque não está se adaptando aos novos tempos, isso é um mau negócio. O Capítulo 6 trata de como as organizações podem se adaptar continuamente a um mercado em permanente mudança.

6

Mudanças — dinamizar para vencer

Construir uma empresa que se adapte bem a mudanças

O futuro (...) está vindo em nossa direção como enormes ondas de mudança. A cada momento, elas ficam maiores e se aproximam mais rapidamente. (...) As coisas nunca voltam ao "normal", pois a imprevisibilidade e as mudanças são normais. Não há volta, acostume-se a isso. As mudanças serão seguidas de mais mudanças – isso será sempre assim. As ondas desse oceano não vão se acalmar, só aumentarão de volume e virão, cada vez mais rápido, em nossa direção.

ROBERT J. KRIEGEL E LOUIS PATLER
If It Ain't Broke... Break It![1]

Estamos vivendo numa época de mudanças, turbulências e incertezas sem fim, que está transformando nossa vida no trabalho e em casa. No espaço de dois anos, o superpoder que levou os Estados Unidos a construírem uma grande máquina militar tornou-se um punhado de nações pobres precisando de ajuda econômica para sobreviver. As grandes aquisições de empresas no mundo dos negócios desapareceram das manchetes para dar lugar ao "desaparecimento total da gerência média", e diz-se que 20% dos cortes de pessoal se devem ao *downsizing*. Novas tecnologias tornaram-se parte do nosso cotidiano: videocassetes, fornos de microondas e secretárias eletrônicas estão eliminando períodos de inatividade, horas na cozinha e a necessidade de uma central de recados.

A cada semana, as revistas divulgam notícias sobre uma nova invenção. A velocidade com que são feitas novas descobertas, que parecia ter atingido seu limite máximo nos anos 80, não diminuiu. De fato, segundo Jack Welch, da General Electric, "o ritmo das mudanças nos anos 90 fará as mudanças dos anos 80 parecerem uma brincadeira".[2]

Num mundo em que as coisas se transformam diariamente, negociar da maneira habitual é uma receita garantida para o fracasso. Para ser bem-sucedida, a empresa do futuro precisa ir além do simples conhecimento das mudanças; deve adotá-las. Em vez de reagir a elas, é melhor aprender a prevê-las. Os que vivem presos ao passado certamente vão encará-las com apreensão e ansiedade. Apenas os que estiverem preparados para os novos desafios serão recompensados com oportunidades inigualáveis: aqueles que estiverem não apenas comprometidos com a empresa, mas prontos para arregaçar as mangas.

Precisamos mudar a maneira de encarar as mudanças

No passado, a administração escolhia entre seis estratégias para superar a resistência a mudanças. Essas manobras, descritas num artigo de 1979 da *Harvard Business Review*, eram: (1) educação e comunicação; (2) participação e envolvimento; (3) simplificação e apoio; (4) negociação e concordância; (5) manipulação e cooptação; e (6) coerção implícita e explícita.[3]

A primeira delas, educação e comunicação, é uma forma de fazer as pessoas aceitarem as mudanças à medida que compreendem os benefícios que elas trarão. Quando os empregados entendem por que as mudanças são necessárias, eles as aceitam com mais facilidade, bem como os seus efeitos. O artigo adverte, entretanto, que "alguns executivos se esquecem de que um programa desse tipo requer um bom relacionamento entre os inovadores e os conservadores, caso contrário... talvez estes últimos não acreditem no que ouvem. Ele também requer tempo e esforço, particularmente quando muita gente está envolvida".

A segunda estratégia depende da participação e do envolvimento dos empregados em alguns elementos do próprio processo de mudança. O artigo adverte, porém, que "o processo de participação tem seus reveses. Ele não apenas pode levar a uma solução insatisfatória, quando não se toma o devido cuidado, mas, (...) quando a mudança precisa ser feita imediatamente, às vezes leva muito tempo para ser aceita pelos outros".

A terceira estratégia, simplificação e apoio, consiste em dar apoio aos funcionários que estão enfrentando a mudança, porque, como observa o artigo, os esforços feitos "podem consumir tempo e dinheiro e, ainda por cima, fracassar". A quarta abordagem, negociação e concordância, envolve a oferta de incentivos aos empregados que são contra as mudanças. Nesse caso, segundo o artigo, o maior problema são os custos.

A quinta estratégia, manipulação e cooptação, requer que alguns executivos façam "tentativas veladas para influenciar os outros. A manipulação, nesse contexto, geralmente envolve o uso seletivo de informações e a estruturação consciente dos acontecimentos (...) [mas] se a pessoa sentir que estão usando truques para que ela não resista à mudança, que ela não está sendo tratada com igualdade ou que está sendo conduzida, pode responder negativamente". A sexta abordagem é a coerção implícita e explícita. Os empregados são ameaçados com sanções, de forma explícita ou implícita, caso não aceitem as mudanças.

Apesar de terem funcionado no passado, hoje em dia essas soluções não parecem ser eficazes. As primeiras três exigem tempo, um bem que nenhuma companhia pode se arriscar a perder no mercado de alta competitividade em que vivemos. Além do mais, as companhias têm urgência em pôr em prática as mudanças, como fica evidente nas três últimas estratégias, e acabam criando animosidade, aumentando a ansiedade, causando ressentimento, abalando a confiança e, no final, prejudicando a competitividade.

Há dois fatores que tornam o manejo das mudanças obsoleto. Em primeiro lugar, as mudanças não são mais acontecimentos ocasionais, mas, praticamente, ocorrências diárias; elas se tornaram tão constantes que as empresas mal podem resistir ao período de tempo entre o desenvolvimento da idéia e sua aplicação. As novas abordagens, à medida que são postas em prática, quase de forma tão rápida já estão a caminho da obsolescência. Assim como as fábricas procuram meios mais rápidos para introduzir os novos produtos no mercado, os empresários precisam descobrir meios melhores e mais ágeis para pôr em prática as mudanças em sua organização. Devem criar um ambiente de trabalho em que os empregados se renovem diariamente. Em segundo lugar, a própria maneira de gerenciar empresas mudou. No momento em que os funcionários ganham poder e a administração se torna mais acessível, as empresas não podem mais contar com um grupo seleto de pessoas monopolizando as decisões pela organização. Antigamente, a única coisa que se esperava dos empregados era que eles se conformassem com as decisões da administração. Hoje em dia, esse procedimento implica o não-envolvimento dos funcionários, o que as empresas que delegam poderes não têm condições de suportar.

Peter Senge afirma que, como "uma organização sazonal muda de consultor assim que o contrata, as pessoas começam a resistir não a mudanças, mas ao fato de ser trocadas".[4] Para reduzir o tempo de adaptação dos empregados, as empresas tentam obrigá-los a aceitar as mudanças, em vez de convencê-los — um procedimento que normalmente é malsucedido. Os autores de *Management by Participation* afirmam que, "segundo apontou uma pesquisa, a participação, em geral, leva ao envolvimento, não meramente à cumplicidade".[5]

As empresas precisam gratificar todos os empregados, incentivando-os a se tornar catalisadores da mudança, e não a reagir a ela. Em vez de modificar as técnicas de administração para atender às outras mudanças, e então ficar à espera da nova onda que se avizinha, a empresa deve cultivar a capacidade de se adaptar diariamente — e isso deve fazer parte da mentalidade de todos os empregados.

A verdade é que o fato de os funcionários reagirem às mudanças, em vez de promovê-las, provocará a derrocada de muitas empresas nos próximos anos. Para ser bem-sucedidas, as mudanças têm de ocorrer à medida que as novas idéias surgem. As companhias devem avançar de forma sincronizada, com diferentes líderes assumindo o comando enquanto as diferentes partes da operação avançam; a locomoção seria semelhante aos movimentos de uma ameba rumo a um novo destino.

Idéias equivocadas sobre mudanças

Uma das razões por que muitas tentativas de fazer mudanças, no âmbito administrativo, não são bem-sucedidas é a falta de entendimento do processo. Isso conduz a pretensas soluções que, em vez de resolver os problemas, acabam agravando-os. Enquanto as empresas não se conscientizarem de que a administração é um processo contínuo que envolve comprometimento, aprendizado e compreensão, elas serão incapazes de se preparar para o futuro. Algumas das idéias equivocadas sobre mudanças que acabam levando ao fracasso são:

"A melhor maneira de conduzir os problemas futuros é ver como eles foram resolvidos no passado." As pessoas gostam de definir os acontecimentos futuros analisando os procedimentos do passado ou de prever o que acontecerá amanhã baseando-se no dia de hoje. O problema dessa abordagem é que há muitos eventos sem precedentes.

"Não tenho tempo para me deter em coisas triviais." Muitas empresas só reconhecem os grandes problemas; ignoram os pequenos, que podem ser facilmente resolvidos, porque não sabem o impacto que eles podem ter sobre a companhia, se acumulados. Esquecem que, como diz Peter Senge, "em quase toda a nossa história coletiva como espécie, as grandes ameaças à nossa sobrevivência têm sido eventos dramáticos e repentinos: a erupção de um vulcão, o ataque de um tigre ou um batalhão marchando morro acima e desafiando nossa tribo. Tudo isso mudou. Atualmente, a maior ameaça à nossa sobrevivência são os processos longos e gradativos. São os fenômenos sistemáticos que revelam aos poucos o caminho da decadência ambiental. Não temos idéia de como lidar com ameaças sistemáticas porque toda a noção que temos sobre como assegurar nossa sobrevivência tem a ver com a tentativa de protegermo-nos da ameaça externa, lutar contra alguma coisa, concentrar a atenção em algum adversário". Isso vai contra os procedimentos do mundo moderno, em que as ameaças são sistemáticas e requerem, segundo Peter Senge, "que se aprenda a usar os instrumentos e os métodos dos sistemas, transformando-os em ação".[6] Atual-

mente, precisamos nos deter nos pequenos passos que nos tornarão capazes de avançar como um todo, com todos os empregados avançando, atrelados uns aos outros.

"Vamos nos reunir e discutir as mudanças." Não devemos pensar em qualidade apenas quando fazemos uma reunião para tratar desse atributo; nem pensar em aprendizado somente quando estamos num seminário; e também não deveríamos pensar em mudança como uma ocorrência esporádica, uma função separada das atividades diárias. Mudança é mais um estado de espírito do que uma atividade. Não é um programa especial nem um acontecimento, mas uma coisa a ser incorporada a tudo o que você faz.

"Vamos mandá-los para um seminário a fim de que eles aprendam o necessário para ser bem-sucedidos." Um elemento essencial para que as mudanças sejam bem-sucedidas na administração é a educação. No entanto, o foco da educação norte-americana tem sido sempre dirigido para pontos de habilidades específicas; atualmente, quando as habilidades ficam obsoletas dentro de poucos anos, precisamos despender tanto esforço para aprender a aprender quanto gastamos nos concentrando para assimilar técnicas ou habilidades específicas. Um artigo na *Harvard Business Review* diz:

> Muita gente tem uma visão muito estreita do que significa aprender, como se esse fosse um mero "problema a ser resolvido"; assim, concentram-se em identificar e corrigir erros no ambiente externo. Resolver problemas é importante, mas, para o aprendizado persistir, os executivos e os empregados também precisam fazer uma análise interior. Devem refletir sobre o próprio comportamento, analisar como eles contribuem para a formação de problemas, muitas vezes inadvertidamente, e então mudar sua maneira de agir. (...) Para simplificar: como alguns profissionais são quase sempre bem-sucedidos no que fazem, raramente sentem o fracasso e, assim, não podem tirar lições daí. Por isso, quando algumas estratégias não dão certo, eles ficam na defensiva, descartam as críticas e culpam a todos, menos a si mesmos. Em resumo, a capacidade deles para aprender cessa precisamente no momento em que eles mais precisam.[7]

"A melhor maneira de ser um líder do ramo é analisar a concorrência." Muitas companhias concentram-se apenas em seus concorrentes, esquecendo-se de como é importante analisar os outros campos ou ramos de atuação e então aplicar na empresa os princípios que os regem. Se a sua preocupação for apenas seguir as pegadas de seus concorrentes, você pode até alcançá-los, mas provavelmente não os ultrapassará. De acordo com Kriegel e Patler, essa é "uma estratégia que automaticamente põe você em segundo plano, ao tentar alcançá-los, quando muito ganhando uma pequena vantagem".[8] Ao pôr em prática as abordagens, a tecnologia e as estratégias

empregadas por excelentes companhias que atuam em campos diferentes do seu, você terá a oportunidade de passar à frente dos concorrentes.

"Os sonhos e as visões para o futuro são questões de menor importância; precisamos nos concentrar em metas difíceis." A diferença entre um sonho e um objetivo é que o sonho tem um significado, enquanto a meta é um marco provisório. As visões nos levam a mudar a maneira de encarar nossas regras e inspiram o aprendizado. Quando você luta por um sonho ou então para tornar real uma visão, pensa a longo prazo e sem restrições. O problema, segundo Kriegel e Patler, é que "as metas (...) limitam você. (...) Quando você se preocupa com detalhes, é mais fácil perder a perspectiva. Tudo é exagerado. Pequenas vitórias são motivo de comemoração e pequenos retrocessos tornam-se terríveis catástrofes. Qualquer contrariedade ganha muita importância. Como resultado, a roda-viva continua, com as minúcias inibindo nossa criatividade, nossa motivação, nosso espírito".[9]

"Se não mudarmos os funcionários do primeiro escalão, nunca seremos bemsucedidos." Para chegar ao sucesso, a empresa precisa mudar funcionários de todos os níveis; é necessário modificar a mentalidade da companhia, submetendo-a a um aprendizado contínuo. Infelizmente, segundo Peter Senge, um forte defensor do aprendizado na organização, "existe uma tendência nos Estados Unidos, especialmente no que diz respeito à busca de qualidade, a achar que as mudanças básicas devem ocorrer nos escalões inferiores da empresa. Para muitos executivos, a idéia de que o pessoal de cima deve conduzir as mudanças começando pela sua própria é nova. (...) [Nos Estados Unidos, os funcionários de escalões mais baixos são submetidos a um treinamento superintensivo; os de médio escalão recebem um menos intensivo; e os mais categorizados recebem apenas um resumo.] No Japão, por outro lado, ocorre exatamente o contrário. Isso é muito significativo do ponto de vista simbólico. Os líderes são os aprendizes".[10]

"Não precisamos que o empregado concorde com a mudança para sermos bemsucedidos." Os empregados que são obrigados a aceitar as mudanças não vão além do trabalho superficial e mecânico. Resistem silenciosamente, seja fazendo observações depreciativas sobre as novas técnicas ou demorando a aprendê-las; podem até sabotar os esforços para pô-las em execução. Num artigo publicado na *Quality Progress*, Brooks Carter observa: "Se uma pessoa declara publicamente seu apoio a alguma coisa, mas não está muito convencida do que disse, cairá em contradição. Para resolver isso, ela mudará sua atitude, a fim de ficar mais de acordo com a posição que assumiu. Entretanto, se ela tiver sido coagida a fazer a declaração, não fará isso; e poderá justificar-se declarando que foi obrigada a assumir aquela posição."[11]

Mudar... por quê?

É muito cômodo olhar para determinada situação e perguntar: "Se ela está funcionando, por que alterá-la?" Afinal, a *inércia* cria a acomodação, e as mudanças exigem que os velhos hábitos sejam deixados de lado, o que provoca mal-estar. O autor do artigo que acabamos de mencionar declara:

> Os hábitos dos executivos que resistem a mudanças baseiam-se em sua formação e em seu treinamento e estão arraigados na mentalidade da empresa. (...) Esses hábitos já permitiram a realização de várias transações bem-sucedidas a curto prazo, o suficiente para justificar sua manutenção ano após ano. (...) Por exemplo, se você atribuir a responsabilidade por um trabalho a um número razoável de funcionários, com certeza alguns deles terão sucesso. Isso é o bastante para você manter o hábito de dar responsabilidade aos funcionários. Se você estabelecer um bom número de objetivos, alguns certamente serão alcançados. E isso é o suficiente para você manter o hábito de estabelecer objetivos. (...) [Na verdade,] os métodos que alcançam sucesso, aparente ou real, a curto prazo criam vícios na administração, mesmo que suas conseqüências a longo prazo sejam ruins.[12]

Além da inércia, as maiores razões para se resistir a mudanças são:

- *Protelação.* Todos nós temos a tendência de deixar para amanhã o que é difícil ou incômodo. A menos que haja um problema que obrigue as pessoas a mudar imediatamente, elas sempre acham que haverá tempo suficiente para pensar nisso no futuro. (Os adiamentos serão tratados mais extensamente no próximo capítulo.)

- *Falta de motivação.* Se os benefícios pessoais que acompanharão as mudanças não ficarem bem claros, a maior parte do pessoal decidirá que não vale a pena fazer qualquer esforço nesse sentido.

- *Medo do fracasso.* Se a mudança exigir de nós o aprendizado de uma nova habilidade, podemos fugir dela porque não estamos emocionalmente prontos para lidar com contratempos.

- *Medo do desconhecido.* Temos medo daquilo que não conhecemos. Só o pensamento de sair do espaço em que nos sentimos seguros para enfrentar algo incerto nos paralisa e faz com que fujamos da mudança. Mesmo quando as coisas não estão funcionando bem, as pessoas se sentem mais à vontade com aquilo que já conhecem.

- *Medo da perda.* Todos têm medo de que uma nova abordagem possa pôr em risco seu emprego, seu poder ou seu *status*.

- *Rejeição aos promotores da mudança.* Fica muito mais difícil aceitar as mudanças quando não confiamos nas pessoas que as estão pondo em prática.

- *Falta de comunicação.* Se não entendermos por que a mudança é necessária e interpretarmos mal a intenção de quem a está promovendo, ou se a informação chegar incompleta, provavelmente resistiremos a ela.

A única coisa que devemos temer é o próprio medo

Uma das forças mais nocivas dentro de uma empresa é a preocupação que invade a mente dos empregados. Assim como a poluição prejudica o ambiente, o medo que paira no ar intoxica as empresas. Embora a prática da roleta-russa com prisioneiros seja proibida pela Convenção de Genebra, atualmente muitas organizações jogam uma espécie de roleta-russa com os empregados, usando a carta de demissão como projétil. O medo desincentiva as pessoas bem-intencionadas, destrói a criatividade e acaba com a fidelidade e o comprometimento. Alguns executivos usam o medo para impedir que seus funcionários façam determinada coisa; porém, ao se sentirem ameaçados, os empregados nunca atingirão seu melhor desempenho. Além do mais, mesmo que não façam nada para amedrontar seus subordinados, alguns dirigentes se esquecem de que o medo pode ser causado por agressões dirigidas a outras pessoas, pois a tendência é nos colocarmos no lugar dos outros.

Quando um funcionário julga ter perdido o controle sobre o que está acontecendo com ele, fica assustado, e seus temores podem ser reais ou imaginários. Eles se relacionam a fatos concretos e imediatos, como a perda do emprego; ou, então, a coisas efêmeras e a longo prazo, como dificuldades de cunho pessoal ou algum prejuízo à sua credibilidade ou à sua ascensão na carreira.

Quando as pessoas preferem pisar em terra firme a navegar por águas desconhecidas, não reconhecem as oportunidades que surgem e não tomam decisões. Por exemplo, Lee Iacocca teria dito que "o segredo para se tomar uma decisão é, a partir de certo ponto, seguir seus instintos, o que provoca noites de insônia naqueles que querem se sentir sempre seguros. (...) Infelizmente, as pesquisas mostram que a grande maioria dos norte-americanos (85%) é reativa ou estática, e não ativa, dinâmica ou instintiva", porque esperam manter uma posição segura.[13]

Além disso, o medo incute nas pessoas um sentimento de fraqueza, o que as impede de questionar ou confrontar a opinião de outros, pois temem desafiar o *status quo.* Ao recear fazer sugestões, elas se sentem como se não pudessem dizer o que estão pensando ou como se falar fosse uma perda de tempo, e a criatividade morre. Uma pesquisa da *Industry Week,* feita com empregados de 22 empresas norte-americanas, revelou que "70% deles dizem morder a língua para não falar no trabalho, com medo da repercussão de suas opiniões. E 98% das respostas indicam que o medo tem um efeito negativo neles ou em seu trabalho".[14]

Mudanças – dinamizar para vencer

O medo é um sentimento que faz as pessoas se retraírem, encobrirem erros e interpretarem os fatos de maneira incorreta. Ele as desestimula a sair da toca, pois ao tentar algo novo ficarão expostas às críticas, o que as torna inseguras na hora de discutir os problemas com os outros, pois temem o ridículo.

De fato, é óbvio que as empresas que instigam o medo destroem a criatividade, o comprometimento e a confiança. O resultado é que a força de trabalho dos empregados acaba se ajustando a um dos seguintes modelos, descritos por Judith Bardwick: "Narcisista: Tenho de ficar de olho no número 1. Paranóica: Todos estão de olho em mim. Territorial: Estou preparando meu terreno e vou cercá-lo com arame farpado. Rígida: Eu só me prendo àquilo que conheço. Cínica: Eu só acredito vendo. Política: Mantenho os olhos bem abertos."[15]

Enquanto em alguns funcionários o medo provoca protelações ou automatização do trabalho, em outros, o receio de perder o emprego provoca superatividade e o hábito de "correr em círculo", com a intenção de parecer sempre ocupados. Isso me faz lembrar do Coelho Branco de *Alice no País das Maravilhas*, que corria sem rumo, dizendo: "Estou atrasado, estou muito atrasado para um encontro importante. Não tenho tempo nem para cumprimentar. Estou atrasado! Estou atrasado! Estou atrasado!" Só que não estamos tratando de ficção.

O medo pode ser incutido nos empregados de muitas formas: retirando suas tarefas aos poucos, até que eles não tenham mais o que fazer; privando certas pessoas de receber as circulares ou, então, excluindo-as de discussões importantes; afastando-as do círculo detentor de informações; fazendo-as sentir-se espionadas; criticando-as ou ridicularizando-as publicamente; impondo-lhes prazos impossíveis de ser cumpridos, ou, drasticamente, transferindo-as ou demitindo-as.

O medo, que cria um clima desanimador e horrível nas empresas, é transmitido por muitos canais. Kathleen D. Ryan e Daniel K. Oestreich descrevem uma série deles no livro *Driving Fear Out of the Workplace*:

> Silêncio — fazer uma pausa e mantê-la por um momento, sobretudo se for acompanhada de uma expressão fria no rosto ou de um olhar gelado, pode ser extremamente intimidante. (...)
>
> Olhar penetrante — algumas pessoas conseguem transmitir pelo olhar um poder suficiente para eliminar qualquer possibilidade de confiança. É mais do que um mero contato visual, é um olhar avaliador. (...) Combinado com o silêncio, é um meio poderoso para se fechar os canais de comunicação, sem pronunciar nenhuma palavra.
>
> Brevidade ou aspereza — esse é o comportamento que um participante da pesquisa descreveu como "respostas curtas e ásperas" a perguntas ou comentários usando palavras extremamente frias.
>
> Ignorar ou tratar mal os empregados — esse comportamento separa os funcionários por castas: "Eu estou aqui em cima; vocês, aí embaixo." Esse

comportamento pode se manifestar das seguintes formas: o executivo simplesmente não fala com os empregados, priva-os de assistir a eventos importantes para o trabalho deles ou vive lembrando-os dos "lugares" que eles ocupam, (...) humilha-os, mantém conversas reservadas com pequenos grupos, senta-se nos lugares dos poderosos, vira as costas a algumas pessoas numa reunião, deixa o cigarro queimar no cinzeiro em frente a alguém. Em geral, esses executivos deixam bem claro que se consideram muito, muito importantes.

Insultos e humilhações — essas são as atitudes que mais provocam medo nos funcionários: observações, feitas direta ou indiretamente, que atacam a credibilidade, a auto-estima ou a integridade de uma pessoa. Em geral, os executivos que empregam esses meios costumam rotular as pessoas, fazer piadas, ridicularizando ou usando de sarcasmo, além de observações racistas, machistas e outros tipos de discriminação. Esses comentários provocam na pessoa um sentimento ao mesmo tempo de medo e de ódio, que fica gravado para sempre em sua memória.

Acusações, descréditos ou desaprovações — por meio desses comportamentos, transfere-se a responsabilidade dos erros para outro funcionário. O processo se dá ao se rotular algum erro de forma que ele se aplique a outra pessoa.

Comportamento agressivo e dominador — essa postura autocrática é descrita como "faça do meu jeito, senão... rua". (...) Ela combina bem com a microadministração, com o controle excessivo das pessoas, como, por exemplo, quando se exige dos funcionários relatórios que discriminam o tempo gasto em cada tarefa. Muitas vezes esse comportamento é calculado e manipulador. É nesse ponto da nossa escala que o comportamento rude torna-se abusivo.

Ameaças com relação ao trabalho — comentários como: "Eu não vou me esquecer disso, você está me sabotando" e "Eu posso substituí-lo" colocam em risco o emprego do funcionário. As ameaças podem ser implícitas ou explícitas. As críticas negativas ao desempenho do empregado em determinado projeto às vezes contêm uma ameaça velada de demissão. (...)

O comportamento mais mencionado como causador de medo, e o mais próximo da categoria dos insultos, foi a agressão em voz alta: gritos e berros. Algumas vezes, disseram os entrevistados, a pessoa gritava tanto que podia ser ouvida "no fim do corredor" ou "no prédio inteiro", como se a intenção fosse humilhar o empregado e tornar público o seu erro. (...)

Acessos de raiva ou perda de controle — esse comportamento revela uma explosão de temperamento: as pessoas atiram objetos no chão ou nas paredes ou partem para o exagero.

Ameaças físicas — podem ser consideradas quase como um comportamento criminoso.[16]

Numa empresa em que reina um ambiente desse tipo, o comportamento das pessoas se degenera. É mais ou menos como William Goldman descreve em *O Senhor das Moscas*, quando afirma que as crianças civilizadas tornam-se selvagens e canibais para se proteger. Da mesma forma, os funcionários farão qualquer coisa para salvar a própria pele, inclusive delatar companheiros e se engajar na caça às bruxas. Eles perdem mais tempo fazendo hora do que trabalhando de fato. Transferir responsabilidades e copiar memorandos passam a ser normas estabelecidas. Nenhum empregado que esteja em dificuldades tem coragem de abrir o coração, com medo de ser rotulado como encrenqueiro, e as questões de menor importância logo se tornam grandes problemas, e ninguém assume a responsabilidade. Todos passam seus dias em reuniões e conferências, para evitar a tomada de decisão. A inatividade é justificada como uma medida para não se pôr em risco a harmonia e se manter o *status quo*. Mas o mais importante é que, numa era de mudanças rápidas, o medo — que impede os empregados de aprender novas técnicas vitais para o sucesso da empresa — causa a estagnação, a protelação ou a perda de tempo.

Esse tipo de comportamento impede muitas empresas de se tornarem líderes no mercado. Segundo Jack Welch, da General Electric:

> O executivo que costuma obrigar os funcionários a agir, em vez de inspirá-los — o autocrata, o figurão, o tirano —, [não tem mais validade hoje]. Muitas vezes disfarçamos, olhando para o outro lado (...) [porque esse tipo de executivo] "sempre funciona" — pelo menos a curto prazo. E talvez esse tipo de pessoa fosse mais útil em tempos mais fáceis; mas, numa época em que precisamos de boas sugestões de qualquer funcionário, não é possível admitir um estilo de administração que oprime e intimida. Nós podemos convencer e ajudar esses executivos a mudar — mesmo reconhecendo o quanto isso é difícil — ou então dispensá-los da empresa se eles não forem capazes de fazê-lo; esse é um passo muito importante em nosso compromisso de transformar a companhia, que garantirá o futuro ambiente de confiança mútua e respeito que estamos construindo.[17]

Aprender... no decorrer da vida

Num ambiente agitado de negócios, as organizações precisam se renovar diariamente. Quando as pessoas são obrigadas a pensar nas mudanças que ocorrem no mundo à sua volta e no ambiente em que trabalham, a tendência é rejeitar o que não esteja ao seu alcance. Na verdade, é preciso que haja uma crise para que uma empresa sinta a necessidade urgente de mudar seu modo de pensar, sua estratégia, e para que ela se disponha realmente a promover mudanças; só que, no momento em que se reconhece a crise, o dano já está feito. É como o "discurso motivacional que ouvi anos atrás. Um empregado, indignado, dizia: 'Mas como podem me despedir? Eles precisam de mim. Sei meu trabalho de cor e salteado. Tenho trinta anos de experiência'. A resposta era: 'Não, você não tem trinta de experiência, o que tem é um ano de experiência repetido trinta vezes'".[18] Os Estados Unidos correm um grande perigo de não reconhecerem a tempo a crise que estão enfrentando, como já aconteceu com muitas civilizações que entraram em decadência.

No mundo dos negócios, o desafio é criar um ambiente de trabalho em que os empregados adquiram a visão necessária para ter sucesso no mercado. Para sobreviver, as empresas precisam tornar-se uma espécie de escola, onde todos aprendam a trabalhar numa era de incertezas como a que estamos vivendo.

A criação de um ambiente de aprendizado

Para progredir, as companhias devem encarar as mudanças como fonte de oportunidades. Todos devem ser estimulados a aprender e a desenvolver-se continuamente, sem se deixar dominar pelo medo do fracasso. Para isso, as empresas precisam criar um ambiente de confiança, fidelidade e comprometimento, qualidades que permitem às pessoas devotar tempo e atenção para aprender, em vez de se preocupar em despistar e esconder seus erros.

Além disso, um novo tipo de líder emergirá desse ambiente. Walter Kiechel III, que escreveu muito a esse respeito, apresenta-nos dois exemplos:

Neal Thornberry, professor do Babson College e especialista nos chamados grupos de autogestão, usa o termo "não-líder" para resumir o que os sucessores dos executivos atuais farão e não farão. O não-líder assumirá como primeira tarefa o desenvolvimento do grupo. Evidentemente, ele será um especialista no ensino de adultos, levando em conta que pessoas diferentes aprendem de modos diferentes. Mas ele também conhecerá os altos e baixos e as circunvoluções próprias da dinâmica de grupo — como os grupos se formam, como se consegue o consenso ou se falha nessa tarefa, como agir em conjunto ou manter-se separado. Assim, ele terá condições de ajudar o grupo a prosseguir, muitas vezes perguntando: "Você considerou os aspectos legais dessa transação?" (...) Se fizer bem seu trabalho, você acabará assumindo o papel de catalisador em vez de facilitador. (...)

Jim Kouzes, consultor do Tom Peters Group, oferece uma versão ligeiramente extravagante da técnica correta de administração, na empresa voltada para o aprendizado: "Um subordinado telefona dizendo: 'Estou com um problema'. O chefe responde: 'Que ótimo! Foi exatamente por isso que eu o contratei' e desliga. O subordinado tenta novamente, mais de uma vez, e recebe a mesma resposta. Se ele finalmente conseguir convencer o chefe de que está precisando de ajuda, a assistência que receberá será na forma de mais perguntas: 'Qual seria a melhor solução para resolver o problema? Vamos procurar alguns meios para chegar a isso. Quais seriam os prós e os contras de cada abordagem? Então, qual delas você escolheria?' (...) É assim que se ensina as pessoas a resolver problemas."[19]

Uma vez adotado um novo ambiente de trabalho na empresa, qualquer sucesso que vier daí não deve ser considerado como o clímax das atividades, mas como um trampolim para sucessos futuros. Em outras palavras, em vez de se encostar e relaxar assim que um objetivo for atingido, os empregados lhe perguntarão como poderão fazer ainda melhor da próxima vez.

Num ambiente de aprendizado, todos têm sempre em mente o próximo desafio. Tal como na resposta de James Michener quando "lhe perguntaram qual era o seu favorito dentre os livros que havia escrito. 'Entre os 35 livros de minha autoria', ele respondeu depois de uma longa pausa, 'eu prefiro sempre o próximo. Sou um velho profissional, e meu trabalho é me preparar para a próxima tarefa'".[20]

É preciso aceitar os riscos que acompanham as mudanças

Nas organizações voltadas para o aprendizado, os riscos são aceitos de forma consciente e os pontos de vista diferentes não são apenas tolerados, mas sim incentivados. O lema dessas companhias poderia ser o velho ditado: "Quem não arrisca não petisca." Kriegel e Patler ampliaram esse dito popular ao explicar que "assumir riscos é natural. Antinatural é não assumi-los. É impossível imaginarmos um bebê pensando: 'Não sei se devo tentar ficar em pé. Acho que vou cair e me machucar. Talvez eu deva esperar mais alguns anos, até ficar maior e mais forte'. Se fosse assim, jamais deixaríamos de engatinhar".[21] Muitas empresas, ao repreender os empregados por seus erros e estigmatizar aqueles que tentam algo de novo e falham, desestimulam a atitude de assumir riscos. Em vez disso, a direção deve apresentar os problemas como oportunidades de aprendizado, elogiando as tentativas de inovação, mesmo que não sejam bem-sucedidas. No final, quanto menos carga negativa houver, associada aos riscos assumidos, mais estímulo os empregados terão para tentar alguma coisa nova.

Outra maneira de as empresas incentivarem o aprendizado é agradecer, e não ofender, o funcionário que traz más notícias. Não foi ele que criou os problemas; ele só está comunicando os fatos, com o intuito de se encontrar uma solução. Para que os empregados se sintam livres para encarar os problemas, as empresas deveriam tornar públicos e comemorar os esforços daqueles que identificam os problemas, pois só assim eles poderão ser resolvidos. Para criar esse ambiente aberto, as organizações também deveriam incentivar os funcionários a admitir seus erros, em vez de varrê-los para baixo do tapete, o que traria muitos benefícios. Por exemplo, quando os erros são totalmente conhecidos, as pequenas imperfeições podem ser corrigidas antes que se tornem grandes problemas. Além disso, esconder as falhas daqueles que são encarregados de tomar decisões só capitaliza os erros, porque as decisões serão tomadas com base em informações falsas. E o fato de se discutir abertamente os problemas possibilita aos colegas participar de sua solução.

Outra coisa importante para a empresa, além de assumir riscos ou discutir os erros, é esforçar-se para aprender com eles. Joe Paterno, treinador do time de futebol norte-americano da Penn State University, respondeu certa vez, "ao lhe perguntarem (...) como se sentia quando seu time perdia um jogo, (...) que perder provavelmente era bom para o time, pois era assim que os jogadores aprendiam o que estavam fazendo de errado".[22] Os comentários de Paterno ressaltam as vantagens de um ambiente de trabalho em que os erros são vistos como uma oportunidade de aprender. Soichiro Honda, fundador da Honda, reforça a idéia quando diz que "muitas pessoas sonham com o sucesso. Para mim, ele só pode ser alcançado depois que a pessoa comete inúmeros erros e reflete sobre eles. De fato, o sucesso representa 1% do trabalho, que resulta, porém, de 99% do que é chamado de fracasso".[23]

Não é só a organização que aprende com os próprios erros; as pessoas também. A chefia pode promover a importância do crescimento pessoal por meio da aceitação dos acontecimentos anteriores. Num ambiente aberto, em que haja honestidade e confiança, as pessoas pedem umas às outras informações que lhes dêem respaldo e, então, levam adiante suas sugestões.

Já que comunicação aberta e honesta são elementos essenciais para se criar uma atmosfera de aprendizado e mudança, a administração precisa aceitar a responsabilidade de criar esse tipo de ambiente. Afinal, as pessoas se esforçarão mais para se empenhar nas mudanças se compreenderem do que se trata e por que elas são necessárias, e reagirão melhor se estiverem mais preparadas para elas. Será de grande ajuda se os executivos seniores revelarem seu entusiasmo e seu apoio às mudanças, além de dar aos empregados roteiros com indicações que tornem o trajeto mais claro. Se um líder visionário comunicar a necessidade de mudança a longo prazo, os empregados comprarão a idéia mais rapidamente.

Se você quiser criar na sua empresa um ambiente de mais confiança e de maior abertura, precisa abandonar as práticas de administração do passado. Mas isso não é fácil e não acontece de uma hora para outra. Os executivos têm de abrir mão de muitas atitudes, fontes de *status* e de poder e conceitos antigos de como deve ser o local de trabalho, baseados em experiências do passado. O dr. Tineke Bahlmann observa que "o aprendizado só acontece num ambiente onde haja uma estrutura simples (...) sem muita hierarquia, em que se cultive a liberdade de trocar idéias e debatê-las, pois só assim surgirão estratégias emergentes e interações criativas com o ambiente".[24]

Aprendendo a aprender

Incentivar as pessoas a aprender é fundamental para que se institua o tipo de mudança que tornará as empresas competitivas no futuro. Quanto mais você aprende, mais fica aberto a mudanças; quanto maior o número de pessoas que adotarem essa postura na empresa, mais fácil ficará para a organização ir adian-

Mudanças – dinamizar para vencer

te. A primeira pesquisa nessa área revela que o aprendizado assume muitas formas, e a filosofia de que uma só medida serve para todos não é uma estratégia apropriada. Alan Mumford explica que "algumas pesquisas identificaram quatro tipos de aprendizes: os ativistas, que aprendem mais sobre suas tarefas quando estão envolvidos nelas; os meditativos, que aprendem mais por meio de práticas que tenham tido a oportunidade de rever; os teóricos, que se beneficiam das atividades quando elas lhes são apresentadas como parte de um conceito ou de uma teoria; e os pragmáticos, que aprendem mais quando existe uma ligação direta entre o assunto em questão e um problema da vida real".[25] É importante ter em vista esses estilos de aprendizagem ao se realizar programas de treinamento. Também é fundamental saber o que se adapta melhor a cada tipo de empregado; só assim o aprendizado informal, que acontece durante as reuniões e sessões de *feedback* e treinamento-relâmpago, será eficaz.

Ao reconhecer que as pessoas aprendem de diversas formas, as companhias começaram a procurar os modelos de ensino que provaram ser eficazes com crianças. Lucia Solorzano enumerou muitos estilos de aprendizagem num relatório no *U.S. News & World Report*: "'Manipulativos' são os aprendizes [cujo] (...) envolvimento com as lições precisa estar ligado a alguma coisa material, para que eles se lembrem delas. Projetos artesanais, como maquetes, ou então a encenação de peças, são seus instrumentos de aprendizagem. [Ao passo que] os aprendizes 'visuais' (...) retêm melhor a informação quando podem vê-la. Filmes, programas educativos e visitas a museus ajudam as pessoas a aprender. Os aprendizes 'informais' (...) desenvolvem-se em ambientes de estudo menos estruturados. O local de trabalho pode se tornar mais agradável se for decorado com pufes em forma de saco, por exemplo, do que com uma escrivaninha e uma cadeira de espaldar reto. Os aprendizes do tipo *'walkman'* (...) usam o ruído de fundo como uma tela para melhorar a concentração. (...) Os do tipo 'fechado' (...) trabalham melhor com um companheiro do que sozinhos ou em grupo — seja ele grande ou pequeno. (...) Os aprendizes 'agitados' (...) se movimentam muito e precisam de interrupções enquanto estudam."[26]

Há, sem dúvida, inúmeros outros fatores que determinam a aprendizagem. Por exemplo, algumas pessoas só aprendem com base na premissa "eu preciso saber", e só encontram tempo e concentração para isso quando a necessidade é premente. Alguns se preocupam sistematicamente em identificar suas falhas de conhecimento e de habilidades e então procuram supri-las assistindo a algumas aulas. Outros usam o tempo livre para ler e despachar material, enquanto outros assistem a palestras ou vão a conferências. Para alguns, o aprendizado exige que eles participem ativamente, fazendo coisas na base da tentativa e erro. Outros aprendem trocando informações e debatendo questões com funcionários de outras empresas ou departamentos. Alguns ficam um bom tempo observando e colhendo informações por meio da avaliação constante de tudo o que ouvem e vêem à sua volta; estão sempre abertos, olhando além dos limites da própria empresa, e então comparam o que observaram dentro e fora da organização.

Todos esses métodos, incluindo os que foram descritos anteriormente com mais detalhes, são eficazes.

Curiosidade

O desejo de investigar e aprender faz parte da natureza humana. As crianças são exímias questionadoras; querem saber tudo a respeito do mundo que as rodeia. Suas perguntas vão de 'Por que o céu é azul?' até 'Por que o sol não aparece à noite?' Mas, à medida que crescemos, somos inibidos pelo medo de parecer estúpidos se fizermos perguntas. E, o que é pior, começamos a achar que as coisas que já aprendemos são imutáveis. O problema é que, como disse o filósofo grego Epictetus, "para o homem, é impossível aprender aquilo que ele acha que já sabe". É por isso que todos nós devemos aprender a analisar continuamente aquilo que achamos que já sabemos, recuperando assim a capacidade infantil de perguntar e voltar a perguntar. Não devemos deixar que informações antigas comprometam nosso julgamento; precisamos abrir mão do que nos é familiar para descobrir e saborear o que é novo.

Dar significado às informações

As informações só têm significado quando relacionadas a idéias. Por exemplo, não basta coletar dados financeiros sem entender o que eles querem dizer ou em que contexto eles se inserem. O que forma o nosso conhecimento é o acúmulo de informações e as relações que estabelecemos entre elas; por isso, é importante que tenhamos diversos interesses, para podermos relacionar aquilo que já sabemos aos novos conceitos que aprendemos. Sem um conhecimento básico, é possível que nos desinteressemos, por não saber como aplicar as informações.

Existem inúmeros métodos que nos ajudam a estabelecer ligações entre conceitos aparentemente não relacionados. A metáfora é um bom meio para explicar o inexplicável, e a analogia é outro instrumento importante. Como diz Richard Wurman, é bom lembrar que "os fatos só têm significado quando se relacionam com um conceito que está ao seu alcance. Se eu lhe disser que um acre tem 4.047 m², isso é um fato, mas não lhe transmite o que representa um acre. Por outro lado, se eu lhe disser que um acre corresponde mais ou menos ao tamanho de um campo de futebol americano sem as laterais, não serei tão preciso, mas a idéia ficará mais compreensível para você".[27]

Padrões visíveis

É importante examinar continuamente os padrões vigentes no mundo, em vez de apenas os eventos isolados. Quando você tem duas coisas para comparar, consegue perceber diferenças; mas, se tiver muitas, começará a ver padrões. Ao olhar as coisas à sua volta, os funcionários aprendem, tiram conclusões e então aplicam o que aprenderam. Um fato isolado é uma fração de um dado; muitos dados constituem uma informação; o acúmulo de informações é o princípio do conhecimento. Quanto mais os empregados tiverem conhecimento do quadro geral, mais serão capazes de relacionar as informações e aprender.

Participação ativa

A participação ativa é um instrumento de aprendizagem mais eficiente do que a estimulação artificial. Quando descobrimos alguma coisa sozinhos ou a aprendemos por meio de tentativa e erro, não só a memorizamos com maior facilidade como a valorizamos mais. Nós arquivamos em algum lugar da nossa memória aquilo que ouvimos; por outro lado, tudo o que descobrimos por conta própria queremos testar e pôr em prática. Os conceitos abstratos não nos levam a agir, mas a experiência, sim.

O método socrático

Um dos melhores meios de aprender é pelo diálogo, com perguntas e respostas diretas, uma forma de conversação usada por Sócrates quando ele ensinava a seus alunos os princípios do pensamento lógico e da análise. Ele usava uma versão formal da típica tradição oral das culturas mais primitivas. Como afirma Peter Senge, "muitos povos nativos norte-americanos sentavam-se em círculo e falavam durante horas ou mesmo dias. Sem propósito definido, nem líder, nem um tema específico. Conversavam, apenas; e então o grupo se dispersava e as pessoas iam trabalhar sentindo-se em harmonia com o que os outros estavam fazendo e pensando. O diálogo possibilitava que eles entendessem coletivamente, um padrão mais profundo de realidade que nenhuma pessoa compreenderia sozinha".[28]

Hoje em dia, isso corresponderia às sessões de *brainstorming*, em que os empregados se reúnem em grupos para analisar os problemas e tentar resolvê-los. Se forem conduzidas adequadamente, essas sessões tornam-se fóruns de inspiração para o livre pensamento. Ao proporcionar essa oportunidade aos empregados, as empresas os ajudam a ampliar suas perspectivas; e essa compreensão, por sua vez, os leva a aceitar a necessidade de mudanças.

Reflexão

As empresas também devem ter consciência de que o aprendizado exige mais do que o acúmulo de conhecimentos. Não basta coletar informações; é preciso que elas sejam absorvidas e relacionadas a conceitos já conhecidos, para que a pessoa tenha domínio do que aprendeu antes de usá-lo. Qualquer um pode decorar que dois mais dois é igual a quatro. Se não pensássemos no que isso significa, como entenderíamos que duas laranjas e duas maçãs são quatro frutas? Só quando temos tempo para pensar sobre o que nos disseram, para criar padrões de informação, para testar idéias, é que aprendemos verdadeiramente.

As empresas que pressionam os empregados a trabalhar num ritmo alucinado o tempo todo, usando de coação para tentar conseguir idéias criativas, nunca serão capazes de criar um ambiente em que brotem a criatividade e a inovação. Se não tivermos tempo e oportunidade de olhar para trás e aprender com nosso trabalho, nunca seremos capazes de avaliar se estamos indo na direção certa ou não. Senge afirma que, "no Ocidente, temos uma tendência cultural para a ação, com a exclusão do pensamento. (...) Numa empresa japonesa, se por acaso você encontrar alguém sentado sem fazer nada, nunca tente interrompê-lo, porque com certeza essa pessoa está pensando; por outro lado, é absolutamente aceitável interromper uma pessoa que esteja em atividade. Para nós, ocidentais, acontece exatamente o oposto".[29]

Jogos

Algumas vezes, a aprendizagem exige que abandonemos noções preconcebidas sobre como resolver determinados problemas. Os jogos nos dão liberdade para pensar em meios mais originais e inovadores. Jeremy Campbell afirma que, "sob o pretexto da brincadeira, novas formas de comportamento podem ser criadas sem que haja punição, e isso inspira a inovação".[30]

Os jogos formais também são úteis para se estabelecer relações e estimular a comunicação entre os empregados. Por exemplo, a comunicação e a camaradagem que resultam da participação num jogo de vôlei ou num torneio de boliche dão oportunidade para a troca de idéias e geram novas formas de pensar. Se esses relacionamentos se estabelecerem indistintamente entre pessoas de todos os departamentos da empresa, também contribuirão para ampliar a comunicação entre as diferentes áreas da administração.

Mentores

Algumas vezes, é mais fácil aprender pela observação do que por meio de livros, palestras ou experiência. Por exemplo, alguns aspectos do gerenciamento de uma empresa não se encontram em livros, porque existem sutilezas que ninguém ousa pôr no papel. É mais fácil aprender a lidar com os empregados procurando imitar alguém que faça isso muito bem, e esse processo se tornará mais eficiente se essa pessoa o ficar observando enquanto você estiver liderando seu pessoal e lhe der palpites sobre o seu desempenho. Em algumas situações especiais — como lidar com um empregado problemático, atender um grande cliente em potencial ou tranqüilizar um cliente furioso —, geralmente é preciso estar presente na ocasião para se aprender alguma coisa. Esse processo é semelhante ao antigo sistema de aprendizado no qual se baseava o ensino das profissões: um ferreiro era treinado observando outro ferreiro, depois passava a auxiliá-lo, em seguida trabalhava sob sua supervisão direta.

Aprendizagem no ambiente de trabalho

Além de dar aos empregados a oportunidade de aprender e de se desenvolver, a empresa precisa encontrar novas formas de atuação que incentivem o aprendizado e possibilitem mudanças, como as apresentadas a seguir.

Redundância

Ikujiro Nonaka escreveu na *Harvard Business Review* que, "para os executivos ocidentais, o termo 'redundância', com sua conotação de duplicação desnecessária e desperdício, pode parecer sem atrativos, (...) [mas] a redundância [proposital] é importante, pois incentiva o diálogo freqüente e a comunicação", que difundem o conhecimento por toda a organização.[31] Por exemplo, embora pareça perda de tempo escalar dois grupos para tratar do mesmo problema, há inúmeras vantagens nesse processo. Se os dois chegarem à mesma solução, você pode ter certeza de que a solução é correta. Se os grupos apresentarem respostas diferentes, os argumentos deles esclarecerão melhor o projeto — geralmente levando à terceira solução, melhor do que qualquer uma das originais. "Nesse caso, não existem ganhadores e perdedores; foram escolhidos os melhores pontos de vista de cada grupo para se chegar ao produto final."[32]

A competição consigo mesmo

Em geral, as empresas que conseguiram ter sucesso continuam agindo sempre da mesma forma, em vez de reavaliar o que estão fazendo. O problema é que, caso o mercado se modifique, elas ficarão para trás. Uma das maneiras de superar a tendência de permanecer estático é criar uma força-tarefa que desenvolva idéias sobre como a empresa poderia concorrer com ela mesma. Por meio dessa análise de como é possível atuar de forma diferente, a organização acaba incorporando novas informações aos seus projetos em andamento.

Preparar-se para situações imprevisíveis

Acontecimentos imprevisíveis sempre podem ocorrer; de fato, eles acontecem com mais freqüência e maior rapidez do que imaginamos. Portanto, é preciso que as empresas se preparem para esses fatos inesperados em vez de resistir a eles ou fingir que não aconteceram. Christopher Knowlton disse, na revista *Fortune,* que "é impossível controlar uma situação imprevisível, mas é possível controlar a reação que você tem a ela. Os praticantes de *aikido*, um tipo de arte marcial, sabem que podem ser derrubados se resistirem à força do ataque; assim, aprenderam a entrar em harmonia com a força e usar a energia do atacante em vantagem própria".[33]

Uma das maneiras de se preparar para essas contingências é incutir nos funcionários uma mentalidade do tipo "o que fazer se". Isso os incentiva a pensar sem se restringir aos parâmetros comuns, explorando o imprevisível. Quais seriam os cenários mais prováveis? Que acontecimentos teríamos de controlar? Quais são as nossas opções? Como reagiríamos à situação? Knowlton afirma no mesmo artigo que "brincar de guerra ajuda a Shell a se preparar para o imprevisível, (...) eles estudam e discutem detalhadamente os cenários desenvolvidos pela área de planejamento, que esboça alternativas razoáveis mas conflitantes de como será o mundo daqui a dez anos. Cada região e cada empresa em operação [então] usa [esses cenários] para formular estratégias".[34]

Descobertas coletivas

Quanto maior o número de informações compartilhadas por toda a companhia, mais os funcionários aprendem. Nenhuma pessoa ou unidade da organização deve ter uma informação exclusiva. Nonaka afirmou, num artigo publicado na *Harvard Business Review,* que, "numa economia em que a única certeza que se tem é a incerteza, a única fonte segura de competitividade vantajosa e permanente é o conhecimento. Quando o mercado se modifica, a tecnologia prolifera, os competidores se multiplicam e os produtos se tornam obsoletos de um dia para outro; as companhias que conseguem ser bem-sucedidas são as que criam um conhecimento novo, disseminando-o por toda a empresa e incorporando-o rapidamente às novas técnicas e produtos. Essas atividades definem as organizações 'criadoras de conhecimento', cuja base de negócios é a contínua inovação".[35]

No artigo, Nonaka continua explicando que há diferentes tipos de conhecimento, e que ele precisa ser desenvolvido para que possa beneficiar a empresa. Segundo ele, "o eixo da abordagem japonesa é o fato de eles reconhecerem que criar novos conhecimentos não é uma simples questão de 'processar' uma informação objetiva. Na verdade, é preciso captar as descobertas implícitas e altamente subjetivas dos empregados, suas intuições e seus palpites, e aplicar tudo isso como material disponível para teste, usando-o em toda a companhia".[36]

O conhecimento, ele explica, em geral não é difundido tão facilmente:

> O conhecimento explícito é formal e sistemático, [assim] pode ser facilmente comunicado e partilhado, nas especificações dos produtos ou em fórmulas científicas. (...) O conhecimento implícito [entretanto] é essencialmente pessoal. (...) Consiste de modelos mentais, crenças e perspectivas tão arraigados que os consideramos imutáveis, e então não podemos enunciá-los com facilidade.
>
> Às vezes, uma pessoa divide um conhecimento implícito com outra. (...) Ele se torna parte da base de conhecimento não-explícito dessa pessoa (...) [mas, como] nunca é expresso, não pode servir como alavanca para toda a organização. (...) [Outras vezes,] uma pessoa também pode combinar partes distintas de conhecimento explícito, compondo um novo con-

Mudanças – dinamizar para vencer **129**

junto. Por exemplo, quando um supervisor colhe informações por toda a empresa e as reúne num relatório, está formando um novo conhecimento, visando sintetizar os dados de diversas fontes. Mas essa combinação não amplia, tampouco, a base de conhecimento existente na companhia.

Na organização que gera conhecimentos, todos (...) esses padrões co-existem numa interação dinâmica. (...) Em primeiro lugar, ela aprende os segredos tácitos. (...) Em seguida, transforma-os em conhecimento explícito, que pode ser comunicado aos membros do seu grupo (...) que, por sua vez, padroniza esse conhecimento, reunindo-o num manual ou folheto e incorporando-o num produto. (...) Finalmente, por intermédio da experiência, [eles] enriquecem sua própria base de conhecimento implícito. (...) Isso dá início à espiral mais uma vez. (...)[37]

Técnicas de avaliação

Com o passar dos anos, têm sido desenvolvidas muitas técnicas para se conseguir informações sobre o desempenho de uma organização. Essas técnicas, que permitem às companhias comparar-se com outras, revelam pontos fortes e fracos. Pela análise dos resultados, as empresas descobrem meios de aprender, crescer e mudar.

As melhores práticas. O processo de avaliação das melhores práticas começa com a observação de várias empresas para se descobrir princípios básicos de administração que podem ser aproveitados. Além disso, como as companhias pesquisadas geralmente estão em áreas não relacionadas umas com as outras, as descobertas são avaliadas com mais objetividade e adotadas com menos rupturas e reações defensivas. Um bom exemplo disso é o projeto das Melhores Práticas da GE, cuja pergunta era: "Qual é o segredo do seu sucesso?"

As respostas eram incrivelmente parecidas, como foi explicado num artigo recente da *Fortune*:

Quase todas as companhias [pesquisadas] enfatizaram o processo de administração, não as funções; isto é, deram menor importância ao desempenho de departamentos isolados do que ao trabalho executado em conjunto, à medida que os produtos passavam de um para o outro. Elas também ultrapassavam os concorrentes lançando novos produtos e tratando os fornecedores como sócios. (...)

As implicações do relatório desse projeto abalaram o mundo. A GE percebeu que estava administrando e avaliando as coisas erradas. A empresa estava estabelecendo metas e contando pontos ganhos, em vez de, nas palavras do gerente comercial, George Zippel, "preocupar-se mais com o modo de fazer as coisas do que com aquilo que é feito". (...)

As descobertas do projeto transformaram-se num curso (...) [que] ensina três lições essenciais. Primeiro, que as outras empresas têm muito a ensinar para a GE. (...) Segundo, que é muito importante manter um processo contínuo de melhoria, mesmo que por meio de passos pequenos em vez de grandes saltos. (...) A terceira lição é que o processo precisa de donos — pessoas cuja autoridade e cuja responsabilidade transcendam os limites dos departamentos.[38]

Pontos de referência. Algumas vezes é importante comparar o desempenho de certas funções com o de outras organizações. Os pontos de referência devem indicar não só quem exerce função semelhante, mas quem a desempenha tão bem quanto nós ou melhor do que nós. Uma das diretrizes desse processo é comparar um departamento com função específica, como o de *marketing*, com os outros de diversas organizações. Que novos programas de computador deverão entrar em uso? Que serviços eles prestam a clientes internos? Seus usuários estão satisfeitos com a qualidade do serviço prestado? Os pontos de referência permitem a uma organização promover a melhoria de uma área de cada vez, de maneira bem específica.

Avaliação do desempenho. Você instalou sistemas que lhe informam o grau de eficiência das linhas diretas com seus clientes? As pessoas que telefonam têm acesso rápido a um funcionário bem-informado? Seus empregados fazem todo o possível para ajudar os clientes? Um passo crucial para compor um ambiente em que a maior preocupação é o aperfeiçoamento constante é estabelecer sistemas visíveis e confiáveis de avaliação e gratificação. Essa atitude com relação ao desempenho dos empregados faz com que eles acreditem que o desempenho é algo importante. E se você oferecer gratificações para inovações e melhorias, os empregados terão mais motivação para aprender e fazer melhor seu trabalho.

Pesquisas. Ao participar de pesquisas, você pode comparar algumas características específicas da sua organização com as de outras empresas. Além do mais, às vezes, só o fato de você responder às questões propostas já revela aos empregados quais as áreas que precisam de atenção.

Pesquisas com clientes. Você pode aprender com seus clientes, usando-os como observadores e pedindo a eles opiniões sobre os produtos fabricados por sua empresa. Essas enquetes, que podem ser formais ou informais, também fornecem informações valiosas para o desenvolvimento de novos serviços ou produtos que os clientes estejam buscando.

Conclusão

A criação de uma organização voltada para o aprendizado serve a inúmeros propósitos. Em primeiro lugar, o aprendizado faz com que os empregados fiquem atentos e entusiasmados, o que aumenta seu valor dentro da empresa. Quando novos procedimentos são postos em prática diariamente, a eficiência aumenta e as pessoas se dispõem a aceitar mais responsabilidades. Em segundo lugar, o aprendizado leva a um desempenho mais eficaz, porque os empregados se vêem diante de mais desafios e sentem-se seguros de suas habilidades. Isso se traduz em maior fidelidade à companhia. Em terceiro lugar, e mais importante, os funcionários que dão valor ao aprendizado não têm medo de mudanças; mantêm os olhos abertos para as inovações e agem como catalisadores para o resto da empresa.

O aprendizado e as mudanças andam de mãos dadas. Quando não se visa ao conhecimento, a mudança é lenta e difícil de ser concretizada, o que não é bom para nenhuma organização, no mundo em que estamos vivendo. O Capítulo 7 trata do impacto que o tempo, um recurso valioso e permanente, exerce sobre as empresas.

7

Quando depressa não é suficientemente rápido

Construir uma empresa que responda com agilidade

*De pé junto à esteira, enquanto deliciosos bolos
cobertos de creme passam à sua frente, Chaplin cobre
cada um deles com glacê, acrescenta uma ou duas
rosas, põe o bolo na caixa e a caixa na prateleira.
Tudo está correndo bem, e ele está contente consigo
mesmo. À certa altura, a esteira dispara. Em sua
aflição para acompanhá-la, ele começa a trabalhar
mais rápido no famoso ritmo acelerado de Carlitos.
Enquanto os bolos passam voando a seu lado, o glacê
espirra para todos os cantos, as rosas ficam
parecidas com borrões do teste de Rorschach e os
bolos vão se empilhando, formando uma lama
branca e doce no assoalho da padaria. Chaplin
previa nossos atuais "tempos modernos".
Costumávamos rir dessa cena; agora, nós a vivemos.*
ROBERT J. KRIEGEL E LOUIS PATLER.
If It Ain't Broke... Break It![1]

Os anos 80 foram abundantes em recursos; podíamos desperdiçá-los e ainda assim ser bem-sucedidos. Se alguns empregados não estavam fazendo seu trabalho eficientemente, havia outros pelas redondezas que podiam fazê-lo. Quando os programas de *marketing* falhavam, todos davam de ombros e passavam a desenvolver outros. Se tivesse problemas para resolver, você podia passar dias procurando as soluções. De fato, se perdesse metade do tempo, ainda sobraria tempo para atingir seus objetivos. Como havia muitos recursos à disposição, não existia a preocupação de distribuí-los de forma adequada. Aparentemente, todos tinham tempo e dinheiro para queimar.

Os tempos mudaram, e o que se esperava que fosse feito em uma semana — como a revelação de um rolo de filme — hoje deve ser realizado no mesmo dia. As correções de um relatório, que você assinalava antes do almoço e ficava satisfeito quando as tinha de volta antes de 24 horas, atualmente são feitas por você mesmo, em poucos minutos. Como o tempo é muito precioso, dependemos de entregas da noite para o dia; usamos celulares, aparelhos de fax e computadores de mão para ganhar tempo no trajeto entre um ponto e outro; e procuramos lojas de conveniência e caixas eletrônicos, que ficam abertos durante 24 horas, para tornar mais fácil a vida das famílias em que o marido e a mulher trabalham. A ênfase dada à velocidade é sentida em todos os aspectos do mundo em que vivemos. Para os que lidam com ações e câmbio, que tomam decisões com base na informação mais recente, um minuto pode significar o tempo de uma vida. No mundo dos cuidados com a saúde, o tempo é fundamental para salvar a vida de uma pessoa. Para um contador atarefado ou um advogado, tempo perdido significa dinheiro; para um representante comercial, perder tempo é perder um bom negócio; e para o lançamento de um novo produto, o tempo pode determinar se o produto fará sucesso ou não. Por exemplo, "o lançamento das fraldas ultrafinas, em meados dos anos 80, deveria garantir de três a cinco anos de liderança para a P&G, mas a Kimberly-Clark alcançou-a em poucos meses".[2]

Em muitos casos, o tempo não é apenas um recurso escasso; é uma arma na guerra da competição. Em primeiro lugar, as empresas agilizam o lançamento de novos produtos para ganhar vantagem. Por exemplo, "a General Electric costumava levar três semanas depois de um pedido para entregar um disjuntor industrial feito por encomenda; agora, entrega em três dias. A AT&T projetava um novo telefone a cada dois anos; atualmente, faz esse serviço em um ano. A Motorola entregava *pagers* eletrônicos três semanas depois do pedido; hoje, não leva mais do que duas horas".[3]

Em segundo lugar, o tempo pode ser usado para diferenciar produtos e melhorar o serviço de entrega, satisfazendo melhor o cliente. Por exemplo, na Aetna Life & Casualty, "um cliente, cujo carro tinha sido roubado, foi informado sobre o local onde poderia alugar um veículo, além do nome do corretor que trataria da apólice e a data em que tudo ficaria resolvido, fazendo apenas uma ligação para a companhia, isenta de taxas. Esse procedimento costumava demorar de dois a cinco dias".[4] A rapidez do serviço está sendo usada pela Aetna como o fator mais importante de venda; isso obriga os concorrentes a investir em mais tecnologia para oferecer um serviço tão eficiente quanto o que ela oferece. Outro exemplo da diferenciação de produto pela velocidade do seu serviço encontra-se na indústria de óculos. "A Eyelab reduziu o longo tempo que os clientes tinham de esperar (normalmente uma semana) para receber os óculos. Eles conseguiram isso transferindo a fabricação das lentes, de uma única central, para minilaboratórios instalados em suas lojas em *shoppings*. Atualmente, em toda loja Eyelab, existem lentes, armações, equipamento e técnicos capazes de aprontar, no espaço de uma hora, os óculos dos clientes."[5] Infelizmente, a vantagem deles teve vida curta. Hoje, em qualquer *shopping,* você encontra duas ou três ópticas que oferecem a mesma rapidez na execução do serviço.

Acelerar o ritmo

A redução do tempo gasto na produção de mercadorias e na prestação de serviços está se difundindo a olhos vistos. Uma das áreas em que se percebe a demanda por rapidez é a da distribuição; os clientes não ficam satisfeitos se você executa alguma coisa num prazo mais curto, mas não a entrega com a mesma presteza. Esse desafio se refere, em particular, aos produtos que se esgotam no estoque antes que a procura seja satisfeita. Os compradores que se ressentem da perda de vendas causada pela espera obrigam os fabricantes de roupa a encontrar novos meios de superar esse problema: "Toda noite, a Levi Strauss Company fica sabendo que estilo e que tamanho de *jeans* foram vendidos naquele dia em todo o país, e baseia-se nessa informação para providenciar a reposição do estoque. Outros fabricantes de roupa, como a Benetton e a The Limited, também adotaram os sistemas de resposta rápida, que fazem a ligação entre os fornecedores, os fabricantes, os centros de distribuição e os varejistas."[6]

Entretanto, a rapidez é apenas o método mais recente para se ganhar vantagem na competitividade. Ao longo dos anos, as empresas usaram muitos outros métodos para vencer. A primeira forma de concorrência vinha com o preço; quem tivesse mercadorias e serviços mais baratos, usando técnicas de produção em massa, era um vencedor. A geração seguinte de vitoriosos procurou oferecer opções ao projetar seus produtos de maneira diferenciada. Fabricar produtos melhores foi a maneira encontrada a seguir para passar à frente na concorrência. Nesse estágio, a capacidade de fabricação e a habilidade para melhorar a qualidade foram gratificantes. Nos anos 90, as empresas, para ser bem-sucedidas, estão aprendendo a produzir e a entregar produtos e serviços de forma melhor e mais rápida. Elas reduzem o tempo prevendo as necessidades dos clientes e tentando satisfazer suas expectativas.

Não há dúvida de que a importância da rapidez é cada vez maior. Segundo uma pesquisa da McKinsey and Company, "os produtos que chegam ao mercado seis meses depois, mas dentro do orçamento previsto, rendem 33% menos do que se esperava. Os produtos lançados a tempo, no entanto, mesmo que tenham um aumento de 50% no seu orçamento, renderão apenas 4% menos do que o previsto. A conclusão disso é que se costuma premiar as idéias que antecipem a realização dos objetivos".[7] Além disso, as pessoas estão dispostas a pagar pela rapidez. Um exemplo disso é a Federal Express, uma empresa que "é fruto do reconhecimento de Fred Smith da importância que as pessoas físicas e jurídicas dão à rapidez e à segurança nos serviços de entrega. (...) [Mesmo o] Correio admite que os usuários da Federal Express dispõem-se a pagar 25 a 40 vezes mais por esse tipo de serviço".[8]

A pergunta é: como tirar vantagem do fato de as pessoas buscarem a rapidez dos serviços para ganhar tempo? Para começar, é essencial que encaremos o tempo como um recurso valioso e limitado. O tempo não pode ser criado, expandido ou trocado; ele é constante. Diferentemente do dinheiro, que vai e vem, rendendo diferentes taxas, o tempo é finito. Embora não se possa conseguir mais tempo, ele pode ser usado de forma melhor e mais eficaz. Atualmente, quando o sucesso muitas vezes é a recompensa pelo uso eficiente do tempo, precisamos mudar o modo como dirigimos nossas empresas, refletindo sobre nossas práticas de administração e desafiando a forma como usamos o tempo, no âmbito pessoal.

Eficiência organizacional

As grandes companhias precisam ser protegidas — por que não dizer? — de si próprias. (...) Elas têm provado estar dispostas a fazer cortes de funcionários para reduzir as despesas, mas demonstram resistência em substituir a burocracia por relações empreendedoras. (...) Então, repetindo as palavras da personagem de histórias em quadrinhos, Pogo: "Encontramos o inimigo, e somos nós." Ou, mais precisamente, o inimigo é a complacência sustentada pela burocracia — a proliferação de regras desnecessárias, os procedimentos entediantes e os administradores que não sabem valorizar os empregados e inibem seu potencial de renovação. (...) A burocracia foi programada para a repetição, não para a inovação; para o controle, não para a criatividade. — ROSABETH MOSS KANTER[9]

Ninguém jamais questionaria o fato de que as organizações precisam de um sistema político-administrativo para guiá-las — o sentido original da burocracia. O problema é que a burocracia tende a crescer, camada sobre camada, tornando-se um obstáculo para o sucesso da empresa. A burocracia exagerada acaba com as aspirações, inibe a criatividade, elimina a ingenuidade e diminui a responsabilidade dos empregados. Ela cria a sede pelo poder — o que faz com que a ambição pessoal se sobreponha aos interesses do grupo — e dá maior prioridade à papelada do que às pessoas. Isso acontece porque a burocracia presta contas ao poder, àqueles que são maiores, mais duros e mais fortes; porque os empregados e os clientes, como pessoas, não interessam à burocracia — suas vozes jamais são ouvidas por aqueles que determinam a política da empresa; porque tudo é feito por meio de comissões, o que cria barreiras tão fortes à receptividade que mesmo aqueles que ouvem não respondem.

Não é difícil encontrar exemplos de burocracia excessiva. A General Electric, em seu relatório anual de 1991, admite que "infelizmente, ainda é possível encontrar documentos relativos aos negócios da GE, os quais parecem ter saído do Arquivo Nacional, que precisam de cinco, dez ou até mais assinaturas para que determinadas ações possam se concretizar". O relatório prossegue explicando que o problema de haver tantas etapas de aprovação é que "as etapas provocam isolamento; elas deturpam, deixam tudo mais lento. Os líderes das organizações que têm esse tipo de burocracia são como as pessoas que vestem muitos suéteres para sair à rua num dia de inverno. Eles ficam aquecidos e confortáveis, mas ignoram completamente a realidade do seu ambiente. Não poderiam estar mais distantes daquilo que está acontecendo".[10]

Nas organizações altamente burocratizadas, os procedimentos são projetados para atender mais às exigências internas do que às necessidades dos clientes; a política da empresa — quem diz o quê para quem, quem detém o poder, a quem se devem dar os créditos e em quem se põe a culpa — ofusca tudo, desde as necessidades dos clientes até os avanços feitos pela concorrência para superar o desempenho da organização. Numa empresa em que as promoções não são concedidas por mérito mas sim por acertos políticos, diante de um problema as pessoas escolhem a opção política e não a melhor solução; a aparência torna-se mais importante do que o conteúdo; e os mexericos transformam-se na forma básica de comunicação. O resultado é uma empresa centralizada em si mesma e que perde o contato com a realidade.

A verdade é que, num mundo que caminha a passos rápidos, as organizações não podem competir se estiverem presas a limitações. "É surpreendente como Bob Frankenberg sempre consegue que as coisas sejam feitas. Até o ano passado, o diretor-geral da Hewlett-Packard Co. negociou com, no mínimo, 38 comissões internas. Elas decidiram tudo, desde as características de um novo *software* até qual seria a melhor cidade para se lançar um novo produto. Só para decidir o nome do *software* da empresa New Wave Computing, foram necessárias cerca de cem pessoas em nove comissões, durante sete meses."[11]

A burocracia não é biodegradável

O pior aspecto dos rituais burocráticos, entretanto, é sua persistência. Uma vez enraizada, a burocracia nos negócios é tão difícil de controlar quanto a erva daninha na grama. Mas, nos dias de hoje, em que a presteza do serviço é que determina o sucesso ou o fracasso, precisamos substituir os obstáculos burocráticos por rapidez, simplicidade e aperfeiçoamento contínuo. As unidades operacionais precisam manter-se pequenas. Ao sair do escritório, os funcionários têm de ter acesso fácil aos seus clientes. As forças-tarefa, compostas de grupos multifuncionais, precisam ser orientadas para resolver os problemas; a troca de idéias deve basear-se no mérito do empregado, e não em sua posição hierárquica; e as atividades que não valorizam o cliente têm de ser eliminadas.

Já que nenhuma burocracia se desfaz sozinha, cabe à administração mudar a empresa. Como disse Michael Dealey na revista *Fortune*:

As grandes pirâmides do Antigo Egito resistiram ao tempo; lembranças históricas de uma era extinta há muito tempo, elas se mantiveram intactas, através dos séculos, lutando contra os elementos. Infelizmente, não podemos dizer o mesmo de uma pirâmide diferente e mais moderna — a estrutura tradicional das corporações multinacionais do século XX. (...)

[Já é tempo de as estruturas corporativas] assemelharem-se menos a uma pirâmide e mais a uma aranha. Uma aranha com muitas patas que se movem o tempo todo — às vezes, com movimentos bem rápidos. Imagine essas patas como os contatos diretos da organização com o mundo, como sensores que captassem rapidamente as condições existentes e ajustassem o curso para permanecer na trilha. Essas "patas" recebem, interpretam e devolvem a informação com base em sua interação com os elementos à sua volta, sejam eles clientes, fornecedores ou controladores. O poder e a força da aranha residem em sua habilidade para usar sua interação não apenas para manter o equilíbrio presente, mas também para influenciar e iluminar o caminho para o sucesso futuro. Embora as muitas patas dêem a impressão de que ela está se movendo em muitas direções, todas elas são guiadas por um sistema nervoso central — a alta chefia.[12]

A remoção da mordaça

Quando os funcionários passam o tempo todo envolvidos com papéis e relatórios, revisando o trabalho com os superiores, mandando cópias de tudo para todos ou providenciando inúmeras aprovações antes de poder agir, inviabilizam-se algumas atividades essenciais para tornar a empresa mais competitiva, o que resulta na diminuição da capacidade de resposta da empresa ao mercado. O relatório anual da General Electric, de 1990, também diz que a companhia quer liberar os empregados do material obsoleto que fica amontoado nos sótãos poeirentos das empresas centenárias: relatórios, reuniões, rituais, aprovações, controles e montanhas de papéis, que muitas vezes parecem necessários até o momento em que são removidos".[13] Para atingir esse objetivo, é preciso superar as atividades que são as mordaças de uma empresa.

Já que existe uma concordância generalizada de que essas atividades tornam as organizações menos competitivas, por que elas não são eliminadas? O maior motivo é a falta de confiança na habilidade dos outros. Alguns acham que são mais competentes do que os outros colegas de trabalho ou que têm maior capacidade de julgamento do que eles. Há também os que acreditam que, como estão diretamente envolvidos com as decisões finais, seu poder pessoal e sua posição ficam mais evidentes. Portanto, uma das maneiras de remover as mordaças é procurar e contratar excelentes profissionais e então investir neles, melhorando seu desempenho por meio de treinamento. Isso deixa os funcionários mais seguros quanto à competência dos colegas e menos inclinados a supervisionar cada aspecto do trabalho deles. Todos eles começam a perseguir um objetivo comum e ficam agradecidos pela vitória do grupo.

Além disso, quando o empresário contrata os melhores profissionais e investe em seu desenvolvimento, aumenta a fidelidade deles à organização e a confiança pessoal: eles passam a sentir-se melhor com relação às suas habilidades e sabem que têm apoio. Não ficam com medo de se arriscar e dificilmente impõem suas próprias decisões a um colega. Ross Perot afirmou, certa vez: "Na GM, se aparecer uma cobra, a primeira coisa que eles farão é contratar um especialista em cobras. Em seguida, nomearão uma comissão para se encarregar das cobras, e então isso será discutido durante anos. Eles fazem tudo, menos agir. Imaginam que, como a cobra ainda não mordeu ninguém, podem deixá-la rastejando pelo chão da fábrica. (...) No lugar em que eu trabalhava antes, a primeira pessoa que visse a cobra certamente a mataria."[14]

Regras e procedimentos que proporcionam liberdade

Muitas pessoas julgam os procedimentos de rotina irritantes porque sufocam a criatividade e impõem a inflexibilidade; porém, eles também podem ser vistos como um meio de poupar tempo e diminuir a possibilidade de erros. Por exemplo, os médicos encaminham os pacientes para fazer exames de rotina e os pilotos fazem testes rotineiros antes de levantar vôo. Edward de Bono explica, em *Six Action Shoes,* que, "de alguma forma, a rotina proporciona liberdade. Se tivéssemos de pensar em todo ato que praticamos, a vida seria incrivelmente lenta e complicada. Na verdade, seguir uma rotina nos deixa livres para nos preocupar com os assuntos que realmente exigem nossa atenção. (...) Em vez de sermos obrigados a analisar cada nova experiência, simplesmente reconhecemos a situação usando um padrão perceptivo".[15] Em outras palavras, a rotina nos poupa tempo porque nos leva a fazer automaticamente as coisas simples que devem ser realizadas.

No entanto, os problemas surgem quando deixamos de avaliar constantemente a rotina e a política da empresa. Muitas vezes, alguns procedimentos que foram projetados para agilizar uma tarefa especial ficam entranhados nas operações da companhia, permanecendo por muito mais tempo do que o necessário. *The Wall Street Journal* descreveu, por exemplo, como a IBM cortou 34 itens de uma informação pedida para justificar uma mudança de planejamento. Segundo o relato, quando os engenheiros procuraram saber quem tinha solicitado a informação, "não encontraram ninguém que soubesse. (...) Essa é a parte absurda do caso: ninguém tinha a menor lembrança".[16]

Existe uma tendência para se ignorar que os programas ou procedimentos que outrora eram eficazes podem não se aplicar no presente. Acrescentamos continuamente novos procedimentos, mas poucas vezes eliminamos os antigos. A razão disso é simples: as pessoas são reconhecidas pela criação de novos programas, e não por livrar-se dos velhos, mesmo quando eles se tornaram obviamente desnecessários.

A dinâmica do processo de execução de serviços

As coisas não caminham mais depressa só porque você manda que sejam mais rápidas. As empresas podem melhorar sua "escala de importância" ao estabelecer objetivos ambiciosos que obriguem as pessoas a repensar as etapas, o que as ajudará a encontrar meios mais eficazes para atingir seus objetivos. Uma forma de criar uma dinâmica para a organização é replanejar e melhorar os processos de trabalho. Uma das práticas de administração atuais que melhoram a eficiência consiste em criar grupos que trabalhem nas diversas áreas funcionais. O problema, hoje, é que "a maioria das companhias se organiza em grupos de funcionamento vertical, agrupando especialistas com formação semelhante para fornecer um volume de conhecimentos e de habilidades capaz de dar conta de qualquer tarefa nessa área específica, o que cria uma organização eficaz, forte e confiável, que funciona em conjunto, ávida para levar adiante sua missão. Entretanto, infelizmente, (...) o trabalho horizontal flui em combinação com a organização vertical, o que causa lacunas e superposições, incentivando a subotimização e causando um impacto negativo na eficácia do processo".[17]

Quando a empresa tem uma organização vertical, a velocidade do trabalho diminui. Além de ela perder tempo, as idéias ficam compartimentadas, a informação não é partilhada e não se encontram as melhores soluções. Um bom exemplo disso é o contraste entre disputar uma corrida de cem metros individualmente ou fazendo parte de um grupo de revezamento. Os membros do grupo não se preocupam apenas com o próprio desempenho, mas também em transferir o bastão para seus companheiros no momento exato. De fato, é possível contar com os quatro maiores corredores do mundo num time e perder a corrida, porque a passagem do bastão demorou muito. Portanto, todos têm de mudar seu modo de pensar para melhorar o desempenho pessoal, aumentando assim suas habilidades como membros de um grupo.

Infelizmente, as pesquisas têm mostrado que "95% do tempo que se leva para fabricar um produto não lhe agrega valor".[18] Ao criar grupos para aprimorar o processo de execução de seus serviços, as empresas podem canalizar seus esforços para valorizar o cliente. Uma das formas de se ter eficiência na administração de uma empresa é avaliar constantemente suas atividades, eliminando aquelas que não são essenciais e, por isso, atrasam ou interrompem o processo. Existem seis métodos para se aprimorar o processo de execução de serviços.

O primeiro deles é eliminar integralmente a tarefa. O segundo é simplificar, excluindo os elementos não-produtivos do serviço. O terceiro é combinar as tarefas. O quarto é alterar a seqüência das etapas, para aumentar a velocidade do serviço. O quinto é simplificar as atividades, e o sexto e último é fazer as coisas simultaneamente. Atividades como reunir informações, transportar um produto, inspecioná-lo, corrigindo os defeitos, e estocá-lo até que aconteça alguma coisa diferente com ele, não agregam valor.

Políticas internas não favorecem a rapidez

Quanto tempo e esforço são desperdiçados com políticas internas? E com manifestações grandiloqüentes durante reuniões e convenções? Quantos memorandos as pessoas escrevem para justificar suas ações? Uma pessoa me disse, certa vez: "Não me importo com o volume de trabalho que preciso realizar; na verdade, ele me faz crescer. Mas as políticas internas são exaustivas e nos debilitam." Quanto tempo as pessoas gastam justificando as ações passadas em vez de tomar decisões para o presente? E o que dizer do tempo despendido na tentativa de conseguir uma promoção ou de impressionar os superiores? Quanto tempo seria poupado se o mesmo esforço fosse direcionado para o bem da empresa! As organizações que quiserem evitar o desperdício de tempo por causa de políticas internas precisam incentivar os empregados a ter objetivos comuns; a criar um ambiente de trabalho aberto, onde exista confiança e honestidade; um ambiente em que a disputa entre políticas internas seja um jogo perdido.

Barricadas e feudos independentes

As empresas também são prejudicadas pela ineficiência proveniente da segregação dos funcionários em grupos funcionais ou operacionais ou pela criação de outros limites artificiais. A necessidade que certos funcionários têm de ser considerados independentes do resto da empresa causa inúmeros problemas. Algumas vezes, isso os leva a prejudicar outra área para que o seu próprio grupo pareça mais eficaz; outras, resulta em mal-entendidos e falhas de comunicação. Como, por exemplo, quando um departamento, num momento de pouca atividade, deixa de prestar ajuda voluntária a outro que está sobrecarregado de trabalho porque as chefias de ambos estão competindo entre si.

As empresas também sofrem quando os orçamentos anuais dos departamentos baseiam-se nas despesas passadas e não nas necessidades futuras. Quando elas trabalham dessa maneira, incentivam alguns departamentos a gastar de forma supérflua no fim do ano, em vez de ajudar outros que estejam precisando desesperadamente de dinheiro.

A falta de comunicação entre departamentos produz também a ineficiência e a duplicação dos esforços. Houve uma ocasião em que um departamento de *marketing* comprou e manteve um banco de dados da *Fortune* de quinhentas companhias, representando seu público-alvo, enquanto, sem saber, um outro departamento tinha esse mesmo banco de dados porque estava pesquisando uma informação financeira para fins de vendas.

Propósitos diferentes

Outra fonte de desgaste nas organizações surge quando as várias áreas da empresa trabalham com propósitos diferentes, cada uma lutando por objetivos independentes, sem se preocupar com o impacto que isso possa causar nos outros departamentos. Por exemplo, um grupo de pesquisa e desenvolvimento quer ampliar o tempo do teste de um novo produto que será lançado, para ficar absolutamente seguro da qualidade do produto, enquanto o departamento de *marketing* insiste em que o lançamento do produto seja feito de imediato, caso contrário eles ficarão em desvantagem na concorrência do mercado. Para piorar as coisas, as avaliações de desempenho e os programas de retribuição ao funcionário incentivam esse modo de pensar.

Resistir a mudanças

Uma das melhores maneiras de perder tempo é resistir a mudanças. Quando a administração desenvolve planos estratégicos isoladamente ou com auxílio externo, ignorando os empregados que serão responsáveis pela implantação do projeto, fica mais difícil e dispendioso introduzir mudanças. A necessidade de lidar com elas e garantir sua aceitação e o comprometimento por parte dos empregados é um tema que já foi abordado no Capítulo 6, o qual expõe detalhadamente uma nova filosofia sobre o assunto.

Simplicidade significa rapidez

Avaliar as idéias por sua complexidade em vez de por seu mérito é uma prática ineficaz, que desperdiça tempo e dinheiro. Muitas pessoas acham que, quanto mais complicados são os relatórios, mais profundos são; ou, então, elas os avaliam por seu volume e não pela sensatez de suas recomendações. *The Wall Street Journal* relatou a história de "Bob Aguire, proprietário da Eastern Reproduction Corp. of Waltham, Mass., [que] entregou alguns documentos a um fiscal, num envelope fechado. 'Ele o segurou, avaliou seu peso e, sem abri-lo, devolveu-o. (...) Ele alegou que não estava suficientemente pesado'".[19] Entre outras formas de complexidade desnecessária, estão as comunicações intrincadas e ineficientes. As organizações devem incentivar as pessoas a considerar, em primeiro lugar, as necessidades do seu público e então comunicar-se com clareza, evitando jargões e trocadilhos.

A eficácia da comunicação clara e simples fica evidente na complexidade dos seguintes documentos, quando escritos na língua inglesa:[20]

O Pai-nosso	57 palavras
Os Dez Mandamentos	71 palavras
Declaração de Gettysburg	266 palavras
Declaração da Independência dos Estados Unidos	1300 palavras
Programa de Avaliação do Sistema de Controle de Contratos do Governo dos Estados Unidos	38.000 palavras

O investimento tecnológico

A rapidez pode ser conseguida por meio da tecnologia, e muitas companhias gastam milhões em aparelhos, desde celulares, secretárias eletrônicas, programas CAD/CAM, fax e computadores portáteis. São poucas as organizações que usam integralmente a tecnologia em que investem. Infelizmente, a maioria falha na hora de introduzi-la adequadamente na companhia, e os empregados não são treinados para utilizar os aparelhos da melhor forma possível. Por exemplo, uma editora adquire computadores de última linha para os funcionários, mas espera que cada um aprenda sozinho a lidar com eles. Enquanto alguns empresários ambiciosos fazem um investimento pessoal para ensinar os empregados, outros deixam os aparelhos inativos. As companhias que investem em nova tecnologia e a aplicam da maneira adequada conseguem economizar tempo e aumentar sua produtividade.

Planejamento com um objetivo

As empresas têm de estar conscientes de que precisam fazer um planejamento apropriado se quiserem enfrentar com sucesso a concorrência mundial. Infelizmente, mesmo quando as organizações acreditam na importância do planejamento, caem em muitas armadilhas que lhes custam um tempo valioso. Por exemplo, algumas empresas sofrem de paralisia analítica: gastam todo o tempo disponível organizando forças-tarefa e comissões para analisar problemas, mas nunca seguem as recomendações feitas por esses grupos. Tomemos como exemplo uma empresa que contratou um consultor para fazer uma pesquisa sobre um produto novo. Quando o consultor perguntou à empresa: "Que atitude vocês terão se a pesquisa apontar em tal direção?", ninguém soube responder. Ele fez a mesma pergunta indicando a outra direção, e a resposta foi a mesma. O consultor disse aos dirigentes da organização que era um desperdício de dinheiro levar adiante uma pesquisa sem ter um plano a seguir diante das recomendações que ele sugerisse; a pesquisa não é um fim em si mesma, mas um meio para se atingir um objetivo que só poderá ser alcançado por intermédio da ação.

Existem outras armadilhas, como quando um empresário diz: "Surgiu uma oportunidade, esqueça o planejamento! Precisamos agir *imediatamente*!" Muitas companhias, que reclamam da falta de tempo para planejar, sempre encontram tempo para refazer as coisas quando o procedimento inicial dá errado. Outras organizações, com medo de assumir uma posição firme em determinadas questões, acabam estabelecendo objetivos vagos, que podem ser interpretados de diversas formas; depois elas ficam admiradas quando seus empregados trabalham com objetivos opostos. Além disso, existem empresas que não têm objetivo definido e não sabem dizer "não". Tentam executar tudo com recursos limitados — e acabam não completando nada.

As empresas bem-sucedidas em seus planejamentos têm atributos em comum. Elas procuram garantir que os funcionários responsáveis pelo desenvolvimento dos projetos estejam envolvidos com o processo de planejamento. Desenvolvem grupos com funções opostas para ter certeza de que as informações serão recebidas por empregados com diferentes perspectivas e experiências. Dão prioridade a determinadas atividades quando os recursos estão escassos e concentram suas reservas cruciais nas áreas que oferecem mais retorno.

Os relacionamentos externos são essenciais

As organizações de âmbito mundial sabem que, no passo acelerado dos dias de hoje, pulverizar recursos deixa-as em desvantagem. Nesse momento, elas precisam concentrar sua atenção nas áreas mais essenciais para o seu sucesso, além de atrair recursos externos para suplementar seus esforços. Para fazer isso, como é discutido no Capítulo 8, deve-se estabelecer um bom relacionamento com os fornecedores, de forma que ambas as partes tenham vantagens. Atualmente, não há tempo para desconfiança, processos judiciais, altercações, formalidades, nem para longas e exaustivas negociações.

Estilo de administração — conseguir o máximo dos outros

> Talvez a forma de desperdício mais cara e insidiosa provenha da desvalorização, da subutilização e do mau uso do ativo mais importante de uma empresa: o conhecimento, as habilidades e as atitudes positivas dos seus funcionários. — ARMAND FEIGENBAUM [21]

O desperdício e a ineficiência das empresas surgem sob várias formas e tamanhos, alguns visíveis e outros não. Os executivos precisam encontrar novos meios para mudar as organizações. Devem se livrar dos comportamentos culturais que impedem o progresso e ajudar os empregados em suas funções de maneira tão eficiente quanto possível. Bons chefes são como bons fazendeiros: investem no futuro plantando sementes, nutrindo-as e cultivando-as; eles sabem que essa é a única forma de conseguir uma boa colheita. E, assim como os bons treinadores sabem qual é o melhor modo de aproveitar seus jogadores, a administração precisa ter como base os pontos fortes de seus empregados.

Em muitas empresas, entretanto, a chefia não é eficiente, e alguns executivos têm como lema "Apontar, fogo, preparar"; ou seja, eles agem antes de pensar. Como não encontram tempo para se organizar, desperdiçam-no correndo em círculos, apagando incêndios em vez de acender o fogo da renovação. Outros administradores acreditam que só é possível trabalhar em ritmo frenético. Nunca aprenderam qual é a diferença entre movimento e agitação. O movimento ocorre quando as pessoas vão do ponto *a* ao ponto *b* em busca de seus objetivos; a agitação significa correr em círculo, sem jamais alcançar nada. Os empresários que agem assim precisam aprender a diferenciar urgência de importância.

Aprender a se comunicar

A ausência de comunicação, que gera muita ineficiência nas empresas, é tratada mais amplamente no Capítulo 4. Os executivos desperdiçam um tempo valioso quando não expõem suas prioridades, não se comunicam com as pessoas à sua volta, deixam de ouvir as necessidades do seu pessoal, não respondem integralmente às perguntas que lhes são feitas, usam palavras que podem ser mal interpretadas ou divulgam as informações somente nos momentos críticos. Isso causa uma sensação de isolamento nos funcionários, que acabam trabalhando com objetivos diferentes e repetindo o que já foi feito por outros. Como eles não sabem em que direção devem seguir, agem cautelosamente em vez de seguir em frente com determinação.

Os empresários precisam certificar-se de que todos os empregados têm noção da importância do tempo e de quanto um atraso pode custar para a empresa. Eles têm de criar um ambiente em que vigore a comunicação franca e honesta, e a troca de informações seja bem-recebida. Afinal, a troca construtiva de informações leva ao aproveitamento contínuo e fortalece a confiança do funcionário.

Lidar com informações

Segundo as pesquisas, "a busca e o uso das informações tomam 20% do nosso tempo"; entretanto, é muito importante refletir com cuidado sobre que tipo de informação interessa realmente à sua empresa.[22] De acordo com outra pesquisa, "o montante de documentos que passa pela escrivaninha do funcionário de uma empresa aumentou cerca de 600%. (...) Uma pessoa perde, em média, 45 minutos por dia procurando alguma coisa em sua escrivaninha".[23]

O problema dos documentos é que eles impedem os funcionários de realizar atividades importantes para os clientes. Evidentemente, alguma documentação sempre é necessária; porém, convém estabelecer: que relatórios são realmente necessários? Quem deve fazê-los? Com que finalidade? A informação tem sempre um papel fundamental? Com que freqüência os dados precisam ser coletados? Que tipo de relatório deve ser extinto completamente? Os dirigentes que fizerem essas perguntas a si mesmos, examinando seus documentos, provavelmente descobrirão que muitos papéis são desnecessários.

Aprender a tomar decisões

Algumas decisões exigem tempo para a avaliação de alternativas, enquanto outras podem ser tomadas rapidamente. Se você reconhecer quais delas podem ser dinamizadas e der preferência a elas, com certeza poupará bastante tempo. Um artigo no *The Journal of Management* revela que os pesquisadores descobriram "que as decisões [são] tomadas mais rapidamente quando suas conseqüências [são] mais importantes". O artigo prossegue, afirmando que, "contrariamente ao que diz a intuição, aqueles que são responsáveis pelas decisões [levam] mais tempo para resolver o que fazer com um problema quando muitas alternativas são rejeitadas com facilidade, restando apenas duas, do que quando há quatro alternativas de igual valor".[24]

Reuniões — um passatempo mundial

Nas reuniões, trata-se muitas vezes das mesmas questões. Segundo um artigo na *Business Week*, "os executivos seniores passam, em média, quatro horas por dia em reuniões".[25] É importante determinar quais delas são realmente necessárias, porque talvez você descubra que muitas decisões poderiam ser tomadas por telefone ou com base simplesmente numa conversa rápida no corredor.

Os chefes precisam se perguntar quanto tempo se perde quando eles marcam reuniões de última hora, obrigando todos a interromper o que estão fazendo ou a protelar outros eventos programados. Quanto tempo se perde em reuniões feitas sem planejamento anterior ou quando as pessoas mergulham em discussões irrelevantes, alongando-se indefinidamente? Os executivos deveriam perguntar aos funcionários por que eles se permitem desperdiçar o tempo alheio chegando atrasados, por que se colocam numa posição privilegiada e tentam impor suas idéias ou por que, em vez de voltar ao trabalho, continuam batendo papo quando a reunião termina.

Uma outra forma de desperdício de tempo são os preparativos para as reuniões. Em algumas organizações, enfatiza-se mais a aparência do que o conteúdo, e, quando isso acontece, perde-se muito tempo preparando materiais, ensaiando e corrigindo os últimos detalhes das apresentações para o pessoal interno. Por exemplo, *The Wall Street Journal* relata que "Richard Flaherty, gerente operacional de abastecimento, disse que, na IBM, costumava fazer 'centenas de folhetos para chegar a apenas vinte, que eram apresentados pelos vice-presidentes na sessão em que se determinava a estratégia da corporação. Os preparativos começavam em novembro, a grande apresentação era em março, e no dia 1º de abril o produto já era obsoleto'".[26]

Formas de lidar com o medo e com a insegurança

Os empregados não conseguem ter um bom desempenho se estão preocupados com o futuro, se não podem pensar por si mesmos e são tratados como crianças, se suas recomendações não são respeitadas ou se não têm controle sobre seu destino. As pessoas não conseguem dar o melhor de si quando sentem que todas as suas decisões serão avaliadas ou contestadas e que cada erro será ridicularizado; elas passam mais tempo tentando impressionar o pessoal interno do que fazendo seu serviço.

A confiança e a segurança produzem maior eficiência, enquanto o medo e a insegurança têm o efeito contrário, obrigando os empregados a assumir cada vez mais tarefas, para dar a impressão de que estão sempre ocupados e para não correrem o risco de ser demitidos (e então realizam mal o trabalho, porque não têm tempo suficiente para fazê-lo bem ou por completo). Isso os leva a passar o tempo todo concentrados apenas nas coisas que conhecem bem, não porque sejam prioritárias, mas porque eles se sentem seguros ao fazê-las. E começam a ignorar os problemas, esperando que eles desapareçam por si mesmos, em vez de corrigi-los, ou então procuram pôr a culpa em alguém quando eles vêm à tona.

Esses problemas só serão superados quando os empregados adquirirem confiança em si mesmos e em suas empresas. Para ilustrar isso, cito um exemplo de como age uma companhia japonesa quando tem problemas: o chefe do primeiro departamento examinou seu grupo para ver se os empregados estavam cometendo erros e ficou feliz ao verificar que não estavam. O chefe do segundo departamento também examinou sua área e descobriu que os empregados estavam errando, mas também ficou feliz porque conseguiu identificar a causa; o problema foi resolvido e os clientes da companhia ficaram satisfeitos.

Aprender a delegar tarefas

Tentar fazer tudo sozinho não é uma boa forma de administrar; é um vício. Walter Kiechel III observou num artigo para a revista *Fortune* que, "se todos requisitam seu tempo, declaram que o tempo é um bem precioso e incluem você em muitas atividades, isso é uma demonstração de que você é importante".[27] Para superar a tendência de "fazer tudo", os executivos precisam ter em mente que, se eles contratarem pessoas talentosas e depois ficarem vigiando tudo o que eles fazem, acabarão destruindo a confiança e a criatividade deles. A administração burocrática — com requisições para os procedimentos cotidianos, memorandos intermináveis e relatórios de venda detalhados, que precisam de cinco assinaturas para ser aprovados — cria um ambiente de desconfiança. Alguns executivos têm medo de não ser reconhecidos e gratificados se não estiverem pessoalmente envolvidos em cada atividade, se a função não estiver vinculada ao seu departamento ou se a atividade não for exercida debaixo de seus olhos. Aqueles que não delegam tarefas passam o tempo todo trabalhando para os outros, enquanto seu serviço vai formando pilhas sobre a escrivaninha. Acham que estão se tornando insubstituíveis quando, na verdade, transformaram-se no funil que obriga a empresa a desperdiçar um tempo precioso.

Os bons executivos aumentam a eficiência da empresa aprendendo a confiar. Eles percebem que não podem estar em todos os lugares ao mesmo tempo ou ser os melhores em tudo. Aprendem a delegar tarefas internamente aos colegas e estabelecem alianças estratégicas com outras empresas.

A arte de tomar decisões

Ao dar aos funcionários o poder de tomar decisões, você poupa tempo para sua empresa. Por exemplo, pense no tempo desperdiçado com o incômodo processo de revisão. As pessoas com idéias novas primeiro são obrigadas a justificar suas recomendações, preparando uma proposta por escrito ou uma apresentação, que é submetida à análise da administração. Em seguida, marcam uma reunião, em geral envolvendo várias pessoas cujos horários precisam ser conciliados, o que pode levar dias ou semanas. Muitas vezes perde-se tempo para estudar previamente a questão e assumir uma postura. E, então, realiza-se a reunião; e, quando tudo já foi dito e feito, a decisão acaba sendo tomada em vinte minutos por pessoas que estão vagamente familiarizadas com a situação. Quem fez a recomendação inicial provavelmente estava mais próximo da questão e havia pensado nela durante semanas ou meses, esforçando-se para que a sua idéia fosse aceita; assim, poderia tê-la posto em prática numa ocasião em que ela nem ao menos constava da agenda de alguém.

O problema é que muitos executivos não acreditam na capacidade das pessoas de pensar por si mesmas. Robert Waterman, Jr., afirma isso em *The Renewal Factor*, ao relatar a história de um "executivo da General Motors [que] contou que H. Ross Perot, ao perceber alguma coisa que precisava ser feita na GM, pediu a um executivo que a fizesse. O homem retrucou que aquilo não fazia parte de suas atribuições funcionais. 'Você precisa de uma descrição de suas atribuições funcionais?', perguntou Perot, furioso. 'Pois vou lhe dar uma: use o cérebro.' E o executivo da GM, perplexo, respondeu: 'Já imaginou o caos que se instalaria aqui se todos passassem a usá-lo?'".[28]

Dar treinamento

Quando não se investe em treinamento, perde-se muito tempo. Mesmo que as pessoas saibam que não podem fazer todo o trabalho sozinhas, suas atribuições as mantêm tão ocupadas que não lhes sobra tempo para treinar ninguém, o que cria um círculo vicioso. Ou então elas temem que, ao tirar seus melhores vendedores de campo para dar-lhes mais treinamento, as vendas caiam a curto prazo; e, no final, acabam promovendo-os a gerentes de vendas, mesmo sabendo que eles não receberam treinamento para isso. Ou ainda, embora tenham dado um treinamento inicial para seus empregados, nunca os encaminham para um reforço, ficando desapontadas quando eles não conseguem fazer bem o serviço.

O controle dos níveis de expectativa

Quando os chefes fazem exigências impossíveis, não conseguem resultados satisfatórios. Conheço um executivo que não só pede aos empregados que viajem pelo vôo noturno de Los Angeles a Nova York, atravessando diversos fusos horários, como quer que eles se dirijam para o trabalho diretamente do aeroporto. Se as pessoas dormem pouco mais do que duas horas, como podem ser produtivas no dia seguinte? A pontualidade não as torna mais produtivas.

Quando depressa não é suficientemente rápido

Por outro lado, os executivos que têm baixos níveis de expectativa conseguem um desempenho fraco dos empregados; estes não se esforçam muito, porque sabem que o chefe os aceitará. Além disso, atitudes como corrigir os erros dos funcionários sem explicar-lhes como eles deveriam ter feito o trabalho, não exigir muito dos subordinados, para evitar confrontos, ou deixar que eles fujam de suas responsabilidades, tudo isso leva à mediocridade.

Como lidar com a pressão

Os executivos precisam aprender a lidar com a pressão a que são submetidos e a perceber em que medida ela pode ser aplicada produtivamente aos seus subordinados. Os chefes que não sabem lidar bem com o *stress* precisam aprender que, se perderem o controle e se enfurecerem, não conseguirão chegar a uma solução, o que seria possível com uma conversa tranqüila; o que é pior, eles criam uma atmosfera de terror, em que os empregados passam horas intermináveis imaginando como devem agir para evitar explosões. Além disso, trabalhar sob pressão nem sempre aumenta a produtividade. *The Journal of Management* relata que alguns especialistas que estudavam "a produtividade dos cientistas e engenheiros da NASA (...) descobriram que ela aumenta proporcionalmente à pressão que eles recebem (prazos encurtados) — até certo ponto. Quando os prazos ficam curtos demais, o desempenho cai. (...) Então, eles sugeriram que a relação total entre a extensão do prazo e o desempenho pode ser representada com uma figura em formato de U invertido. O desempenho melhora quando os prazos são abreviados; mas, quando a diminuição de prazos é excessiva, a pressão faz reduzir, em vez de aumentar, o desempenho".[29] O artigo também revela que, "à medida que a pressão do prazo aumentava (e o tempo disponível para tomar decisões encurtava), enfatizavam-se as informações negativas sobre o que poderia não dar certo".

Administração do tempo no âmbito pessoal

O norte-americano gasta em média, durante a vida, cinco anos esperando na fila, um ano procurando coisas em casa ou no escritório, três anos comparecendo a reuniões e oito anos abrindo correspondência inútil. — MICHAEL FORTINO [30]

O tempo é curto! Onde foi parar o tempo? O tempo voa! Se pelo menos eu tivesse mais tempo! Todos nós já ouvimos as pessoas se lamentando de que não há tempo suficiente para se fazer tudo o que se quer ou se precisa fazer. Na maioria dos casos, se olharmos para trás, perceberemos que não nos faltava tempo, mas que o empregamos em outra coisa.

Se nós não aprendermos a encarar o tempo como um capital pessoal, investindo-o sabiamente, ele nunca será suficiente — e jamais conseguiremos as recompensas que procuramos. Devido ao ritmo acelerado do mundo de hoje e às exigências que enfrentamos diariamente, se pretendemos realizar negócios específicos e atingir metas pessoais, precisamos aprender a lidar com o tempo (por exemplo, ficar mais organizados, evitar adiamentos, aprender a tomar decisões rapidamente). Para a maioria das pessoas, o problema é a administração do tempo que, como todas as formas de administração, requer disciplina e mudança de hábitos.

Dar valor ao tempo

O primeiro passo para aprender a lidar com o tempo é reconhecer o valor do tempo. A empresa Adia Personnel Services, com sede em Menlo Park, Califórnia, descobriu que os empregados gastam o equivalente a três semanas de férias conversando junto ao bebedouro. Em uma pesquisa nacional com 1.104 diretores de departamento de recursos humanos, descobriu-se que os empregados gastam, em média, provavelmente trinta minutos ou mais [por dia] tagarelando com os colegas.[31] Se os empregados pensassem em quantas vezes são obrigados a ficar até mais tarde na empresa para terminar algum trabalho, porque perderam tempo, passariam a respeitá-lo e a dar mais valor a ele.

A superação de velhos hábitos

A administração do tempo não consiste apenas em poupar tempo, mas também em mudar hábitos pessoais. O seu sucesso vai depender da sua capacidade de manter uma autodisciplina com regularidade. Por exemplo, imagine quantas pessoas fazem regime durante um período, emagrecem e, em seguida, recuperam o mesmo peso de antes; em vez de mudar seu comportamento a longo prazo, elas tentam perder peso tão rapidamente quanto possível, apenas para poder voltar a comer da mesma forma que sempre fizeram. Outro hábito que precisa ser controlado é o de ficar repassando mentalmente acontecimentos do passado ou se preocupar com coisas cuja solução não está ao nosso alcance. Se você puder fazer alguma coisa para melhorar uma situação, faça-a; do contrário, não se preocupe mais com ela. Além disso, as pessoas costumam ficar se queixando muito com os outros, o que não só é um desperdício de tempo como acaba com a energia delas. Não adquira maus hábitos, procure usar seu tempo de maneira mais produtiva e descubra novas formas de conduzir os negócios. Por exemplo, muitas vezes um telefonema de dois minutos é capaz de substituir um relatório detalhado por escrito ou uma caminhada até o andar de baixo para fazer uma pergunta. Saia para almoçar cinco ou dez minutos antes ou depois do horário do *rush* e evite entrar em filas. Confirme com antecedência as visitas marcadas, para evitar que você chegue ao local combinado e descubra que a pessoa com quem ia se encontrar foi obrigada a viajar na última hora.

Aprender a estabelecer prioridades

Como diz Peter Drucker: "É mais importante fazer as coisas certas do que fazer certo as coisas." Algumas pessoas trabalham com empenho naquilo que gostam e que as mantêm ocupadas, mas apresentam pouco resultado. Passam o tempo se locomovendo de uma cidade a outra, comparecendo a reuniões, mesmo que sua presença não seja necessária, fazem listas exageradas do que precisam fazer, mas não determinam quais itens são prioritários ou então deixam de lado os que envolvem maior dificuldade, desprezando tarefas importantes em favor daquelas que podem ser feitas rapidamente. O problema desse comportamento é que ele não traz recompensas.

Em compensação, existem pessoas que focalizam uma coisa de cada vez, objetivando o que é mais importante mas não necessariamente urgente; elas evitam envolver-se com tarefas trabalhosas, pois não querem se aborrecer com minúcias. Para certificar-se de que você "fará as coisas certas, corretamente", determine seus próprios limites, esquematize seu progresso tendo em vista os objetivos a longo prazo, estabelecendo e reestabelecendo prioridades.

Evitar adiamentos

Os adiamentos tornam-se um problema sério quando você acha mais fácil explicar por que um trabalho não foi feito do que fazê-lo; quando você fica o tempo todo preocupado com os motivos que tornarão o trabalho difícil em vez de dedicar-se a ele; quando passa mais tempo se lamentando pelo trabalho que terá de fazer do que executando-o. Na *Baylor Business Review*, Joe Cox e Raymond Read relacionam as razões que levam os funcionários a adiar certas tarefas. A seguir, citamos algumas delas:

> *Medo de fracassar ou de ser rejeitado:* o adiamento permite às pessoas evitar riscos e, ao mesmo tempo, proteger sua auto-estima, (...) se eu nunca começar uma tarefa, não poderei errar. (...) *Baixo conceito de si mesmo ou de sua própria imagem:* muitas pessoas só valorizam a capacidade de trabalhar bem; quando adiamos as coisas, não fazemos nenhum esforço para realizar bem uma atividade; portanto, o amor-próprio não corre risco. (...) A *síndrome de Peter Pan*: um comportamento infantil, em que não se assumem responsabilidades nem se admite a necessidade de fazer tarefas desagradáveis. (...) As pessoas sempre esperam que um colega acabe fazendo-as. (...) *Querer que as coisas aconteçam* (...) se você adiar por bastante tempo, aquilo não precisará mais ser feito. (...) *Perfeccionismo:* essa é a atitude não-realista segundo a qual, se uma pessoa não for capaz de fazer um trabalho perfeito, nem deverá começá-lo. (...) *Incapacidade de dizer "não":* quando a sua agenda fica sobrecarregada, algumas coisas deixarão de ser feitas. (...) *Dose extra de adrenalina:* algumas pessoas gostam de fazer tudo na última hora, quando o prazo já está expirando. (...) *Medo do sucesso:* alguns funcionários adiam as coisas porque têm medo de que, se tive-

rem sucesso, serão obrigados a ser sempre bem-sucedidos e a vencer; como não querem se submeter a esse tipo de pressão, eles evitam realizar as tarefas. *Falta de habilidade:* falta de preparo ou de capacidade para lidar adequadamente com um serviço. (...) *Tomada de decisão:* a dificuldade que algumas pessoas têm quando tentam tomar decisões difíceis faz com que elas simplesmente deixem de fazê-lo. (...) *Muito pouco para fazer:* o funcionário aceita a monotonia e a inatividade como um estilo de vida. (...) *Resistência à autoridade:* o adiamento pode ser um meio de expressar hostilidade ou raiva a um funcionário superior ou a uma empresa.[32]

Geralmente, todo mundo adia alguma coisa, em algum momento, mas o problema só aparece quando o adiamento torna-se um estilo de vida. Para ser bem-sucedido, você precisa encontrar meios para quebrar os padrões, escolhendo objetivos específicos. Se começar dando pequenos passos, o trabalho se tornará menos assustador, e você ganhará mais confiança para deixar de adiar para amanhã o que pode ser feito hoje.

Passar a ser organizado

Um dos motivos pelos quais as pessoas têm um rendimento menor do que o esperado é o fato de serem desorganizadas. Elas não planejam, passam o tempo correndo para contornar as crises e não conseguem encontrar as coisas quando precisam delas. Segundo um artigo no *Today's Office*, "os executivos e os funcionários do escritório passam, geralmente, 25 a 40% do seu tempo procurando uma informação que se extraviou ou foi mal arquivada".[33]

Infelizmente, todos os que tentam convencer as pessoas a se organizar melhor esbarram num preconceito — de que ser organizado implica ter um comportamento que exclui a criatividade e a inovação. Elas só conseguirão superar esse preconceito quando perceberem que, sendo organizadas, pouparão tempo para pensar e criar.

Controlar a informação

Há quanto tempo você não faz uma limpeza em seus arquivos? A maioria das pessoas não gosta de mexer com coisas velhas que se acumularam. Se você nunca se livrar das informações supérfluas, nem cancelar assinaturas de publicações que não lê mais, nem pedir para que seu nome seja retirado de algumas malas diretas, logo não terá espaço para guardar tudo e acabará se perdendo em meio a tanta correspondência.

Existem três fontes de informação que devem ser examinadas: informações sobre as operações cotidianas, leituras de caráter geral e informações variadas. Para controlá-las, é preciso revisar periodicamente todo material informativo que você receber, para verificar se ele ainda atende às suas necessidades, organizá-lo de forma a ser localizado com facilidade, decidir se ele tem importância (por exemplo, para fins legais) e se deve ser passado para outros funcionários da empresa.

Tempo para planejar

O planejamento para o futuro ajuda a poupar tempo e, portanto, dinheiro. Ele permite a você consolidar atividades e também evita aborrecimentos. Em vez de fazer várias viagens para abastecer seu escritório, avise a todos que fará uma viagem a cada quinze dias ou então uma vez por mês; não se sinta obrigado a ir todas as noites a uma loja de conveniências para repor algum material que está faltando; faça uma lista das coisas que estão acabando e procure comprá-las todas de uma vez só. Se você não conseguir planejar sua vida, sempre terá problemas e aborrecimentos, sobrando-lhe pouco tempo e energia para cultivar relacionamentos, motivar os empregados ou supervisionar o trabalho deles.

Evitar distrações

"Você tem um minutinho? Eu tive uma idéia incrível!" "Preciso entregar esse projeto dentro de meia hora. Você pode dar uma espiadinha nele?" "O que é que você achou do jogo de ontem?" "Telefonarei quando tiver uma dica de investimento realmente boa, certo?" Esses são exemplos de distrações que as pessoas enfrentam todos os dias.

Lembre-se de que você tem escolha: pode deixar que os vendedores entrem sem ser anunciados; pode permitir que os outros controlem seu tempo, uma vez que você abandona tudo o que está fazendo quando eles pedem sua ajuda; pode ser distraído por aqueles que não valorizam o próprio tempo e roubam o seu; ou pode trabalhar com afinco e concentrar-se em prioridades que o ajudarão a alcançar seus objetivos.

Aproveitar os pequenos intervalos

Tão importante quanto lidar com espaços de tempo longos é saber usar os pequenos intervalos entre eles. Quantas vezes você já teve de esperar 10 minutos para uma reunião, 15 pelo dentista, 20 por um convidado para o almoço, 30 porque o vôo atrasou ou 45 para a substituição de trem? Se você somar todos esses períodos, perceberá quanto tempo você desperdiça.

Faça um esforço consciente para investir seus minutos com sabedoria. Por exemplo, leve sempre com você algum material de leitura, um bloco para esboçar um discurso que você foi convidado a fazer, ou papel de carta para escrever para a família e os amigos. Se usar o tempo que as pessoas geralmente desperdiçam, você terá condições de fazer mais coisas — e gastará menos tempo e energia enfurecendo-se com os contratempos que nem sempre podem ser evitados.

Usar a tecnologia para poupar tempo

Descubra como a tecnologia pode ajudá-lo a ser mais produtivo e, então, use-a. Descubra quais são os recursos do novo *software* do computador para tornar mais ágeis suas atividades; ligue a secretária eletrônica quando estiver ocupado com um trabalho e lembre-se de que é melhor usá-la do que brincar de esconde-esconde com as pessoas.

Conclusão

As pessoas estão sempre olhando para o relógio, mas na verdade não o vêem. [Elas estão] ocupadas demais, lamentando o passado ou se preocupando com o futuro. Assim, perdem a beleza das pequenas coisas do presente e, antes que percebam, as estações mudaram, as crianças cresceram e a vida está no fim. E então elas me culpam [o pai-tempo]. "O tempo passa muito rápido", dizem elas. Mas eu estou aqui, agora. — PAUL HELLMAN[34]

Não pense em administrar seu tempo apenas para atingir o topo da carreira e ser eficiente nos negócios. Isso afetará também sua vida pessoal, permitindo-lhe intensificar suas relações familiares, melhorar seu desempenho físico, dedicar-se a atividades culturais e passatempos, cultivar seu lado espiritual e contribuir para a comunidade. Em vez de viver numa rotina ao mesmo tempo monótona e estafante, reserve um tempo para sentir o perfume das rosas.

Na revista *Fortune*, Walter Kiechel III afirmou que "existe uma coisa que o maníaco por trabalho esqueceu e que as pessoas que querem aprender a administrar seu tempo precisam ter sempre em mente: o que se poderia fazer fora do escritório? As possibilidades são infinitas: caminhar ao ar livre em dias de sol ou de chuva, observando a mudança das estações; observar as crianças crescerem e talvez até mesmo ajudá-las nesse processo; conversar à luz de velas, quem sabe numa ceia, com pessoas interessantes, incluindo nessa categoria a esposa ou o marido; estar pronto para consolar um amigo em dificuldade, uma criança ou um parente idoso. Se você em geral prefere o trabalho a qualquer dessas alternativas, então tem realmente um problema de administração de tempo".[35] Costumo dizer às pessoas que elas devem procurar aprender com os menos afortunados: aqueles que talvez só tenham um ano de vida pela frente. Quais são as prioridades deles e que lição eles podem lhe dar? Imagine que você está no fim da vida. O que você faria de maneira diferente, se tivesse oportunidade para isso? Talvez seja tempo de começar a trabalhar nisso agora!

8

Associação — a entrada na era da cooperação

Construir uma empresa flexível

Ao refletir sobre os "velhos tempos" – nada além de cinco ou seis anos atrás –, um fornecedor da área de Chicago (...) lembrou-se com ironia de como um de seus maiores clientes costumava tratar os fornecedores. A estratégia era: "Ponha-os em fila e surre-os – até que eles cheguem a um ponto em que não possam mais ganhar dinheiro. Aí, então, você conseguiu o melhor preço."

JOHN SHERIDAN
Industry Week[1]

No ambiente de competitividade em que vivemos, as empresas, para completar seus recursos internos, estão cada vez mais recorrendo aos recursos externos. Isso permite que elas concentrem o que já possuem nas áreas vitais, tenham acesso a especializações que seus empregados não têm ou contem com um pessoal extra durante os períodos de pico, tomem conhecimento de pontos de vista objetivos de pessoas que têm experiência com vários tipos de cliente, sejam alertadas sobre novas tendências que podem afetar seus negócios. Esses arranjos assumem muitas formas, desde alianças para a obtenção de recursos até consultores externos (como agências de propaganda e firmas de relações públicas), contratos com terceiros e pessoal autônomo.

Para aperfeiçoar qualquer forma de associação, você precisa aprender a estabelecer vínculos fortes e construir relações duradouras com seus parceiros. Para isso, é fundamental ter em vista que contratos formais não garantem o sucesso de uma parceria; as pessoas é que o fazem. Por esse motivo, procure pessoas que sejam capazes de criar uma base em que haja confiança, fidelidade e comprometimento.

Quando você estiver lidando com relacionamentos, lembre-se de que cada indivíduo é único e deve receber um tratamento especial. Não existem regras para fazer isso, mas certos comportamentos têm de ser evitados. Por exemplo, as associações não dão certo quando um dos parceiros é mantido na ignorância; se um membro do grupo não estiver a par de toda a situação, o resultado pode ser o fracasso da aliança. Não há possibilidade de sucesso quando um dos parceiros quer levar vantagem sobre o outro; ou se um dos sócios descobre que existem motivos egoístas por parte do outro. Uma parceria não pode vingar quando envolve um bode expiatório, como, por exemplo, no caso de um sócio exigir que os outros executem um serviço de uma determinada forma e depois culpá-los se a operação não der certo.

A regra básica é que, se você se associar a uma pequena empresa para ter acesso a novos produtos e serviços, se desenvolver ajustes para aumentar sua capacidade de distribuição, contratar uma agência para criar uma campanha promocional ou arranjar um *free-lancer* para ajudar a escrever um discurso para um executivo sênior, o produto final dessas parcerias dependerá do quanto você investir nelas. Uma associação será bem-sucedida se a tradicional mentalidade "nós contra eles" for substituída por uma nova: "nós", que permite a todos os envolvidos crescer e realizar plenamente seu potencial.

Antigamente, a sabedoria convencional dizia que um grande número de vendedores aumenta a competição e melhora o desempenho, que jogar um fornecedor contra o outro era um bom negócio. Hoje, entretanto, a tendência é o oposto. Um artigo em *The Wall Street Journal* explica que

> as companhias, em todo o país, estão diminuindo em cerca de 90% o número de seus fornecedores. (...) Elas exigem dos fornecedores remanescentes serviços mais categorizados e produtos de qualidade. E estão dispostas a apostar na teoria de que, se fizerem as coisas de maneira certa logo no início, tudo sairá mais barato. (...) O que dá impulso para muitas mudanças é a competição japonesa. Uma década atrás, os executivos das grandes corporações e os gurus da economia observaram que as companhias japonesas geralmente tinham apenas umas poucas centenas de fornecedores diretos, enquanto as empresas correspondentes nos EUA tinham milhares. E os japoneses tendiam a ter relacionamentos mais próximos e mais duradouros com as empresas fornecedoras, muitas vezes sendo proprietários de parte delas.[2]

Um outro artigo no *The Wall Street Journal* aponta que "a competição é um meio de aumentar a eficiência de vendedores externos, mas muitos advogados internos das empresas estão diminuindo a lista das firmas de advocacia com que trabalham. Existe um consenso geral de que é possível conseguir melhor qualidade com despesas menores quando o relacionamento se restringe a poucos escritórios de advocacia".[3] A experiência demonstrou a eles que o único modo de se estabelecer um relacionamento duradouro é começá-lo com

Associação – a entrada na era da cooperação

intenções honestas, comprometer-se e empregar tempo e esforços para construir ligações sólidas com poucos grupos selecionados.

Jack Welch, da General Electric, explica isso melhor no relatório anual da GE, de 1989:

> Nosso sonho para os anos 90 é uma companhia sem fronteiras, uma empresa em que não haja mais paredes que nos separem, internamente, uns dos outros e, externamente, de nossos grupos constituintes. (...) Uma companhia sem fronteiras derrubará seus muros externos (...), aproximando-se dos fornecedores para torná-los parte de um processo único, em que uniremos as mãos e o intelecto visando a um objetivo comum – satisfazer os clientes.

Welch não é o único líder que está sentindo a necessidade de parcerias fortes. Um artigo na *Small Business Reports* observa que

> à medida que avançamos nos anos 90, não basta ser grande e multinacional, com as vantagens em custos, financiamentos, distribuição e serviços que as grandes companhias têm. Nem basta ser pequeno e empreendedor, com as vantagens da renovação e da resposta rápida ao cliente. Nossas organizações, tanto as grandes quanto as pequenas, deverão entrelaçar-se (...) para ser bem-sucedidas. Quais são as vantagens de se formar uma rede? "É como ter um lutador que consegue se movimentar como um peso-pena e lutar como um peso-pesado", diz um diretor da IBM. As redes de empresas poderão levar ao mercado tanto a economia de fabricação em grande escala quanto a presteza no atendimento ao cliente – como um encouraçado rodeado de lanchas de combate, com poder de fogo e rapidez de ataque.[4]

Quais são as causas do fracasso do relacionamento?

De acordo com a Associação das Agências de Propaganda, a relação entre uma agência e um cliente dura, em média, 7,2 anos. Mas, ao mesmo tempo:

> A Unilever teve uma ligação ininterrupta com a J. Walter Thompson Co. por 85 anos. A AT&T trabalhou com a NW Ayer por oitenta anos, sem contrato por escrito durante os primeiros 75. A Sunkist Growers, a primeira cooperativa de supermercados que levou a marca registrada aos departamentos de produtos de mercearia, esteve com a Foote, Cone & Belding (e sua sucessora, Lord & Thomas) durante um espaço de tempo semelhante, oito décadas. (...) A *Advertising Age* estima em sessenta o número de relacionamentos entre anunciantes e agências, nos Estados Unidos, que duraram mais de trinta anos.[5]

Evidentemente, há alguns relacionamentos que duram. A diferença entre um relacionamento que dura, em média, 7,2 anos e outro que resiste a mais de trinta anos soa um pouco como a dicotomia entre casais celebrando as bodas de ouro e o fato desagradável de que um em cada dois casamentos acaba em divórcio.

A pergunta é: o que você pode fazer para garantir que o seu relacionamento chegue às bodas de ouro? Para descobrir o que faz os relacionamentos terem sucesso é preciso saber as causas do seu fracasso. Quando você compreende por que alguma coisa não deu certo, da próxima vez em que for tentá-la estará em melhor posição para agir da maneira adequada.

As relações fracassam por muitas razões. Algumas, bastante importantes, são:

- *Falta de comprometimento.* Os parceiros não estão igualmente comprometidos com o empreendimento ou com o estabelecimento de um relacionamento duradouro. O resultado é que um dos sócios se ressente por estar trabalhando mais ou empenhando maiores esforços e tendo pouco retorno.

- *Diferenças culturais.* O desacerto origina-se da incapacidade dos parceiros, principalmente organizações, de adaptar seus estilos de trabalho para se ajustar a uma outra mentalidade. Por exemplo, uma firma empreiteira que prospera graças à sua flexibilidade pode ter problemas se for trabalhar com uma organização em que são necessários diversos estágios de aprovação antes que as decisões sejam tomadas.

- *Administração inoperante.* Quando não se valoriza a relação, não fazendo os investimentos necessários para que ela cresça. A menos que a administração incentive esses relacionamentos, eles não frutificarão.

- *Comunicação deficiente.* Há limites na transferência de informações. A menos que haja uma comunicação aberta e honesta, as razões que norteiam as decisões podem não ser entendidas, causando erros, redundâncias e mal-entendidos.

- *Fracasso das relações pessoais.* As pessoas responsáveis pelo relacionamento pecam por falta de habilidade ou entrosamento.

Esses problemas são potencialmente tão prejudiciais que merecem uma análise posterior. Nenhum deles pode ser curado aplicando-se um Band-Aid; o dano subjacente precisa ser tratado de forma adequada, para que os ferimentos cicatrizem e não deixem marcas profundas no relacionamento.

O nível de comprometimento

Diante do desafio e da emoção de cortejar um novo cliente, às vezes, muitas promessas são feitas sem que possam ser cumpridas. Essa armadilha ocorre quando as pessoas perseguem um novo negócio com tal voracidade que prometem aos clientes em potencial muito mais do que realmente podem entregar. Então, mesmo que ninguém os obrigue a fazer concessões, tornam-se

Associação – a entrada na era da cooperação   **159**

briguentos, acusando os novos parceiros de querer levar vantagem sobre eles. Esse sentimento é semelhante ao que as pessoas têm num leilão, quando percebem que pagaram demais por um objeto, levados pela excitação do momento.

Para evitar esses problemas, assegure-se de que ambas as partes recebam benefícios iguais do relacionamento, sejam eles na forma de lucros, maior penetração no mercado numa área nova ou o prestígio de trabalhar com um cliente especial. Uma das perguntas mais importantes que você deve fazer a si mesmo é: qual será o grau de importância de seus negócios para a outra organização? Ao buscar o parceiro certo, não procure somente entre as empresas famosas, experientes ou líderes em seu ramo — senão você acabará sendo, financeiramente, uma gota num oceano. Ao escolher sócios para uma aliança estratégica, pergunte a si mesmo se a união será prioritária para eles; se ela se tornará o esteio dos negócios de seus parceiros. Dada a relativa importância que eles dão à sua participação, você terá condições reais de avaliar o tempo e a atenção que eles devotarão ao relacionamento entre vocês.

As parcerias tornam-se problemáticas quando um dos sócios deixa de prestar atenção ao outro depois que a relação já está em andamento. Muitas vezes, é uma ironia pensar em quanto você lutou para garantir a parceria, deixando-a fracassar mais tarde, por achar que ela já era estável. Ninguém se esquece dos grandes gestos, mas as relações se fortalecem com as pequenas ações praticadas no dia-a-dia: agradecer pela ajuda prestada; lidar adequadamente com as expectativas; oferecer ajuda quando você puder ser útil; ou estar presente quando você for mais necessário.

Ao deixar de alimentar conscientemente os relacionamentos, talvez você não perceba os sinais de uma lenta deterioração. Por exemplo, a velocidade de crescimento de um fornecedor pode diminuir, gerando dúvidas sobre sua capacidade de manter o mesmo nível de serviço que vinha prestando. Ou alguns parceiros são tão bem-sucedidos e crescem tão rapidamente que julgam ter superado os próprios sócios. Se ambas as partes tivessem prestado atenção nas pequenas coisas, teriam notado as mudanças e poderiam tentar salvar o relacionamento.

Os relacionamentos também se abalam quando um parceiro se ressente da falta de atenção do outro. Um cliente, ao observar o sucesso conseguido por outros clientes, fica com ciúmes; nessas circunstâncias, algumas explicações e expressões renovadas de comprometimento são úteis. Os conflitos relacionados a produtos também destroem uma parceria, podendo ocorrer quando você tem clientes que competem entre si e um deles se ressente pelo fato de você também estar trabalhando com o concorrente dele. É menos provável que eles tenham essa reação quando estão seguros do seu compromisso com eles.

O comprometimento também é importante quando uma empresa é vítima de publicidade negativa e sua imagem fica abalada. A outra organização pode

160 Capítulo oito

ficar preocupada por estar associada a uma empresa nessa situação, com medo de ser vista pelo público sob as mesmas luzes; mas, se houver um compromisso de longa data entre eles, o parceiro procurará resistir à tensão.

Mentalidade

Outro grande desafio entre parceiros são as diferenças de mentalidade. Por exemplo, numa aliança estratégica, o relacionamento às vezes fica abalado porque as empresas não têm a mesma visão ou não compartilham de objetivos semelhantes para a parceria. Uma organização pode estar interessada em lucros imediatos, mesmo que isso ponha em risco futuros benefícios, enquanto a outra se preocupa mais em construir uma aliança duradoura. A empresa que pretende fazer um investimento a longo prazo ficará desapontada com a falta de visão, o descuido e a abordagem egoísta da outra. Além disso, se as empresas não forem do mesmo tamanho, a organização maior talvez tenha uma filosofia de investimento diferente da adotada pela pequena, que está pretendendo abrir mão dos resultados financeiros imediatos para garantir um crescimento a longo prazo.

A velocidade com que cada companhia toma decisões também pode ser um problema. Por exemplo, se o sucesso de uma pequena empresa é atribuído à sua capacidade de agir rapidamente, é possível que ela tenha problemas ao lidar com uma organização grande e muito burocratizada. Empresas de grande porte tendem a sufocar a característica inovadora das pequenas prestadoras de serviço.

Uma parceria da General Electric, com a Huntsman Chemical, nasceu durante um almoço e, em seguida, ramificou-se em outros projetos entre elas. Glen Hiner, chefe da área de plásticos e implementos da GE, acredita que, sob a antiga mentalidade da GE, caracterizada pelo sistema de administração centralizada, uma aliança desse tipo jamais se desenvolveria: "No momento em que a proposta estivesse sendo avaliada, outra pessoa faria o negócio, passando na nossa frente."[6]

A administração

Os pontos de vista ou o estilo administrativo não devem ser impostos a novas alianças estratégicas. Nessas circunstâncias, deve-se considerar a criação de empresas completamente novas para lidar com a parceria ou indicar uma pessoa — um paladino — que será sensível às necessidades da outra organização e responsável pela parceria.

Outro obstáculo pode surgir quando a administração negligencia sua aceitação pela empresa: "Julgamos o negócio ótimo, mas não conseguimos convencer nossos escritórios disso." Se a parceria é criada em quartéis-generais, sem o apoio e a aceitação dos escritórios locais, pode não vingar. Quando os quartéis-generais são os catalisadores do relacionamento, este só será bem-sucedido se forem desenvolvidas relações em âmbito local.

Associação – a entrada na era da cooperação **161**

Estabelecidas as parcerias, os sócios devem ter consciência tanto de suas responsabilidades quanto de seus direitos. Muitas vezes, um dos sócios pede ao outro para fazer o impossível, e depois lhe pede para reduzir suas contas porque os custos extras acarretados por seus pedidos extraordinários não estão incluídos no orçamento. Um cliente deve estar disposto a pagar pelos serviços recebidos.

Além disso, os parceiros precisam evitar a pechincha. A confiança e a fidelidade são afetadas quando a aprovação de custos é questionada cada vez que eles descobrem um projeto semelhante realizado por um preço mais baixo. Um sócio não pode pedir ao outro para contratar pessoas e depois ameaçá-lo com a entrega do negócio a outro fornecedor, ignorando o compromisso assumido. Por fim, ele também precisa estar atento à mentalidade da empresa associada quando se tratar de uma companhia pequena que não pode esperar 45 dias para receber. Embora as organizações menores possam ter medo de pôr em risco a relação, a sensibilidade às suas características aproxima os parceiros.

Expectativas. É importante que as empresas estabeleçam metas realistas desde o início. Muitas vezes, os parceiros ficam tão envolvidos com o período de lua-de-mel que não acreditam que possa surgir algum grande desafio. Eles ficam tão preocupados com os próprios problemas que falham no cumprimento de posições já assumidas; ou, então, os parceiros subestimam o tempo e o esforço necessários para eles se conhecerem. Quando se estabelecem objetivos inatingíveis desde o princípio, ambos os sócios correm o risco de ficar desapontados – e dão aos negativistas de suas organizações uma oportunidade para criticar a parceria.

Algumas relações fracassam porque os parceiros são incapazes de estabelecer prioridades. Ficam tão emocionados por estar trabalhando juntos que correm em círculos, tentando fazer tudo de uma vez, mas nunca concluem nada; e, quando chega a hora de computar os ganhos, não há pontos positivos no quadro.

Além disso, em vez de pôr todos os ovos numa cesta só, com uma única grande atividade, os parceiros podem diminuir o risco se iniciarem vários projetos de uma vez só. Equilibrar as atividades também é importante, pois assim alguns projetos começam a dar resultado num prazo curto, enquanto outros renderão mais a longo prazo. As pequenas vitórias mantêm o ímpeto. Muitas parcerias fracassam porque a administração perde o interesse ou corta fundos, pois o lucro demora muito a aparecer.

Quando um dos sócios faz suposições irreais, isso pode ameaçar a parceria; por exemplo, ele assume a posição de que, já que é o cliente, tem certos privilégios, inclusive o direito de pedir tudo o que quiser. Ele age como se o dever do fornecedor fosse servir sem discutir. Se os parceiros não se considerarem iguais, o produto final ficará comprometido, pois sócios subservientes não conseguem expressar seus verdadeiros sentimentos a respeito de uma questão ou de problemas que estejam se avolumando.

Conhecimento. Outro fator que prejudica os relacionamentos é a incapacidade de aprender o suficiente sobre uma conta para servi-la adequadamente. Isso ocorre de várias formas. Eles podem não estar familiarizados com o setor, com a empresa do cliente ou com a mentalidade adotada por ele para trabalhar. Às vezes, um sócio pode não ter o conhecimento para executar o trabalho adequadamente; por exemplo, uma agência de propaganda sem as informações necessárias sobre o setor aeronáutico trata dos procedimentos de segurança de vôo numa propaganda. Isso violaria uma "aprovação tácita" do setor, já que suas recomendações não seriam apropriadas. E, ainda que um parceiro tenha o conhecimento adequado para começar, num sistema acelerado um sócio pode passar à frente do outro. Se os executivos não mantêm o pessoal em contínuo desenvolvimento e atualizado com as últimas mudanças, arriscam-se a prejudicar suas parcerias.

A comunicação

Algumas organizações têm certas categorias de funcionários que agem como filtros de informação. Se você não tiver acesso à informação de que precisa para executar eficientemente seu serviço, nunca será capaz de satisfazer seus clientes. Eles, em compensação, ficarão imaginando por que gastaram tanto tempo dando orientações se, no final, o resultado não foi satisfatório. Podem julgar que as pessoas que estão cuidando de seus negócios ou são incapazes ou não ouvem. Mas não compreendem que passar informações de segunda ou terceira mão, de quem não tem pleno conhecimento da situação, não é muito útil para quem for realizar a tarefa.

Em outros casos, retém-se a informação, consciente ou inconscientemente. Quando dois grupos têm diferentes quadros de referência, são levados a fazer suposições diferentes, tomando atitudes que os outros desaprovam.

Finalmente, as pessoas são obrigadas a ser discretas nos relacionamentos. Se os parceiros tiverem conhecimento de informações privilegiadas, como novos projetos de produtos ou planos estratégicos, têm a obrigação de manter sigilo sobre elas, do contrário poderão prejudicar a parceria.

Relacionamentos pessoais

Mudanças no pessoal da empresa precisam ser feitas com muito cuidado, porque as parcerias crescem por meio das relações pessoais. Se um cliente aderiu à parceria por confiar em determinada pessoa, é vital conseguir um substituto à altura, no caso de essa pessoa sair da empresa. Todas as vezes que você perde a continuidade, pelo fato de o funcionário que estava lidando com a parceria ser demitido ou se afastar da empresa, você perde não só o conhecimento que ele acumulou durante anos, mas também a relação que ele havia estabelecido com o cliente. Esse tipo de problema pode ser amenizado, nos casos de promoção ou demissão, se a pessoa continuar mantendo contato com sua empresa.

Numa parceria, também podem ocorrer conflitos de personalidade entre as pessoas. Quando surgem os problemas, é do interesse de todos que eles sejam resolvidos, mas algumas vezes isso é feito de maneira insatisfatória, e, nesses casos, como último recurso, alguém deve ser substituído. Evidentemente, isso é mais fácil de fazer numa organização grande, que tem uma estrutura forte e profunda, do que numa empresa menor, em que as opções serão limitadas.

Outro desafio apresentado por essas mudanças é o tempo necessário para que a nova equipe adquira rapidez — lembre-se de que, se houver alta rotatividade de pessoal, isso terá de ser repetido muitas vezes. Se uma empresa começa a perder negócios ou não cresce tão rapidamente quanto as outras do seu setor, as pessoas podem ficar imaginando se ela será capaz de manter seu pessoal ou se seus serviços começarão a deteriorar-se. Se essa impressão persistir, os clientes procurarão outros para cuidar de seus negócios.

A anatomia dos relacionamentos

O que é um bom relacionamento? Roger Fisher e Scott Brown afirmam em seu livro *Getting Together*:

> Ao entrevistar uma dúzia de funcionários de um banco, recebemos diversas definições de um "bom" relacionamento, tais como: "Um padrão duradouro de realização de negócios"; "Ganhamos muito dinheiro operando com eles"; "Potencial financeiro grande"; "Nosso presidente joga golfe com o presidente do conselho deles"; "Eles pagam suas dívidas; podemos confiar neles"; "Devemos retribuir a eles os favores prestados". (...) Uma empresa de consultoria, por exemplo, não perde de vista seus clientes, levando em consideração a extensão do relacionamento, o montante de dinheiro em jogo, o número de pessoas envolvidas de cada lado e a freqüência e a duração da comunicação. (...) Para alguns, a meta de um bom relacionamento é fazer de conta que está tudo bem: "Temos um relacionamento maravilhoso: concordamos em tudo."[7]

Tudo que foi mencionado constitui a lista de ingredientes de um bom relacionamento. As pessoas que conseguem estabelecer alianças bem-sucedidas trabalham muito para estruturá-las. Uma das condições básicas para se ter sucesso é procurar áreas cujos interesses coincidam, para que as duas organizações possam ter lucro. Por exemplo, se uma empresa tem um excelente produto e a outra uma excelente capacidade de distribuição, o relacionamento oferece a ambas uma ótima oportunidade. Nesse caso, as duas organizações têm interesse no sucesso da aliança.

Para que uma parceria seja bem-sucedida é preciso que ambas as empresas trabalhem para o bem comum, em vez de procurar vantagens isoladamente, porque, nesse caso, ficarão o tempo todo tentando fazer negócios por fora e ambas acabarão perdendo. Além disso, essa situação pode levar uma das empresas a passar na frente da outra, dando margem a ciúme e ressentimentos.

Quando existe um bom relacionamento, todos se esforçam para compreender as necessidades e os desejos dos outros, para então satisfazê-los. Por exemplo, uma agência de propaganda procura um cliente não pelo lucro imediato que o negócio possa oferecer, mas porque ele lhe abre caminho para um novo setor. Por outro lado, o cliente escolhe a agência para ter acesso a um nível de experiência ao qual normalmente não teria.

Para que um relacionamento seja harmonioso, os parceiros devem ter objetivos específicos. Os problemas surgem quando a parceria caminha sem rumo. Por exemplo, se duas empresas decidem fazer uma "espécie de parceria" porque uma admira a outra, é pouco provável que elas consigam realizar alguma coisa significativa. É preciso escolher uma aliança específica — e estabelecer os objetivos — para conseguir bons resultados.

Para que uma associação dê bons frutos, as pessoas envolvidas devem entender-se bem, procurando aumentar o nível de criatividade e apoiar uma à outra nos momentos difíceis. É importante também lembrar que nenhum relacionamento forçado — pessoal ou de negócios — costuma dar certo. As alianças não dão retorno imediato; é necessário investir tempo, dinheiro e esforço a longo prazo, para que elas se desenvolvam e produzam resultados significativos.

Quando começa o relacionamento?

Os relacionamentos começam muito tempo antes de os papéis serem assinados e o trabalho começar. O que dá origem a eles são as impressões causadas durante as conversas preliminares. É a fase do namoro, em que as promessas são feitas e as expectativas se estabelecem. Nunca prometa nada que não possa cumprir e procure não criar expectativas irreais sobre o que se poderá alcançar com a aliança.

Essa fase é necessária para que as idéias se encontrem, sendo muito importante estabelecer expectativas honestas em relação ao parceiro. Embora essa honestidade crie temores sobre a possibilidade de atingir o consenso, isso ocorre quando as duas empresas precisam pensar além de seus objetivos imediatos, tendo em mente o futuro do relacionamento.

Embora o fato de você exagerar quanto à sua capacidade, especialização, recursos ou a quantidade de pessoas envolvidas num projeto possa parecer inofensivo, ao fazer isso você estará dando margem a ressentimentos no início da parceria. Para evitar essa situação, lembre-se de que, embora você se considere muito bom na arte de negociar, o exagero às vezes causa mais ansiedade do que lucro. Ou seja, tudo deve ser esclarecido desde o princípio, como, por exemplo, explicar que, embora os chefes da empresa estejam envolvidos com a evolução do negócio, não estarão ligados às atividades do dia-a-dia.

Associação – a entrada na era da cooperação   **165**

Esse período preliminar deve ser longo o bastante para que você possa decidir se quer uma aliança duradoura ou se o que você está sentindo é apenas uma atração momentânea, o que levaria a uma ruptura. Um relacionamento bem-sucedido envolve mais do que executar satisfatoriamente um serviço ou entregar as mercadorias e os serviços requisitados.

Antes de estabelecer uma relação mais formal, procure entender as necessidades do seu parceiro; informe-se sobre o funcionamento interno da empresa dele, tentando compreender sua visão e prioridades. Você precisa conhecer a estratégia, a mentalidade, o produto, as necessidades do cliente e os motivos que o levaram a decisões anteriores. Você deve ser curioso, conhecer pessoas, seus antecedentes, interesses, experiências e diferenças regionais. E, finalmente, tente descobrir por que as outras parcerias dele foram bem-sucedidas ou fracassaram.

Embora os relacionamentos se baseiem em boas intenções e confiança mútua, certifique-se de que não haverá espaço para disputas posteriores; uma carta de compromisso ou um contrato pode estipular todos os parâmetros do relacionamento, incluindo os acertos financeiros e outras promessas que tenham sido feitas.

Crie um ambiente favorável ao crescimento

Há dois elementos de um relacionamento que precisam ser equilibrados para garantir o sucesso. O primeiro é o conteúdo — os objetivos e as estratégias utilizadas para alcançá-los. O outro é o processo — o modo como essas atividades são realizadas e como as pessoas se relacionam umas com as outras. Muitas vezes, algumas delas superestimam a importância do conteúdo em relação ao processo, o que, evidentemente, é um erro, pois o sucesso de qualquer parceria não pode ser avaliado apenas pelos objetivos alcançados; ele repousa na solidez e na durabilidade do relacionamento estabelecido entre os associados.

Uma das maneiras de tornar um relacionamento duradouro é criar um ambiente de trabalho em que as pessoas sejam bem tratadas, em que a integridade, a sensibilidade, a humildade e a paciência sejam valorizadas e os compromissos sejam cumpridos, mesmo que as circunstâncias em que a promessa foi feita tenham mudado. Num ambiente como esse, as pessoas fazem mais do que lutar pela realização do objetivo comum; elas aprendem uma com a outra e se tratam com dignidade e respeito, mesmo quando há divergências profundas.

A parceria deve ir além dos limites formais do contrato assinado. As pessoas precisam aproveitar a companhia daqueles com quem estão trabalhando e sentir-se livres para expandir-se por mais tempo e com mais empenho do que havia sido planejado originalmente. O ambiente de trabalho deve sugerir que o relacionamento não se estabeleceu apenas com um único propósito, mas também para ser duradouro, o que implica fazer coisas que não reverterão em lucro imediato para a empresa, ou ajudar o parceiro em caminhos

166   *Capítulo oito*

tangenciais ao relacionamento. Afinal, tudo isso será benéfico, pois fortalecerá a relação. Num ambiente sadio, as pessoas sabem que existem bons e maus momentos, mas os retrocessos normais são aceitos e todos estão dispostos a colaborar uns com os outros. Por exemplo:

> Em meados dos anos 70, a Mattel quase faliu. Como não podia pagar a veiculação de propaganda na imprensa e na televisão, a agência que detinha sua conta, a Ogilvy & Mather, tomou uma providência totalmente incomum — negociou esses encargos no lugar do cliente. A O&M tinha pouca esperança de recuperar logo esse dinheiro, mas decidiu assumir o prejuízo, acreditando que o fabricante de brinquedos poderia sanar seus débitos e que, com isso, o relacionamento resistiria.
>
> A decisão mostrou-se acertada: a Mattel está firme no mercado e continua com a Ogilvy & Mather depois de 33 anos.[8]

Trabalho em conjunto

Em toda relação bem-sucedida, metas explícitas e objetivas são estabelecidas e apresentadas a todos os que estão envolvidos para assegurar o sucesso da aliança. Então, essas metas são divulgadas com clareza aos outros integrantes da organização, tornando mais fácil o apoio ao projeto e o trabalho em equipe.

Bill Fox, gerente de uma das divisões da Bell Communications Research, faz uma analogia com o esporte para explicar o conceito de trabalho em equipe:

> Os 10 mil corredores da maratona de Nova York têm um objetivo ou propósito comum. Entretanto, não formam um time. Na verdade, eles estão competindo entre si. Trabalhar em equipe requer interdependência — o trabalho conjunto de um grupo de pessoas que têm o mesmo objetivo. Mais especificamente, a única maneira de os corredores atingirem seu objetivo é pelo esforço competitivo. (...) Fazendo mais uma vez analogia com o esporte, Fox cita uma equipe de corrida com revezamento como exemplo de uma equipe de verdade. Todos os integrantes têm um objetivo comum e precisam trabalhar juntos para alcançá-lo.[9]

Em muitas parcerias que fracassam, o trabalho em equipe sucumbe; os executivos seniores envolvidos inicialmente com a relação "desaparecem" assim que o acordo é ajustado, como um treinador que, em vez de comandar um time, diz aos jogadores que cada um dirija a si mesmo. Só que as coisas não funcionam dessa maneira. As alianças não exigem apenas que os grandes executivos se envolvam na administração das duas organizações, mas, também, que construam uma relação igualitária. Infelizmente, as pessoas se atiram direto ao trabalho, pois têm pouca orientação e querem aumentar a produtividade. Lembre-se de que o tempo gasto para conhecer seus parceiros como indivíduos não é perdido; ele ajuda a evitar contratempos ou a perceber as segundas intenções de um sócio. É importante notar que, a longo prazo, as

Associação – a entrada na era da cooperação   **167**

parcerias bem-sucedidas se baseiam nos objetivos realizados, não na solidez das relações pessoais.

Para facilitar o processo do trabalho em conjunto, é importante que haja um líder responsável pelo trabalho com a outra organização. Esses líderes devem atuar como incentivadores ou catalisadores, mas não como os únicos proprietários. Devem dar apoio à parceria entre os funcionários e garantir que os recursos necessários estarão disponíveis. Eles têm de trabalhar para que o relacionamento se estenda a todos os níveis da organização, para que possam receber e dar o apoio e o comprometimento necessários ao sucesso da aliança.

Para resumir, os líderes têm quatro funções básicas:

1. Servir como catalisadores, assegurando-se de que se estabeleçam relações entre vários membros da sua organização e o cliente. Eles devem se preocupar em atrair outras pessoas para o relacionamento em vez de manter um controle rígido sobre o fluxo de informações e fazer tudo sozinhos.

2. Divulgar na empresa histórias sobre os sucessos relacionados à parceria.

3. Verificar se as necessidades do cliente foram atendidas e se os recursos exigidos para atendê-las estão disponíveis.

4. Simplificar o processo de aprovação. Para isso, basta explicar como as decisões são tomadas na sua empresa e apresentar os parceiros aos funcionários da sua organização que possam ajudá-los.

A manutenção do relacionamento

A compreensão

O conhecimento e a compreensão são a base de todos os relacionamentos bem-sucedidos. Para trabalhar em parceria com sucesso, todos precisam manter-se informados e sentir-se em igualdade. No livro *Information Anxiety*, Richard Wurman nos lembra de que:

> Assim que você percebe ou compreende alguma coisa, não consegue mais concebê-la como antes, e perde até a capacidade de identificar-se com aqueles que ainda não têm conhecimento disso. (...) Se ao menos conseguisse se lembrar de como era aquilo anteriormente para você, poderia começar a comunicar-se de maneira a ser entendido com mais rapidez por quem ainda não sabe.[10]

Uma forma de garantir que os dois parceiros tenham a informação de que precisam para assumir suas responsabilidades é manter abertos os canais de comunicação. As informações sobre eventos relevantes, mudanças de política ou na administração devem ser transmitidas a tempo. Também é importante informar aos fornecedores as novas atividades da sua empresa e discuti-las com seus próprios empregados. Ao abrir canais de comunicação, você facilita o trabalho conjunto das pessoas para atingir um objetivo comum.

É interessante criar um novo ambiente, em que as novas idéias sejam incentivadas e as pessoas tenham liberdade para expressar suas opiniões. Além disso, elas precisam se sentir à vontade quando assumem riscos, sabendo que podem errar, responsabilizando-se pelas falhas cometidas e aprendendo com elas. Nessas empresas, o debate é bem-vindo e as perguntas são estimuladas, e não ignoradas ou descartadas sem discussão.

Se você criar um ambiente onde existe apoio, as críticas construtivas serão bem recebidas e não terão caráter negativo. Quando se adota a filosofia certa, todos ouvem os problemas dos outros e fazem sugestões — e ninguém se sente ofendido se não seguirem seus conselhos.

Preparar-se para enfrentar problemas

Mesmo quando a comunicação entre os parceiros é boa, há ocasiões em que as relações entram em crise e surgem os desentendimentos. Esse não é o momento certo para acusações nem para a reavaliação do relacionamento. Para facilitar o trato dessas questões delicadas e das diferenças é aconselhável acertá-las desde o início da parceria, assim esses problemas poderão ser resolvidos logo que aparecerem. Se você partir do princípio de que é normal haver problemas nos relacionamentos, terá mais facilidade de lidar com eles quando surgirem. Porém, lembre-se de que, como Fisher e Brown escreveram:

> O ato de ceder não favorece o bom andamento de uma relação. Pode evitar discussões, mas também elimina a oportunidade de você aprender a dialogar para resolver os problemas ou a exercitar-se para encontrar soluções, o que deixa a relação enfraquecida, incapaz de sobreviver às crises que surgem. Não basta resolver os problemas imediatos; devemos pensar no futuro, no efeito que uma determinada transação terá sobre as que virão a seguir.[11]

As duas empresas têm de se sentir à vontade para discutir as questões delicadas antes que elas se tornem conflitos de grande porte; quando se lida com os problemas de forma adequada, a relação pode até mesmo se fortalecer. O debate deve ser incentivado, assim os problemas virão à tona, em vez de serem varridos para baixo do tapete.

Ao tentar resolver os problemas, nunca force uma situação nem use táticas para pressionar; aja diplomaticamente. Uma atitude de "pegar ou largar", por exemplo, muitas vezes faz com que alguém "pegue" uma pessoa como sócia e a mantenha só até encontrar outra melhor para substituí-la. É impossível manter um relacionamento sólido e duradouro se os parceiros ameaçam abandonar a relação, saem à procura de outro sócio ou, então, se dirigem a um superior, passando por cima do parceiro, toda vez que surge um problema.

Além disso, quando as discussões entram no âmbito pessoal, fica difícil trabalhar em conjunto. Procurar vencer alguém comportando-se como uma

Associação – a entrada na era da cooperação 169

criança que exige que as coisas sejam feitas do seu jeito, corrói o respeito. Jogar nessas situações – ou deixar que o jogo aconteça – é sempre destrutivo. Apesar de essas táticas, algumas vezes, trazerem vitórias imediatas, o preço será o ressentimento. A forma mais adequada de resolver questões pendentes é por meio do debate e da persuasão.

Derrubar os muros

Os clientes e os fornecedores devem estar dispostos a derrubar os muros que separam suas empresas e compartilhar as informações para realizar o trabalho. Quanto mais essas empresas pensarem em si mesmas como uma unidade, mais sucesso terão. A Colgate é um bom exemplo de como isso pode ser feito:

> Todos os empregados americanos das duas agências que operam com os negócios da Colgate, seja qual for o cargo que ocupam, foram incluídos no mesmo fundo de ações do qual participam os empregados da Colgate. Todos os anos, cada pessoa dessas agências é gratificada com o mesmo valor que a Colgate distribui para o seu pessoal. Como acionistas, eles também recebem relatórios parciais e anuais. Somando-se a isso, é entregue a eles um "relatório anual de desempenho da Colgate" para cada agência, que informa sobre a atuação da empresa e sobre o papel exercido pelas agências.[12]

A Colgate encontrou um meio de garantir que todos os empregados das agências com as quais ela trabalha se dediquem à sua conta. Além do mais, as agências sabem que o sucesso dos seus clientes está, sem dúvida, relacionado ao seu próprio sucesso.

A tomada de decisões

Há duas regras essenciais para se tomar uma decisão. A primeira é evitar decisões unilaterais; a segunda é não impô-las ao parceiro.

Inúmeras razões levam as pessoas a violar essas regras. Aqueles que assumem as decisões acham que o que eles resolverem atenderá aos interesses dos parceiros; julgam-se mais qualificados para tomar decisões; ou acreditam que, se não aproveitarem a ocasião, perderão a oportunidade; estão convencidos de que seu sócio concordaria com eles de qualquer maneira; ou de que a decisão é de natureza insignificante; ou estão tão emocionados que mergulham cegamente no assunto, sem parar para pensar.

Lembre-se de que uma decisão unilateral é sempre um erro. Quando um sócio percebe que o outro fez isso, mesmo que seja uma questão sem importância, ele sempre fica em dúvida sobre que outras decisões foram tomadas sem a sua participação. Não importa o grau de empolgação que uma situação possa despertar; se ela for incorporada sem o envolvimento de todos, os benefícios serão menores. Além do mais, independentemente da insignificância da decisão e de quanto o parceiro estiver ocupado, ninguém pode determinar o que é melhor para o outro.

Como lidar com as transições

A continuidade é um ingrediente tão importante nos relacionamentos que as transições de administração, quando uma pessoa sai da empresa, devem ser consideradas prioridade. Se as relações não forem estabelecidas em diversos níveis, a troca de funcionário pode levar ao fim prematuro da parceria. Quando outra pessoa fica encarregada de administrar a associação, o cliente precisa participar do processo de seleção ou, pelo menos, ser informado da mudança antes que ela seja feita. O substituto tem de assumir rapidamente e ficar ciente das nuances das relações antes de assumir o posto, para que o cliente não perca tempo enquanto ele toma conhecimento do seu trabalho.

Há várias coisas que você pode fazer para garantir a continuidade do relacionamento:

- Escolha funcionários que ocupem a mesma posição há muito tempo para supervisionar as relações com a outra empresa.

- Insista para que esses empregados tenham um assessor que seja bem conhecido do cliente e esteja intimamente familiarizado com o relacionamento.

- Estabeleça um período de transição para que as pessoas sejam promovidas ou transferidas para outras posições: assegure-se de que elas permaneçam em contato com o cliente depois que a transição for realizada.

- Certifique-se de que as pessoas que assumirem os novos cargos honrarão todos os compromissos dos antecessores.

Para fazer acontecer

Atualmente, as empresas pequenas não conseguem sobreviver sem alianças fortes para ampliar a capacidade de trabalho de seus empregados em tempo integral. O resultado é uma era de cooperação, que, muitas vezes, traz recompensas inesperadas. Por exemplo, as empresas que atuam em âmbito mundial tentam ampliar as operações de seus parceiros permitindo que eles freqüentem programas internos de treinamento ou ajudando-os a associar-se a outras empresas — para assegurar o desenvolvimento contínuo. O mesmo acontece no nível pessoal, em que a cooperação oferece oportunidades individuais para explorar novas áreas. Mas acordos cooperativos também implicam responsabilidades; por exemplo, os sócios precisam aumentar e expandir sua capacidade para dar suporte aos clientes no presente e no futuro.

Em última análise, o valor de qualquer parceria depende da natureza do relacionamento criado por seus componentes. As boas relações não acontecem por acaso; resultam da associação de pessoas que compartilham uma combinação de atributos pessoais, como honestidade, integridade, respeito, comprometimento, confiança e sinceridade. Elas criam um ambiente que incentiva o desenvolvimento contínuo, o risco assumido, a perspectiva a longo prazo e, é claro, os relacionamentos vitoriosos. Não há dúvida de que, quanto mais visíveis forem essas características, mais resistente será essa parceria.

9

Confie em mim... desconfie de mim

Construir uma empresa confiável

A confiança é o intangível definitivo. Não tem forma nem substância, ainda que dê poder a nossas ações. E sua presença ou ausência pode governar nosso comportamento como se fosse uma força tangível. A crença de que vivemos num mundo razoável e previsível é a pedra fundamental que alicerça a cooperação e também é a base do nosso planejamento e de nossas ações. Você atravessaria uma ponte, mandaria uma carta, contaria um segredo a um amigo ou prestaria um serviço sem ter certeza de que a ponte agüentaria, a carta seria entregue, o amigo manteria sigilo ou você seria pago pelo serviço prestado? Viver sem alguma dose de confiança só nos traz medo, paranóia, ineficiência e até mesmo inércia.

GORDON SHEA[1]

A confiança é o manto que nos envolve, unindo-nos e criando uma sociedade civilizada e organizada a partir do caos e da anarquia. Se não pudermos confiar em nosso marido ou nossa esposa, nos filhos, no chefe ou nos colegas, em padres ou em quem votamos, não teremos nada em que nos basear para construir uma vida estável. A confiança não é uma meta abstrata, teórica ou idealista, fora do nosso alcance. A confiança — ou a falta dela — é inerente a toda ação e afeta tudo o que fazemos. É o ingrediente que alicerça os relacionamentos, mantém os casais unidos, garante o sucesso dos negócios e a estabilidade dos sistemas políticos. Sem confiança, os casamentos fracassam, os eleitores tornam-se apáticos e as organizações ficam em situação difícil. Sem ela, nenhuma empresa consegue alcançar a excelência.

No entanto, a maneira como encaramos o mundo hoje em dia está mudando profundamente, e, como resultado, a confiança não está mais na moda. Poucos adultos conseguem lembrar-se de um mundo sem cinismo, em que "até que a morte nos separe" tinha um significado; hoje, um em cada dois casamentos acaba em divórcio, e muitos deles mantêm-se apenas na aparência. Alguns políticos que, no passado, foram sólidos membros da comunidade estão sendo afastados das campanhas por causa de escândalos e irregularidades em seus mandatos. Muitos empregados que algum dia pensaram em devotar toda a sua vida a uma só empresa viram tantos colegas serem demitidos nas reestruturações ocorridas nos anos 80 que hoje procuram não se envolver emocionalmente com o trabalho. De acordo com uma pesquisa na revista *Industry Week*, "os empregados simplesmente não confiam na administração. Enquanto 87% dos profissionais pesquisados disseram que é 'muito importante' que 'a administração seja honesta, correta e consciente', apenas 39% acreditam que isso aconteça".[2] O *Wall Street Journal* relatou que "mais de 78% dos empregados norte-americanos suspeitam das administrações e desenvolvem uma síndrome de 'nós contra eles' que interfere em seu desempenho".[3]

Essas são as inúmeras mudanças que aconteceram em relação à época em que a palavra de uma pessoa tinha valor, os funcionários trabalhavam numa empresa até se aposentarem, os negócios eram fechados com base na confiança, como revelavam as frases "Conheço seu pai" ou "Já trabalhamos com sua empresa antes". Eram formas de dizer que nós reconhecíamos o seu valor, sabíamos quanto a reputação significava para você e conhecíamos a sua maneira de conduzir os negócios. Os valores antigos resultavam na ampliação dos negócios, no aumento da fidelidade dos clientes, na animação dos empregados, na baixa rotatividade e em maiores margens de lucro.

Esses valores também diminuíam o custo da condução dos negócios, pois empregados que confiam uns nos outros trocam informações, ouvem a opinião dos colegas e estão mais dispostos a aceitar críticas, em vez de adotar imediatamente uma postura de defesa diante de qualquer observação. Eles perdem pouco tempo lidando com a política interna, incentivam a discussão de novas idéias e se ajudam mutuamente para melhorar o desempenho da empresa.

Quando os negócios de uma organização são de âmbito mundial, a confiança precisa ser muito maior; deve estar no âmago de tudo o que é feito. As empresas não podem ser como selvas, onde só sobrevivem aqueles que estiverem mais ajustados, em constante estado de prontidão para a batalha, de forma que possam resistir aos testes diários da vida empresarial. Se as empresas quiserem motivar os funcionários e conseguir que eles sejam fiéis, têm de mudar a maneira de lidar com eles. Em geral, "passamos a vida construindo uma relação de confiança com os amigos e a família; como podemos esperar que os novos empregados sejam produtivos e bem-sucedidos se ficamos apenas meia hora orientando-os? Para confiar na administração, os funcionários precisam saber que ela compartilha com eles os mesmos objetivos básicos (...) e [que] cada um agirá de forma a não prejudicar o outro".[4]

Assim como um alto nível de confiança diminui o atrito entre os empregados, une as pessoas, aumenta a produtividade e estimula o crescimento, a falta de confiança afeta negativamente as relações, inibe as novas idéias e atrapalha o processo de tomada de decisões. Os funcionários que trabalham em empresas caracterizadas por um baixo nível de confiança estão sempre submetidos ao *stress*. Eles ficam o tempo todo tentando se defender, justificando decisões passadas e apontando um culpado para possíveis erros ou procurando bodes expiatórios quando alguma coisa não funciona bem. Isso impede não só a concentração no trabalho como também a livre troca de idéias, que daria margem ao surgimento de soluções inovadoras. A necessidade constante de provar o próprio valor leva as pessoas a procurar ajustes imediatos, em vez de soluções a longo prazo.

Esse ambiente nas empresas também obriga as pessoas a trabalhar com informações incompletas, a adotar as interpretações que pareçam mais favoráveis e a duvidar das sugestões alheias. Como resultado da troca limitada de observações, aliada à rapidez com que tudo se move hoje em dia, os problemas não são esclarecidos e as situações não são analisadas a fundo. Isso faz com que, muitas vezes, as decisões sejam tomadas fora de contexto, baseadas em pontos de vista irreais, que não levam em conta os possíveis riscos.

Além disso, nas organizações caracterizadas por baixo nível de confiança, os empregados têm tanta dificuldade de explorar todas as opções ou de responder criativamente aos problemas que surgem que evitam novos desafios. Com medo de serem advertidos por algum erro ou de serem ridicularizados pelos colegas, eles se afastam de atividades novas que exijam uma postura diferente. A necessidade de se defender constantemente e a desconfiança em relação aos outros cria um quadro restrito de alternativas, em que todos entram num acordo para evitar problemas. A pesquisa, a inovação e a criatividade são temas perigosos nesse tipo de ambiente.[5]

A diminuição da confiança — que implica prejuízo no que diz respeito à fidelidade, à produtividade e ao pensamento inovador — não acontece da noite para o dia. Entretanto, as empresas demoram para perceber os sinais de alerta, pois, durante os períodos de grande efervescência nos negócios, é mais difícil notar esse problema. Quando o crescimento é significativo, as organizações dão promoção aos empregados que atingem determinados objetivos, sem se preocupar com as implicações a longo prazo dos meios que eles usaram para alcançar esses objetivos. Essa mentalidade incentiva os empregados a resolver os problemas com acertos rápidos, seguidos de manobras, para que se efetive a promoção antes que suas atitudes afetem as pessoas ao redor.

Além disso, em períodos de crescimento da empresa, as pessoas se concentram em objetivos a curto prazo; fazem negócios e depois seguem adiante.

Elas não ficam preocupadas por estar levando vantagem sobre o fornecedor, por estar cobrando a mais de um cliente ou prejudicando o empregado, pois sabem que, como logo mudarão de cargo, o problema não será mais de sua responsabilidade. Isso nos desvia das diretrizes que devemos seguir para enfrentar nossos problemas a longo prazo.

Confiança — o ingrediente milagroso

Segundo Gordon Shea, a confiança pode ser descrita como o "ingrediente milagroso na vida de uma empresa — é um lubrificante que reduz o atrito, um adesivo que une partes separadas, um catalisador que facilita a ação. Nenhum substituto — nem ameaças, nem promessas — pode cumprir tão bem esse papel".[6]

Nas empresas, a confiança é como o amor no casamento: une as pessoas e torna-as mais fortes e eficientes. A confiança num relacionamento aumenta a segurança e reduz a inibição e as posturas defensivas, liberando as pessoas para compartilhar sentimentos e sonhos. Quando há confiança, você se sente à vontade para revelar seus temores mais profundos aos colegas, pois sabe que eles o ouvirão com respeito. A confiança permite que você seja autêntico e mantenha seus próprios valores, sem se preocupar com a aceitação. Ela anima as pessoas a ficar mais tempo juntas e a fazer concessões. É uma expressão de fé que dá os empregados a certeza de que os colegas são capazes de executar bem uma tarefa e de que podem contar uns com os outros, se precisarem. A confiança garante às pessoas que as promessas serão cumpridas e que, se isso não acontecer, terá sido por uma boa razão. E, finalmente, ela significa que um relacionamento vai durar, não por ser um bom negócio, mas porque a relação em si é valiosa.

O dilema é que, para confiar, você precisa aceitar o risco que essa atitude implica. Quando entramos em contato com as pessoas, sempre nos arriscamos a errar; mas, se nunca tentarmos, por medo de falhar, não teremos a satisfação de participar de um relacionamento baseado na confiança.

Os parâmetros da confiança

A confiança, geralmente, é definida como a crença na integridade de outra pessoa. Mas é claro que existem diferentes tipos e graus de confiança. Por exemplo: há pessoas em quem você confia o bastante para fazer confidências; outras a quem você sabe que pode entregar a guarda de seus bens; a outras, você tem tranqüilidade para confiar um projeto; e há, ainda, aquelas a quem você entrega sua segurança pessoal. Mesmo dentro dessas categorias, existem níveis de confiança; por exemplo, você se sente à vontade para emprestar dez reais a um amigo, pois sabe que ele vai lhe devolver a quantia, mas talvez se sinta menos inclinado a emprestar 10 mil reais a esse mesmo amigo. E há pessoas em quem você confia numa área e não em outras; por exemplo, você tem certeza de que um mecânico saberá lidar com seu carro novo, mas não o deixaria tomando conta do seu filho pequeno; você confia em sua esposa a ponto de revelar-lhe os seus segredos mais íntimos, porém não voaria num avião pilotado por ela.

É muito importante reconhecer a diferença entre gostar de alguém e confiar nessa pessoa; como salienta Dale E. Zand, em *Information, Organization, and Power*: "Você pode sentir carinho por uma pessoa mas ainda não confiar nela, como na relação de um pai com um filho de 10 anos, em que, apesar de amar a criança, o pai não a deixa dirigir o carro da família. Por outro lado, é possível confiar em alguém sem sentir afeição, como um passageiro que confia no piloto do avião mas não tem nenhuma ligação afetiva com ele."[7]

Ganhar confiança

Se você compreender o que significa confiar, poderá tornar-se uma pessoa confiável e confiante. Na verdade, não há como garantir a confiança, nem você pode ganhá-la da noite para o dia. Ela precisa ser construída com dedicação, alimentada vigorosamente e reforçada de forma constante; ela se estabelece com o tempo, aos poucos, por meio de uma longa série de experiências bem-sucedidas. No início de um relacionamento, seja pessoal ou de negócios, nós agimos com certo comedimento, dando pequenos passos, e observamos quais são as reações a eles. Só então podemos tomar a atitude adequada, retratando-nos, mantendo nosso comportamento ou indo um pouco além de cada vez, até que se estabeleça a confiança.

Embora demore muito tempo para se desenvolver, a confiança pode ser destruída por um único ato; e, uma vez perdida, é muito difícil recuperá-la. Nossas reações à confiança traída não são muito diferentes do nosso comportamento quando ocorre uma morte na família: a dor é profunda e permanece por muito tempo. Só depois que se conquista realmente o perdão, o que envolve um longo e aflitivo processo, é que se recupera a confiança. Mas esse processo é necessário, porque a alternativa a ele, ou seja, a repressão a esses sentimentos, só servirá para prolongar a sensação de trauma durante anos a fio, sem que você saiba por quê. O perdão lhe dá a oportunidade de se desligar do passado e seguir em direção ao futuro.

Quando a confiança começa a diminuir, isso pode ser percebido por alguns indícios. Por exemplo, um amigo seu, que estava sempre disponível quando você precisava dele, começa a responder aos seus telefonemas esporadicamente; sua esposa deixa, pouco a pouco, de lhe fazer confidências; uma empresa passa a se comunicar cada vez menos com seus empregados, fornecendo menos informações ou não as repassando ao pessoal. No caso de corporações, as reações podem ser: temor exagerado, suspeita, faltas ao trabalho, pouca satisfação no trabalho, diminuição do envolvimento e alta rotatividade.

Os empregados resistem a aceitar os riscos, recolhem-se em si mesmos e passam mais tempo justificando previamente suas atitudes do que valorizando a empresa; em vez de realizar um trabalho, eles ficam arquitetando meios de conseguir que ele seja aprovado; e, em vez de fazer o trabalho da melhor forma possível, perdem muito tempo imaginando em que ele poderá afetar a política da empresa. Esses indícios são importantes porque, quanto mais cedo se perceber o declínio da confiança, mais chances haverá de recuperá-la.

Os anéis da confiança

Construir relações de confiança é um processo que pode ser comparado ao ato de acrescentar várias camadas a um cilindro central, uma de cada vez, de forma que cada uma se funda com a anterior antes que outra camada seja acrescentada.

Num mundo em que o tempo é um recurso precioso, em que precisamos nos mover rapidamente, sem parar, para analisar todas as opções, é preciso usar atalhos para encurtar o processo. Por isso, costuma-se examinar freqüentemente a história ou a ficha de uma pessoa ou de uma empresa para saber como reagiremos num relacionamento. O cilindro, o centro do anel, representa o início do relacionamento e conta a história das pessoas envolvidas nele. Geralmente, ao começar um relacionamento, temos certas idéias preconcebidas sobre o outro. A impressão que temos das pessoas se desenvolve a partir dos amigos comuns; das coisas sobre as quais elas conversam em reuniões, em festas e no trajeto para a empresa; e das observações genéricas feitas durante o trabalho. Recebemos informações sobre as empresas das quais compramos ou com quem negociamos por meio de conversas, leituras ou de inúmeras referências que temos a respeito delas.

O primeiro anel em volta do cilindro é feito das características sobre as quais repousa a confiança. São os atributos, como a integridade, a confiabilidade e a sinceridade, que nos permitem estabelecer relacionamentos confiáveis. Uma vez que essas características são demonstradas, elas se integram à ficha pessoal ou da empresa. Quando essas atitudes são repetidas com freqüência, a relação fica mais forte e torna-se a base da próxima fase.

O segundo anel do cilindro, a consistência, nos permite antecipar as ações prováveis. Ele nos dá um certo grau de bem-estar que ajuda a manter o relacionamento, mesmo durante períodos difíceis. O terceiro anel é a fé; quando ela é acrescentada aos outros dois anéis, tudo o que veio antes se fortalece. Esse anel, que não adere aos outros, mas os abrange, é o estágio em que as ações são tão previsíveis que não precisamos ficar pensando conscientemente na relação — a confiança tornou-se parte integrante do relacionamento. No seu auge, as relações imbuídas de confiança são mantidas por uma fé recíproca tão grande que é difícil destruí-las. É o estágio em que as pessoas se permitem ficar totalmente vulneráveis umas às outras.

OS ANÉIS DA CONFIANÇA

O CILINDRO CENTRAL: A HISTÓRIA

O PRIMEIRO ANEL: AS CARACTERÍSTICAS SOBRE AS QUAIS REPOUSA A CONFIANÇA

 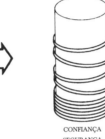 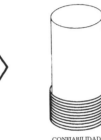

INTEGRIDADE
FAZER A COISA CERTA
FORÇA DA CONVICÇÃO

CONFIANÇA
SEGURANÇA
COMPETÊNCIA
HONESTIDADE

CONFIABILIDADE
SINCERIDADE
COMUNICAÇÃO

O SEGUNDO ANEL: A COERÊNCIA

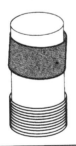 

O TERCEIRO ANEL: DA PREVISIBILIDADE À FÉ

O cilindro central: a história

Muitas vezes, o passado é o melhor indicador do futuro; todos nós procuramos precedentes, achando que eles nos ajudarão a prever o comportamento das pessoas. Queremos saber como alguém agiu no passado ao enfrentar uma situação semelhante. Da última vez que confiei nela, ela foi capaz de guardar segredo? Ele me prometeu que faria a entrega a tempo, mas cumpriu a promessa? Quando emprestei dinheiro a ele, eu o recebi de volta? Ao me vender o produto, ele me atendeu adequadamente? Durante a última crise econômica, como os empregados foram tratados? Da última vez que apresentamos uma idéia para a chefia, quem ficou com o crédito? Quando houve um problema no departamento, a chefia apoiou o seu pessoal, ou procurou um bode expiatório? Quando enfrentamos tempos difíceis, a administração ficou do nosso lado, ou só defendeu a si mesma?

Se a sua organização está tentando ganhar a confiança do mercado, ou se você é um vendedor que quer impor confiança ao cliente, não se esqueça de que esse é um atributo que não se consolida num instante, mas por meio de atitudes repetidas durante um período. E as empresas não são consideradas confiáveis apenas por aquilo que estão fazendo hoje, mas por suas ações passadas. As organizações que consideram mais importante manter relacionamentos duradouros com os clientes do que realizar vendas imediatas sabem que nada é tão essencial quanto atender às expectativas dos clientes durante muito tempo. Elas sabem que a assinatura de um pedido não é o encerramento de uma venda, mas o início da próxima. Não ignoram que, no momento em que a transação é realizada e o consumidor deposita confiança no produto e na empresa, é preciso trabalhar arduamente para mantê-la.

Agir de forma a construir uma história em que a confiança seja a base da organização é uma das maneiras de uma empresa se diferenciar dos concorrentes e de seus produtos. Nos anos 70, por exemplo, a Xerox Corporation divulgou uma campanha com os dizeres: "Não queremos amá-los e depois abandoná-los", sugerindo que seus concorrentes às vezes vendiam as copiadoras e em seguida desapareciam.

As organizações cuja mentalidade é direcionada para a construção de relações longas e confiáveis são gratificadas de várias formas. Em primeiro lugar, pela possibilidade de novos negócios: os clientes fiéis voltam quando precisam de novo daquele produto e até procuram outros itens disponíveis na empresa. E, se confiarem no crescimento da sua empresa, as pessoas podem recompensá-lo fazendo compras maiores ou mesmo assumindo o risco de recomendar o produto à chefia mais graduada. Por fim, as relações de longo prazo levam à satisfação dos clientes, que falarão aos amigos ou colegas sobre os produtos e os serviços excelentes fornecidos por vocês.

Reputação. A forma mais tangível de história é a reputação, que define o provável comportamento de uma pessoa ou de uma empresa diante de um amigo, cliente ou empregado; ela indica como eles vão tratar os outros agora e no futuro. Isso faz com que nos perguntemos, antes de entrar num relacionamento, se a pessoa é respeitada como indivíduo ou se a empresa é tida como boa administradora. É por esse motivo que queremos saber como eles trataram os outros quando havia uma crise financeira ou quando se sentiram pressionados.

Uma reputação impecável reduz o tempo que se leva para estabelecer uma relação de confiança com um novo cliente ou para realizar a venda. Ao reduzir o tempo entre o contato e a venda, uma boa reputação acrescenta uma vantagem competitiva. Referências à empresa ou elogios profissionais a uma pessoa conferem credibilidade e produzem confiança, assim como testemunhos por escrito na forma de cartas ou anúncios. Na verdade, qualquer coisa que reforce a reputação de uma pessoa ou de uma empresa é um atalho para criar confiança.

Mas, assim como a reputação leva anos para se firmar, precisa ser protegida e reforçada todos os dias, ou logo se perderá. Frases como "Ninguém jamais se sentirá lesado ao comprar IBM", "tão bom quanto um Cadillac" e "tão seguro quanto dinheiro no banco" não só reforçam as vendas das empresas a que estão diretamente ligadas como também atraem novos empregados. As pessoas depositam confiança no produto ou na empresa porque outros assim fizeram no passado e nunca se arrependeram.

Portanto, todos devem procurar agir de modo a reforçar sua reputação. Por exemplo, uma empresa cujos negócios se concentram numa comunidade ou uma indústria fortemente consolidada investe capital para proteger sua reputação. Isso dá às pessoas que negociam com ela a certeza de que ela se esforçará para não macular esse atributo.

É sempre necessário evitar impropriedades, pois, no caso de envolvimento com alguma coisa questionável, é preciso esclarecer qualquer dúvida o mais rápido possível. Infelizmente, mesmo que alguém se afaste de uma situação obscura, se correr a notícia de que a pessoa estava envolvida de alguma forma (ou caso não se tenha chegado a uma conclusão), sempre vai pairar uma sombra de dúvida sobre ela.

O primeiro anel: as características sobre as quais repousa a confiança

No início de qualquer relacionamento, as pessoas, consciente ou inconscientemente, examinam as atitudes, e não as palavras, para começar a avaliar a confiabilidade. À medida que o tempo passa, quanto mais essas características — como integridade, honestidade e confiabilidade — são reconhecidas, a confiança se aprofunda e, desde que nada ocorra para mudar essa situação, a parceria se torna mais sólida. Isso se refere a relacionamentos entre indivíduos, entre pessoas e empresas e entre organizações. Um homem e uma mulher confiam um no outro e se casam; o candidato a um emprego aceita a nova posição oferecida por seu futuro empregador; o cliente compra o produto vendido pela empresa; e o fornecedor negocia com o comprador. Os relacionamentos se formam com base nas características apresentadas anteriormente.

Integridade. Existem inúmeras perguntas que lhe vêm à mente quando você avalia a integridade das pessoas. Elas têm uma boa escala de valores? São honestas e não manipuladoras? Dizem a verdade e cumprem suas promessas, mesmo que as circunstâncias tenham mudado desde o momento em que empenharam sua palavra? Evitam até mesmo a aparência de impropriedade, cientes de que a empresa que elas mantêm pode ser um reflexo da sua própria integridade individual? Dão tanta atenção ao espírito da lei quanto à letra da lei?

As mesmas perguntas referem-se às empresas. Elas garantem seus produtos? Os executivos que dizem estar envolvidos com o serviço que oferecem participam realmente da sua execução? Elas pagam as contas em dia? Dão retorno à comunidade ou tentam desviar-se das exigências legais?

Fazer a coisa certa. Ao estabelecer novos relacionamentos, tentamos descobrir se a pessoa ou a empresa faz o que deve por medo de ser flagrada cometendo erros, ou porque acredita no procedimento correto. Os empregados fazem apenas o que é bom para eles dentro da empresa, ou agem no interesse da organização, dos clientes e dos colegas? Eles exageram ao apresentar os produtos, para poder realizar a venda, ou expõem seus benefícios e também os pontos fracos?

Uma boa maneira de você encarar isso é seguir a regra: "Aja com os outros como gostaria que agissem com você." Por exemplo, você pode oferecer alguma coisa a outra pessoa, mesmo que não tenha nada a ganhar no momento, ou prestar um serviço a um cliente, esforçando-se ao máximo para ser gentil, mesmo que não exista a possibilidade de nenhum negócio adicional. Isso, às vezes, implica apontar um problema antes que ele se torne público ou que você seja intimado pelo governo a resolvê-lo, mesmo que isso deixe suas finanças expostas.

Um bom exemplo de como as organizações lidam com uma crise pode ser encontrado no procedimento da Johnson & Johnson quando o Tylenol foi adulterado e na atitude da Exxon depois do vazamento de petróleo do *Valdez*. O credo da Johnson & Johnson é que a empresa se responsabiliza, em primeiro lugar, pela pessoa que usa seus produtos. Assim que foi informada sobre a possibilidade de o Tylenol ter sido adulterado, a empresa fez uma comunicação pública e retirou o produto do mercado; depois desenvolveu uma nova forma de embalá-lo, incluindo rótulos de segurança, tudo a um custo alto. A Exxon, por sua vez, prometeu limpar a área do vazamento e investiu algum dinheiro para reparar um pouco os danos; porém, soube-se mais tarde que, quando as despesas subiram, a direção resolveu, a portas fechadas, diminuir os esforços. No final, a decisão da Exxon de cortar fundos para a limpeza e

Confie em mim... desconfie de mim

deixar que "a natureza" fizesse o resto custou-lhe muito do perdão público que ela havia conseguido com seus esforços iniciais.

As pessoas que sempre querem agir corretamente algumas vezes são obrigadas a enfrentar decisões difíceis. Por exemplo, até que ponto estão dispostas a revelar a um possível cliente seus receios em relação ao próprio produto? É correto não revelar a verdade para proteger outra pessoa? Não existe uma resposta única para essas perguntas; cada um deve ter seus limites e guiar-se por eles.

A força da convicção. Outras perguntas importantes para determinar o mérito da confiança são: até que ponto as pessoas e as empresas com quem você está lidando são conscientes? Elas estão estruturadas em valores sólidos? Defendem as coisas em que acreditam? Ficam amedrontadas na hora de apresentar suas opiniões a uma chefia superior? Sentem-se à vontade para dar notícias ruins quando é necessário?

Basicamente, a força da convicção é determinada pela sua capacidade de defender as coisas em que você acredita; isso pode incluir dizer aos clientes o que eles precisam saber, e não o que gostariam de ouvir — embora a princípio eles possam não concordar ou mesmo acusá-lo de os estar desafiando, acabarão respeitando você por expor sua opinião e por não ser uma pessoa que só diz sim. A força da convicção se manifesta também quando você solicita à empresa os recursos de que necessita para servir seus clientes adequadamente. Ou quando você não vende ou não recomenda produtos ou serviços que não corresponderão aos benefícios esperados, mesmo que você esteja sendo pressionado para aumentar as vendas.

Essa atitude de manter a convicção muitas vezes cria problemas para as pessoas, que se vêem diante do dilema de ter de discernir entre a ocasião de pegar em armas para lutar e o momento em que devem fazer um acordo para chegar a um entendimento. Por outro lado, não é possível confiar em pessoas que cedem facilmente, comprometendo seus ideais. Gerald Zaltman e Christine Moorman estavam com a razão ao escrever no *Journal of Advertising Research* que "o dilema é que, se você sempre se mantiver firme e lutar por seus ideais, será considerado arrogante. Entretanto, se sempre voltar atrás quando algum cliente discordar de suas idéias, será considerado um fraco".[8]

Confiança. É importante determinar se as pessoas com quem você se relaciona estão bem consigo mesmas e se valorizam o suficiente para admitir os próprios erros e fracassos. Pergunte a você mesmo: elas estão sempre certas? Ouvem sugestões? Têm medo de admitir erros? Se causarem problemas, tentarão resolvê-los ou procurarão alguém para culpar?

A confiança pode ficar evidente dentro de uma empresa pelo estilo de administração adotado. Em *Principle-Centered Leadership*, Stephen Covey afirma: "A sinergia resulta de avaliações diferentes, da reunião de várias perspectivas diferentes num espírito de confiança mútua. Ao confundir uniformidade com unidade, mesmice com igualdade, as pessoas criam um clima de insegurança com outras que pensam de maneira semelhante. As pessoas seguras, por sua vez, percebem que, num relacionamento, as diferenças pesam mais que as semelhanças. Elas não só respeitam quem tem pontos de vista diferentes como também os procuram".[9]

Da mesma forma, só quem confia em si mesmo e naqueles que escolheu como companheiros de trabalho pode lidar com a confiança como ela merece. A história relatada a seguir é um bom exemplo de uma pessoa que acredita na prática daquilo que apregoa:

> Para confiar nos outros, em primeiro lugar você precisa confiar em si mesmo o bastante para deixar de lado algumas coisas. (...) "A sensação que tive na primeira vez em que expus a situação das finanças da empresa aos empregados foi equivalente a me atirar ao mar em pleno inverno. Revelei meus segredos mais profundos e fiquei administrativamente despido. Eu já decidira que os benefícios presidenciais que eu recebera — secretárias particulares, vagas reservadas no estacionamento e escritórios privativos — não combinavam com o meu estilo. (De fato, Ben divide seu espaço com outros três membros da administração.) Assim, o que me restava como símbolo do meu cargo era o sigilo da parte financeira — e eu me desfiz dele. (...)" A força produtiva da confiança fez com que Ben Strohecker [fundador e presidente da Harbor Sweets] e seu pessoal adquirissem uma fé mútua. Tanto que, quando um consultor financeiro foi chamado para apresentar as opções de benefícios empregatícios para o líder da companhia, ele sugeriu apresentá-las aos funcionários. O consultor respondeu: "Você está maluco, eles vão querer a Lua." Alguns realmente pediram a Lua, mas os outros derrotaram-nos dizendo: "Em que espécie de lugar você pensa que está? Não queremos ficar fora dos negócios." E apresentaram um pacote de recomendações que era, provavelmente, mais conservador do que aquele que havíamos entregado a eles.[10]

A confiança de Ben Strohecker em seu pessoal chegou a um ponto em que ele pôde abrir mão da autoridade — e sua confiança foi recompensada.

Segurança. Ao decidir se você deposita ou não confiança em alguém, tente descobrir se a pessoa é calma, paciente e racional ou se, emocionalmente, ela tem muitos altos e baixos. Quando os conflitos surgem, ela reage com dedicação e responsabilidade? Ela resolve os problemas e toma decisões racionais ou se deixa levar pela emoção, baseando-se em preferências pessoais, na raiva ou no desejo de vingança?

As empresas podem demonstrar segurança por meio dos balanços, pelo tempo de atividade no setor e por sua tradição como organização voltada para o futuro. Gastar em pesquisa e desenvolvimento e manter-se em posição de destaque por um longo período é um sinal positivo para o mercado. É fácil acreditar que uma companhia com esse perfil continuará a ampliar sua tecnologia, desenvolverá novos produtos e serviços e será capaz de atender às suas necessidades no futuro.

Outros fatores que revelam que as empresas têm segurança são: a baixa rotatividade dos empregados (sinal de que a administração é boa e de que eles estão satisfeitos); o abandono da fabricação de produtos que não atendam às necessidades dos consumidores; ou o nível de comprometimento do produto, demonstrado pelo suporte de vendas e pela qualidade do material empregado.

Competência. A confiança aumenta quando se acredita que uma pessoa é competente. Um alto cargo, o fato de ela ser filiada a uma organização respeitável ou conhecida pelo treinamento intensivo, tudo isso aumenta a confiabilidade das pessoas. Indica que elas têm certa competência, mas não a garante. Os vendedores podem aumentar seu nível de confiança ao demonstrar familiaridade com um produto, capacidade para apontar questões específicas relativas a possíveis problemas, experiência anterior na resolução de problemas semelhantes e um conhecimento profundo do trabalho a ser feito; mas nada é tão útil para estabelecer a confiança como um trabalho bem-feito.

A disposição de uma empresa para confiar nos empregados depende, em parte, da avaliação de sua competência para executar determinadas tarefas. Mas é importante lembrar, como foi dito no Capítulo 2, que os empregados tendem a superar nossas expectativas em relação a eles. Quanto mais confiamos nas pessoas para fazer as coisas corretamente, mais elas ultrapassam o nível de competência esperado.

As organizações que têm programas intensivos de recrutamento e educação atingem níveis mais elevados de confiabilidade. Quando são conhecidas pela política salarial agressiva e pelo sólido treinamento, e não por jogar os empregados na água e ficar observando-os nadar, seu grau de confiança é ampliado. Isso acontece também quando os funcionários sabem que os colegas foram bem treinados, que podem contar com eles, que receberão informações altamente qualificadas e não serão obrigados a resolver os problemas sozinhos.

Honestidade. Até que ponto podemos confiar nas pessoas ou nas empresas? Isso depende muito da nossa concepção de honestidade; em outras palavras, depende do quanto acreditamos na objetividade, na falta de preconceito e na imparcialidade da organização. Os dirigentes são objetivos? Eles demonstram preferências ou favoritismos? Apresentam os dois lados de uma questão, ou apenas aquele que os coloca sob uma luz favorável? Eles têm a mente aberta e estão dispostos a ouvir novas idéias? Dão oportunidade para os funcionários se expressarem, ou já têm opiniões definitivas? Dão o crédito de certas ações aos empregados que o merecem, ou assumem os louros no lugar deles? Criam expectativas razoáveis? Percebem quando um funcionário tentou fazer o melhor e cumprimentam-no por seus esforços, ou o repreendem por um erro eventual? Quando há uma divergência de pontos de vista, eles respeitam a opinião do outro, ou o ofendem, embaraçando-o, repreendendo-o ou humilhando-o diante das outras pessoas?

As empresas demonstram sua honestidade de várias formas. Por exemplo: ao receber uma mercadoria de volta, elas não questionam ou, então, prometem que, se você encontrar a mesma mercadoria por preço inferior, num período de noventa dias, e puder prová-lo, elas pagarão a diferença.

Confiabilidade. Outra qualidade que procuramos numa pessoa ou numa empresa ao nos relacionarmos com ela é a confiabilidade. Assim, costumamos nos fazer as seguintes perguntas: eles são dignos de confiança? Cumprem as promessas que fizeram? Se você pedir alguma coisa, pode ter certeza de que ela será feita? Eles tomam cuidado para não superestimar o que farão? Parecem capazes de honrar um compromisso se alguém pensar que eles fizeram uma promessa, mesmo que não conscientemente? Exageram as vantagens dos produtos para vender ou criam expectativas inatingíveis? Isso talvez demonstre o pouco controle que eles têm sobre as conseqüências de seus atos, mas também sugere que as promessas podem não ser cumpridas. Por exemplo, eles afirmam que o produto será instalado na quinta-feira; que o pessoal especializado chegará em uma hora; que você pode esperar pelo menos 12% de retorno em seu investimento; que, mesmo não tendo ainda a oportunidade de avaliar esse retorno, você terá o mesmo lucro do ano passado; que, se você tomar esse remédio, se sentirá melhor dentro de uma hora; que o aparelho nunca enguiça no primeiro ano.

As empresas demonstram confiabilidade ao deixar claro que seu interesse não é só vender o produto e depois esquecer o cliente; elas podem deixar você mais satisfeito se disserem que o manual do proprietário é muito elucidativo, que o pessoal responsável pela instalação é bem treinado e que as queixas do cliente serão atendidas da maneira mais rápida e adequada.

Uma forma de julgar a confiabilidade é tentar descobrir se a quebra de um compromisso foi intencional. Em *Getting Together*, Roger Fisher e Scott Brown fazem a distinção entre diferentes tipos de insegurança: "As pessoas podem ser pouco confiáveis de diversos modos: sendo erráticas, ambíguas, dissimuladas, mentirosas ou desonestas; ou então considerando melhor suas promessas quando as circunstâncias mudam. (...) Algumas pessoas têm hábitos rígidos e planejam cuidadosamente seus horários, outras são mais espontâneas e gostam de variar; na maioria das vezes, costumamos confiar mais no primeiro tipo que no segundo".[11]

Sinceridade. A sinceridade nos relacionamentos geralmente se estabelece sobre algum nível de confiança já existente. Você se sente à vontade para revelar segredos a pessoas em quem você confia, pois sabe que elas não quebrarão o sigilo nem usarão a informação contra você no futuro. Se elas corresponderem a essa sinceridade como você espera, o grau de confiança, intimidade e honestidade entre vocês aumentará.

Confie em mim... desconfie de mim   **185**

Como Fernando Bartolome ressalta num artigo na *Harvard Business Review*:

É extremamente importante comunicar-se com os subordinados quando surgem notícias desagradáveis. Quanto mais cedo um problema for divulgado, diagnosticado e corrigido, melhor será para a empresa. (...) Numa hierarquia, é natural que as pessoas com menor poder fiquem excessivamente cautelosas em relação a revelar fraquezas, erros e fracassos — sobretudo quando a parte mais poderosa também está em posição de avaliar e punir. (...) Muitas vezes, o motivo do silêncio é, pelo menos superficialmente, louvável: as pessoas se mantêm quietas em relação a um problema enquanto tentam resolvê-lo. Muitos acham que têm de resolver os problemas sozinhos, e, em diversos casos, estão certos; afinal, os subordinados não são pagos para procurar socorro com seus chefes quando têm algum contratempo. Entretanto, à medida que os problemas vão se tornando mais sérios, os executivos precisam ser informados sobre eles.[12]

Não basta ser totalmente sincero e honesto com os empregados. Essa filosofia precisa ser demonstrada aos clientes e fornecedores, tanto por atitudes quanto pela apresentação de prévias de lançamento de futuros produtos, o que permite que as empresas se preparem para isso ou ponham em prática seus programas internos de treinamento.

Reserva. O oposto da sinceridade é a reserva, que tem o efeito contrário. A reserva é um comportamento que se revela quando o topo da administração se mantém isolado em relação aos subordinados, colocando um arame farpado em volta do escritório da chefia, comunicando-se sempre de cima para baixo e se distanciando dos clientes ao esconder-se no alto de uma torre de marfim. As empresas que deliberadamente constroem barreiras entre a administração e os empregados ou clientes nunca manterão relacionamentos baseados na confiança mútua.

Segundo Gordon Shea, o problema é que, "quando uma empresa é reservada, hermeticamente controlada, não delega autoridade e separa rigorosamente a chefia e suas decisões dos empregados e dos executivos de nível mais baixo, não é preciso muita inteligência para reconhecer que a administração não confia na possibilidade de seus subalternos se comportarem como pessoas razoáveis e responsáveis".[13]

É sempre mais interessante para as empresas estar ao lado dos seus empregados, fornecedores e clientes. Aproximar-se dos clientes requer atitudes como envolvê-los no processo de desenvolvimento de um novo produto; pedir a opinião deles a respeito da qualidade do serviço que a sua empresa presta; e demonstrar o comprometimento da organização em relação a eles incluindo a chefia no manejo dos negócios.

Comunicação. No Capítulo 4, analisamos com cuidado a importância da comunicação franca e honesta. Aqui, a comunicação é vista como uma qualidade essencial para que haja um alto grau de confiança nas empresas. A falta de comunicação é particularmente danosa quando certas informações importantes são retidas para se manter o controle e conseguir vantagem pessoal.

Uma organização não é digna de confiança quando os empregados têm de medir e pesar tudo o que ouvem — e não confiam na informação que recebem. Numa empresa caracterizada pela confiança e pela boa comunicação, os empregados não costumam ter dúvidas como estas: será que eu estou sendo bem informado? Será que eles me contariam sobre uma decisão que estivessem tomando se ela pudesse me afetar? Se eles não tiverem a intenção ou a capacidade de levar adiante uma promessa feita a um cliente, será que me informarão com antecedência para que eu possa avisar aos meus clientes? Eles tentariam deturpar intencionalmente o que eu disse? Será que contam a todos a mesma história?

Um executivo demonstra confiança quando se comunica abertamente com os empregados e revela informações não-obrigatórias. Dale E. Zand observa que "um executivo se mostra digno de confiança quando procura o conselho de outros executivos do mesmo nível, dos superiores ou dos subordinados. Ele aumenta sua vulnerabilidade ao permitir que eles influenciem suas decisões: será visto como um líder fraco ou, então, talvez seja induzido ao erro, inadvertida ou deliberadamente. Um executivo demonstra confiança ao delegar responsabilidades, mas fica mais vulnerável quando depende de outras pessoas para analisar um problema, colher uma informação ou tomar uma decisão".[14]

A falta de comunicação sincera ocorre em empresas que se caracterizam pelo baixo nível de confiança, em que os executivos que "não confiam nos outros retêm ou distorcem as informações importantes (...) guardam segredo sobre fatos, ocultam suas idéias e não revelam suas conclusões. Ao esconder alguns sentimentos, [esses executivos] aumentam sua exposição a outros. Como resultado desse comportamento, [esses executivos] fornecem informações incompletas, na hora errada e que não correspondem à realidade".[15] Segundo Zand, o problema é que, "quando os executivos retêm informações importantes, distorcem as intenções ou omitem alternativas, despertam um clima de incerteza entre os funcionários, incutindo-lhes insegurança para resolver os problemas. Num ambiente com essa característica, é provável que os problemas subjacentes não sejam detectados ou que sejam deliberadamente evitados".[16]

No entanto, tudo isso pode ser evitado se a empresa se preocupar em manter uma comunicação adequada com os funcionários. Essa atitude também faz aumentar a confiança dos clientes na organização. Isso acontece, por exemplo, quando eles são informados com antecedência sobre os problemas que surgem, o que permite que eles controlem suas expectativas; quando são apresentados tanto os pontos fracos quanto as qualidades do produto; e quando a concorrência é tratada com objetividade, e não de forma depreciativa.

O quadro integral. Juntas, essas qualidades formam a base sobre a qual se erguem as relações de confiança. Quando elas se tornam parte do registro da trajetória de uma pessoa ou de uma empresa, os relacionamentos tendem a ser mais sólidos e duradouros. É com base nessas características que as pessoas escolhem suas amizades e selecionam as empresas com que vão negociar ou trabalhar.

O segundo anel: a coerência

Quando as empresas já exibiram repetidamente as características menciona-das na seção anterior, a tendência é confiarmos mais nelas. Mas, nesse estágio, não assimilamos a confiança; ela ainda não faz parte da nossa crença. Os relacionamentos que estamos construindo devem resistir ao teste do tempo. Por esse motivo, precisamos conhecer melhor a pessoa ou a empresa, perce-ber padrões de comportamento e avaliar suas atitudes em relação aos outros, as quais deverão se repetir.

Além disso, procuramos padrões que sejam regulares e coerentes, pois, quanto mais previsíveis as pessoas forem, mais nos sentiremos à vontade com elas. Para estabelecer isso, devemos nos perguntar: elas incentivam uma ativi-dade num dia e a proíbem no outro? Têm opiniões inabaláveis num momento e pouco depois mudam de idéia? Às vezes são confiáveis e, em outras oca-siões, irresponsáveis? Têm convicções arraigadas, ou se inclinam para onde o vento soprar? É possível antecipar suas reações a um pedido ou a uma suges-tão? Você sabe se as suas ações serão alvo de elogios ou de críticas? Quando os negócios vão mal, você é pressionado? As atitudes deles são coerentes com suas palavras, ou eles enviam mensagens confusas?

Se você der uma surra numa criança à noite, não pode esperar que, agin-do com ternura na manhã seguinte, conseguirá apagar as lembranças da vés-pera. Se você diz coisas das quais se arrepende mais tarde, como, por exem-plo, ofender uma pessoa em vez de discutir o problema, pedir desculpas não vai resolver o caso. Dar justificativas como "Eu estava muito zangado na oca-sião", "Eu não tive a intenção", "Eu estava preocupado com outros proble-mas" não é o suficiente. Você precisa ser firme em seu comportamento para manter e alimentar relacionamentos de confiança.

As empresas demonstram coerência tratando os clientes e os empregados da mesma forma e dando assistência aos produtos e aos serviços que vendem. Por exemplo, não devem lançar um produto hoje, com alarde, e depois negligenciá-lo; nem investir em negócios e sair rapidamente, o que faz os clien-tes hesitarem em comprar seus produtos, temendo que eles sumam do merca-do em pouco tempo.

Uma empresa também revela ter coerência quando mantém a qualidade de um produto. Uma organização que se diferenciou das concorrentes seguin-do esse caminho foi a McDonald's. Todos sabem que, em qualquer lugar do mundo, seu hambúrguer tem o mesmo sabor.

Nesse ponto, devo fazer uma advertência: para serem bem-sucedidas, as empresas precisam crescer e inovar. Na verdade, é essencial que elas lancem novos e melhores produtos para ficar à frente da coerência, o que, à primeira vista, parece contradizer o princípio da coerência. Em casos como esses, o segredo é a maneira de fazer a transição do produto. O investimento do público num produto não pode ser perdido da noite para o dia; como, aconteceu, por exemplo, com a Sony, que converteu os aparelhos de vídeo do sistema Betamax para o VHS, o que fez com que os clientes perdessem todas as fitas. A Nintendo perdeu grande parte da confiança dos consumidores ao lançar um jogo que exigia um novo tipo de aparelho. Eles deveriam ter criado jogos semelhantes para os aparelhos antigos enquanto os novos eram lançados, ou então oferecer aos clientes a oportunidade de adaptar os já existentes. Depois de um tempo, uma empresa ou uma pessoa ganham credibilidade pela coerência que demonstraram; então, achamos que elas vão se comportar da mesma forma todas as vezes. Nossa confiança aumenta, e esse anel é acrescentado ao anterior, tornando-se parte da história do relacionamento.

O terceiro anel: da previsibilidade à fé

Agora que a coerência foi estabelecida e ligada aos atributos anteriores, passando a fazer parte da história da pessoa ou da empresa, sentimos que somos mais capazes de prever o que elas farão no futuro. Assim, já não precisamos questionar as promessas feitas nem nos preocupar com elas: confiamos na pessoa ou na empresa e nos sentimos bem com essa crença.

O problema é que, quando uma organização ou uma pessoa se compromete com alguma coisa, mesmo que seja mínima, e não consegue cumprir, a margem de segurança criada por nossa crença em sua previsibilidade é destruída. Como Fisher e Brown destacaram: "Se a conduta for imprevisível, podemos pensar que a pessoa não é digna de confiança e, conseqüentemente, questionaremos sua honestidade. Uma vez que a honestidade foi colocada em dúvida, essa preocupação se estenderá a outras áreas. (...) Uma empresa que vem atrasando a entrega dos seus produtos (talvez sem poder evitar isso) descobre que os clientes estão começando a suspeitar da sua eficiência e, às vezes, até da integridade do seu pessoal."[17]

Quando a margem de confiança é abalada, podemos começar a ver como suspeita uma coisa que antes considerávamos previsível. Um pedido não executado pode afetar outras áreas não diretamente relacionadas a ele. Por exemplo, sua empresa anuncia que um novo produto será lançado em maio, e em abril vê-se obrigada a declarar que houve um atraso e que o produto só estará disponível em setembro. Nesse mesmo instante, um vendedor pode estar anotando o pedido de uma pessoa que leu sobre o atraso no lançamento do produto no jornal daquela manhã. A pessoa, então, levanta a questão, querendo saber se os novos pedidos também deixarão a desejar quanto ao cumprimento do prazo de entrega.

Entretanto, não é comum aqueles que têm uma tradição de confiabilidade, coerência e previsibilidade alardearem coisas que não se concretizam ou fazerem promessas que não são cumpridas. Em geral eles ficam tão previsíveis que você deixa de avaliar suas ações, baseado na fé que deposita neles. Essa é uma decisão inconsciente. Esse anel, que é menos definido que os anéis internos, é como uma teia de finos fios dourados que envolve a estrutura com seu brilho.

A fé permite a você ir além dos fatos e ainda sentir-se seguro a respeito do outro. Ela resulta, muitas vezes, da atitude de alguém que, motivado por razões altruístas, cuida mais dos interesses do outro que dos próprios. Ela é o resultado do apoio das pessoas, da empatia, da demonstração de dedicação. Ter fé é saber que uma pessoa jamais tentará ofendê-lo, levar vantagem ou criticá-lo na presença dos outros. É saber que sua empresa lhe dará apoio e proteção, incentivará suas idéias e sempre terá interesse em sua carreira e em sua vida.

A fé se fortalece quando você põe os interesses dos clientes na frente dos seus, não só indo ao encontro das expectativas como superando-as; quando uma empresa se mostra mais interessada em ajudar possíveis clientes a resolver seus problemas do que em vender-lhes produtos adicionais; ou, então, quando você mantém os clientes informados sobre inovações que possam afetar a empresa deles, mesmo que já tenha concluído o trabalho que estava realizando para esses clientes.

Conclusão

A confiança precisa tanto de proteção quanto o ar que respiramos ou a água que bebemos. É facilmente esbanjada e dificilmente recuperada. Segundo Tom Peters, "o essencial para administrar qualquer companhia, seja a IBM ou a Joe and Harry's Grill, é ser capaz de cuidar, ouvir, confiar, respeitar e ter dignidade. Falamos sobre concorrência internacional, qualidade mundial, concorrência em relação à velocidade na prestação de serviços, guinadas rápidas, respostas prontas, inovação e a maneira certa de lidar com essas coisas. Mas, por outro lado, tudo isso deve partir de pessoas interessadas, cuidadosas, comprometidas e que se importam com os outros".[18]

O âmago da questão, como observou Shea, é que "já é tempo de pensar em confiança como um ativo — dinheiro no bolso ou nos cofres da empresa. Podemos perceber a utilidade real desse recurso se encararmos a confiança como um acontecimento milagroso: pode ser acumulada ou consumida, sem necessariamente esgotar nossas reservas — mas quando a perdemos é muito difícil recuperá-la".[19]

10

Siga a sua consciência

Receita para um desempenho exemplar

Este livro começou enfatizando a importância dos fatores intangíveis, como: delegar poderes às pessoas que trabalham com você; criar um ambiente que incentive o risco e desestimule o medo; melhorar o processo de realização de negócios e eliminar o desperdício; promover a educação contínua e o crescimento pessoal e profissional dos empregados; estabelecer uma comunicação sincera e honesta; criar confiança entre os empregados; alimentar as relações a longo prazo com clientes e fornecedores; trabalhar muito para firmar uma reputação impecável; viver de acordo com o que reza a ética dos negócios; e unificar a empresa em torno de um objetivo e de valores compartilhados. Enquanto muitas pessoas acham que esses fatores são cruciais para a concorrência no próximo século, outras os consideram menos importantes.

Intangíveis: difíceis de avaliar, mas vitais para o sucesso

A era industrial nos trouxe produtos como carros, equipamentos agrícolas pesados, geladeiras, máquinas de lavar e computadores — equipamentos que podem ser vistos, tocados e testados. A era da informação, ao contrário, é caracterizada pelos intangíveis — recursos que abrangem o intelecto e a capacidade de reunir, analisar, transmitir e sintetizar informações. De fato, atualmente esses intangíveis formam a base de algumas das organizações mais bem-sucedidas. Segundo um artigo da *The New York Times Magazine*, "o único ativo de fábrica da Microsoft é a imaginação humana".[1]

Como não é possível medir líquidos em metros nem fusão nuclear em galões, você não pode usar as medidas do passado para avaliar a importância de um pessoal que tenha conhecimento, experiência e comprometimento, de um ambiente de trabalho criativo, da percepção aguçada ou da boa reputação. Como disse Tom Peters em *Liberation Management*: "No mundo em que a imaginação é tudo (e 90% do valor de mercado), mesmo uma enorme corporação, avaliada em 1 bilhão de dólares, pode ser reduzida a pó da noite para o dia. Quanto valeria a Microsoft se alguma coisa acontecesse ao seu fundador, Bill Gates? Muitos milhões de dólares a menos do que na véspera."[2]

No entanto, nos Estados Unidos existe uma tendência a acreditar que, se uma coisa não pode ser avaliada, ela não existe. Isso faz lembrar a pergunta do século XVIII: "Se uma árvore cair na floresta mas ninguém estiver lá para ouvir o baque, ela fará barulho?" Ou, dizendo de outro modo: se alguém melhorar o desempenho de uma empresa usando um método que não pode ser avaliado quantitativamente, esse progresso existe?

Você não vai encontrar esses atributos num relatório anual, porque eles são intangíveis e difíceis de quantificar. Mas isso não os torna menos importantes para uma organização. Eles são muito parecidos com as árvores que caem nas florestas. Na era da informação, entretanto, se você não acreditar que houve barulho, talvez seja bom verificar como vai sua audição.

A visão, os valores e as crenças devem ter importância máxima

É hora de iniciar um novo estilo de liderança. Os trabalhadores não reagem bem à microadministração nem quando são tratados como dentes de uma engrenagem. Para aumentar a produtividade dos empregados, as administrações absorveram diversas teorias, técnicas e abordagens que supunham motivar os empregados. Mas todas eram baseadas na premissa fundamental de que o papel da motivação cabe à administração – ou seja, é ela que deve conduzir os empregados a determinados comportamentos ou controlá-los de alguma forma. A chefia pode gratificar os empregados promovendo-os, dando-lhes um aumento ou um tapinha nas costas; pode reprimi-los, discipliná-los ou despedi-los. A administração pode criar normas e procedimentos que garantam a funcionários selecionados autoridade para tomar decisões sobre um limite mínimo. Ou os executivos podem ganhar o respeito dos colegas por sua especialização, integridade pessoal e capacidade de inspirar confiança. Enquanto gratificações, castigos e autoridade estão vinculados à posição que o empregado ocupa, as formas mais eficazes de administrar – respeito, especialização e confiança – são características pessoais adquiridas com o passar do tempo.

Além disso, é possível – na verdade, é preferível – conseguir o comprometimento do empregado por meio da visão de um líder ou das crenças e valores de uma empresa. Como relata uma pesquisa conduzida por James C. Collins e Jerry I. Porras, membros do corpo docente da Stanford Graduate School of Business: "Considere as empresas visionárias que estudamos retroativamente até 1926 – ou no momento em que elas foram relacionadas pela primeira vez – e imagine que você tem uma chance de comprar ações de algo chamado 'Empresas Visionárias S.A.': essas empresas estiveram no topo do mercado 55 vezes!"[3] Os líderes bem-sucedidos sabem que as técnicas motivacionais de hoje só satisfazem os empregados pelo tempo suficiente para atingir metas a curto prazo. Se você complementar essas técnicas fazendo os funcionários acreditarem nos objetivos da sua empresa e enfatizando a importância da contribuição deles, conseguirá que eles se envolvam e estejam sempre motivados.

As empresas devem ajustar as necessidades individuais aos valores corporativos

Para os empregados do futuro, fazer parte de uma empresa especial e tornar o mundo diferente são coisas muito mais importantes do que as recompensas esperadas pela geração anterior. O *The Wall Street Journal* observou que, "num estudo recente dirigido para a Hilton Hotels Corp., 50% das 1.010 pessoas consultadas disseram que sacrificariam um dia de salário em troca de um dia de folga extra por semana. E, quando lhe pediram que escolhessem oito metas para o futuro, 77% disseram que passar o tempo com a família e os amigos era uma prioridade, enquanto 61% mencionaram ganhar dinheiro e apenas 29% enfatizaram a vontade de gastar dinheiro adquirindo bens materiais. Além disso, 74% dos entrevistados disseram que gostariam de melhorar intelectual, emocional ou fisicamente".[4]

A nova estirpe de empregados quer trabalhar para uma empresa da qual possa se orgulhar por sua contribuição para a sociedade; uma organização que tenha valores e pontos de vista compatíveis com sua maneira de ser; que seja orientada para o longo prazo, trabalhando na prevenção das doenças, e não tratando apenas dos sintomas; que cuide da parte moral e ética e trabalhe no melhor interesse de seus clientes; que não domine a vida dos empregados, proporcionando-lhes tempo para conviver com a família; e que se preocupe com o impacto que exerce no meio ambiente. Os funcionários querem isso porque sabem que uma organização desse tipo também se preocupará com eles.

Qual é o impacto dessa filosofia? O que acontece quando você realmente gosta do que faz? Quando você acredita de verdade numa causa e se preocupa mesmo com isso? E ao sentir-se parte de uma empresa especial que está fazendo algo de bom para as pessoas? E quando você sabe que todos os seus esforços não serão esquecidos? Você fica apaixonado por aquilo que está fazendo, não vê a hora de sair da cama e ir trabalhar e sente-se bem com o sucesso de outras pessoas. Isso cria uma fagulha, uma emoção e uma energia que são contagiosas. Os empregados ficam tão envolvidos que, quando os amigos falam com eles, seus pensamentos se voltam para o serviço; eles acabam trabalhando no fim de semana, para dar prosseguimento às suas idéias, e, sem dúvida, lutam sem descanso pelas causas em que acreditam — não porque elas atendem aos seus interesses, mas porque são boas. Esse tipo de envolvimento já existe em algumas organizações, e são elas que estão vencendo a concorrência.

Quando há uma crise, as empresas podem contar com os empregados, que se dedicam intensamente ao trabalho. No momento em que surge a necessidade de sacrifícios, todos querem ser voluntários. Se a chefia precisa de alguma coisa extra, os empregados se colocam à disposição para ajudar, não precisam ser persuadidos nem ameaçados, e certamente não precisam ser subornados — basta pedir-lhes.

Ser tudo para todos é a receita certa para a mediocridade

Todos falam em manter-se no próprio ramo, mas muitas empresas não sabem exatamente qual é o seu. Segundo a revista *Fortune*, "direcionar significa imaginar e em seguida executar aquilo que a empresa faz melhor; implica identificar as necessidades emergentes dos clientes e, depois, desenvolver as habilidades mestras — muitas vezes chamadas de aptidões essenciais — cruciais para satisfazê-las. Consiste em estabelecer um objetivo claro e realista e, então, esforçar-se para transmiti-lo — até que ele seja compreendido por todos, desde o presidente, passando pelo executivo médio, até chegar ao horista".[5]

Se a sua empresa não está direcionada, você está apenas preenchendo as lacunas deixadas por outros

Para ser bem-sucedida, uma empresa precisa se concentrar nos fatores que são essenciais para o seu sucesso. Se você selecionar ao acaso cinqüenta pessoas da sua empresa e lhes fizer perguntas fundamentais sobre a orientação e as prioridades da organização, qual será o grau de semelhança entre as respostas? Quando os empregados não sabem em que direção a empresa caminha, não se pode esperar que se sacrifiquem para o bem da organização. Eles não se emocionam com o que estão fazendo nem abaixam as armas e param com as disputas internas, nem se envolvem emocionalmente com suas carreiras ou com o futuro da empresa. Se você não conseguir respostas comuns às questões mais básicas, estará alimentando o desperdício, a redundância, a ineficiência, a confusão e a ansiedade.

Quando você olha para as pequenas empresas bem-sucedidas da atualidade, muitas têm algo em comum — as pessoas têm a mesma noção do propósito da empresa e acreditam na visão do seu fundador. Conservam a individualidade, mas lutam pela vitória do grupo. Preocupam-se mais com o sucesso da organização do que com a próxima promoção e, sabendo que os recursos são limitados, concentram-nos nas áreas críticas, em vez de esbanjá-los.

Existe uma diferença entre movimento e agitação

Uma vez determinados os fatores essenciais para ser bem-sucedido, você precisa estabelecer as balizas para manter-se na direção certa. É preciso ter em

Siga a sua consciência **195**

mente que existe uma diferença entre movimento e agitação. Pelo movimento você vai do ponto *a* ao ponto *b* — trabalhando nas coisas que mais o ajudarão a atingir seus objetivos. A agitação é a perda de tempo precipitada, em que você fica correndo em círculos, dedicando-se demais a coisas que o mantêm ocupado mas dão pouco retorno; ou então fazendo listas muito elaboradas, sem analisar quais são as atividades importantes para o sucesso da empresa; ou, ainda, tentando fazer tantas coisas ao mesmo tempo que suas ações perdem o significado. Pergunte a si mesmo se as atividades que você está exercendo no momento são as mais essenciais ou apenas as mais urgentes, pois, do contrário, você perderá mais tempo apagando incêndios do que acendendo o fogo.

A flexibilidade é essencial — as empresas não deveriam ter fronteiras

Para serem bem-sucedidas, as empresas devem manter-se flexíveis; elas precisam criar uma estrutura organizacional e um estilo de operação que lhes permitam usufruir as vantagens de novas oportunidades. Muitas empresas, por exemplo, costumam extrapolar seus limites para complementar os recursos internos, ter acesso a serviços que estão além da capacidade de seus empregados regulares ou contratar pessoal extra para os períodos de pico; ou, então, para colher pontos de vista objetivos de pessoas que têm experiência com muitos clientes e assim descobrir as novas tendências que podem afetar seus negócios.

Antigamente, a sabedoria convencional dizia que a multiplicidade de vendedores fazia aumentar a concorrência e melhorava o desempenho, e que jogar um fornecedor contra o outro era um bom negócio. Hoje, a sabedoria convencional diz exatamente o contrário. As empresas, cada vez mais, direcionam seus esforços para as coisas que fazem melhor e que são essenciais para o sucesso, procuram mais fontes e recursos externos, fazem alianças estratégicas e estabelecem relacionamentos com outras organizações. A única forma de garantir que essas relações serão mantidas por longo tempo é começar com intenções honradas, envolver-se e despender tempo e esforços para que todos vençam.

Se todos ficarem o tempo todo tentando levar vantagem, ninguém ganhará

Para que as parcerias rendam o máximo, é preciso estabelecer relacionamentos equilibrados. Porém, tenha sempre em mente que o que faz o sucesso dos relacionamentos não são os contratos formais, mas sim as pessoas. Uma parceria é bem-sucedida quando se consegue substituir a mentalidade "nós contra eles" por uma nova filosofia, que permita aos envolvidos crescer e desenvolver todo o seu potencial. As pessoas que têm facilidade para estabelecer alianças bem-sucedidas trabalham muito para estruturar esses relacionamentos. Um fator fundamental nesse processo é procurar ajustar os interesses e as oportunidades das duas empresas, de forma que ambas possam ganhar. A American Express, por exemplo, anunciou um acordo para pôr suas revistas em uma *joint venture* com a Time Warner. A American Express deteria todos os direitos das publicações, e a Time Warner as administraria.[6] Uma parceria só terá resultados se os dois lados trabalharem para o bem comum, em vez de um tentar levar vantagem sobre o outro. Quando a ganância se sobrepõe aos outros interesses, os pretensos parceiros ficam o tempo todo tentando fazer negócios fora da associação, e ambos acabam perdendo. Além disso, nessas situações, uma das empresas provavelmente ficará à frente da outra, causando ciúme e ressentimento.

A administração escravocrata destrói a produtividade

É importante que você trate seus empregados tão bem quanto trata os fornecedores. Todas as pessoas devem ter a oportunidade de desenvolver seu potencial por completo. Quando os dirigentes não seguem essa filosofia, acabam achando que os empregados demonstram pouca iniciativa no serviço, mas são altamente motivados nas atividades externas; que eles gastam tempo, mas não energia; que eles demoram mais para redigir seus relatórios do que para fazer outras tarefas. Segundo uma pesquisa publicada na revista *Industry Week*, "cerca de 63% dos entrevistados responderam que, para eles, não existe prazer na 'terra do trabalho' ".[7] Um estilo de administração que produz esse resultado obviamente não terá competência suficiente para concorrer com sucesso na economia global.

De fato, o produto dessa administração escravocrata está causando também uma colisão desastrosa entre as necessidades dos negócios e as demandas da mão-de-obra atual. De acordo com a pesquisa da *Industry Week,* "ao se perguntar a algumas pessoas se existe atualmente maior ou menor fidelidade entre empresas e empregados do que havia cinco anos atrás, 87,7% dos entrevistados responderam 'menor' ".[8] Eles queriam trabalhar em algum lugar onde pudessem dar uma contribuição significativa; onde os procedimentos, a política e as formalidades nunca fossem mais importantes do que os resultados; e onde criar laços entre as pessoas fosse considerado tão importante quanto o objetivo final.

Segundo W. E. Odom, presidente do conselho da Ford Motor Credit Company, "hoje, os bons executivos estão fazendo todo o possível para derrubar paredes e eliminar as divisórias. Atualmente, eles tentam administrar por meio da delegação de tarefas, e não pela intimidação. Não encaram as pessoas como problemas, mas usam-nas para resolvê-los. Não dizem a elas o que fazer, mas preparam-nas para tomar decisões. Não criam modelos financeiros elaboradíssimos, mas fornecem os instrumentos e os estímulos para pensar.

Não exigem submissão, mas tratam as pessoas com respeito e dignidade. Em outras palavras, os executivos da atualidade depositam uma confiança crescente nos empregados, ganhando em troca a mesma atitude por parte deles".[9]

As pessoas podem corresponder ou não às suas expectativas

As empresas que procuram os melhores e mais brilhantes profissionais precisam entender que seus esforços não devem acabar com a contratação. Para mantê-los, as companhias devem investir bastante neles, tanto no âmbito pessoal quanto no profissional. Atualmente, os empregados exigem confiança e respeito. Eles querem receber a informação que pediram, querem que seus conhecimentos sejam aplicados e que suas contribuições sejam valorizadas. Além disso, esperam encontrar desafios sob a forma de novas responsabilidades que ampliem o seu potencial.

Os executivos que agem assim têm mais chances de obter o melhor desempenho de seus empregados. De fato, "a pesquisa psicológica formal, assim como uma grande dose de empirismo, não deixa dúvida de que, sozinho, o poder da expectativa é capaz de influenciar o comportamento das pessoas. Esse fenômeno é chamado de efeito Pigmalião. (...) Estudos têm revelado que os índices de Q.I. das crianças, sobretudo nas áreas verbal e de informação, podem aumentar só com a expectativa de que eles se saiam bem nos testes. (...) Um estudo mostrou que o desempenho de alguns funcionários melhorou significativamente depois que foi dito ao supervisor deles que o seu grupo demonstrava um potencial especial para aquele trabalho específico".[10]

O oposto também é verdadeiro: os empregados que se vêem como irremediavelmente preguiçosos agirão segundo essa premissa. Aqueles que se julgam essenciais para o sucesso da operação estarão sempre prontos a aceitar novas responsabilidades, aumentando sua produtividade.

Existe uma relação direta entre o modo de tratar os empregados e o modo de tratar os clientes

Como líder, você deve ter em mente que, se tratar mal os empregados, poderá ter muitos prejuízos, mesmo que não sejam aparentes. Entre eles estão os pedidos de demissão, que resultam na perda de importantes conhecimentos e de clientes; um clima de descontentamento, que afeta o moral das pessoas; faltas freqüentes "por motivo de doença" ou atrasos constantes; e um estado de apatia, em que os funcionários produzem apenas o suficiente para não serem demitidos.

Além disso, os empregados insatisfeitos, que passam grande parte do dia reclamando, criam um ambiente de dissensão, deprimindo os que estão à sua volta, impedindo a concentração e enfraquecendo o ânimo de todos. Às vezes, a apatia é tão sutil que você nem a percebe. Quando alguns estudiosos investigaram esse fenômeno, descobriram que o número de profissionais nor-te-americanos que declararam estar trabalhando com todo o seu potencial era chocantemente pequeno — 23%. As investigações também revelaram, numa pesquisa aleatória entre funcionários norte-americanos, que "cerca de metade (44%) disse que não fazia nenhum esforço extra no serviço além do necessário para se manter no emprego. A grande maioria, 75%, revelou que poderia ser mais eficiente no trabalho do que estava sendo no momento".[11] As implicações dessas descobertas são desalentadoras, e suas ramificações com relação à produtividade e à qualidade do serviço são ainda mais desestimulantes.

A toda ação corresponde uma reação

É importante reconhecer que toda ação que você dirige a um empregado desperta uma reação; mas essas ações raramente se refletem apenas naqueles diretamente envolvidos. Se você fizer uma analogia entre uma empresa e o corpo humano, com seus sistemas complexos e interdependentes, entenderá por que uma mudança em determinada área afeta o todo. Toda ação provoca uma reação, especialmente quando as pessoas já estabeleceram relações com outros funcionários da empresa há muito tempo.

Da mesma forma que um equipamento requer manutenção para funcionar sempre bem, a criatividade precisa ser estimulada

A criatividade é essencial em todos os níveis e tipos de organização — tanto na criação de novos produtos e serviços, na administração de parcerias para sua divulgação, como na procura de meios para resolver problemas que vêm de longa data e que parecem insolúveis até que alguém com imaginação os decifre.

Isso significa que as empresas precisam, em primeiro lugar, analisar o ambiente interno, as normas e as características pessoais que inibem a criatividade e, então, criar um local de trabalho em que as sugestões sejam bem-vindas e tenham espaço para se expandir; em que as idéias sejam avaliadas por seu mérito, e não pelo *status* da pessoa que as apresenta; e em que as pessoas procurem o lado bom de cada idéia, tentando valorizá-la em vez de descartá-la.

Um artigo publicado na revista *Industry Week* observa que as empresas que percebem a necessidade de estimular a criatividade "olham para as novas idéias como se fossem flores silvestres. Essas flores não resultam do plantio de sementes; elas podem ser encontradas em muitos lugares, se você procurar. E os empresários conscientes se preocupam em criar condições para que as flores silvestres cresçam assim como impulsionam as mudanças em todas as áreas".[12]

O progresso exige erros

Segundo um artigo publicado na *Harvard Business Review,* "os executivos sábios preocupam-se mais com erros invisíveis, como o de não assumir riscos ou

Siga a sua consciência

deixar de inovar para criar novos valores para os clientes".[13] Eles sabem que, se os empregados não estiverem errando, é porque provavelmente não estão tentando nada de novo. Todos reconhecem que estar certo o tempo todo é uma barreira enorme para a inovação. Quando as organizações criam um ambiente contrário ao risco, a criatividade é inibida. Cometer erros e aprender com eles é um estágio importante no processo de aprendizagem. Os empregados precisam estar confiantes e se sentir seguros de que a experiência que fracassar não terá repercussões negativas.

As empresas bem-sucedidas resultam dos esforços de muitos, não do poder de poucos

Antigamente, ao executivo sênior cabia tomar as decisões, e aos subordinados, colocá-las em prática. Hoje, no entanto, o mundo está muito diferente. Segundo William J. O'Brien, diretor-executivo da Hanover Insurance Co., em Worcester, Massachusetts, "a ação fundamental no mundo dos negócios, nos próximos 25 anos, será a dispersão do poder, para garantir aos empregados expressão e realização; porém, isso precisa ser feito de uma forma que evite o caos e a desordem".[14]

Essa atitude será particularmente necessária num mundo em constante mutação, em que as grandes burocracias dependem de várias etapas para ser aprovadas e com isso acabam atrasando sua resposta, o que não lhes favorece numa era em que as mudanças ocorrem a todo momento. De fato, como diz Tom Peters: "Está ficando ridículo! Cento e quatro novos produtos derivados de cereais surgiram em 1991, sem mencionar as 574 novas variedades de bolos, os 316 sucos de frutas e vegetais e os 463 salgadinhos. Ao todo, são 16.142 novos remédios e artigos de mercearia, contra os 2.689 que entraram no mercado em 1980. Um supermercado médio, hoje, tem em suas prateleiras 30 mil itens, e em 1976 tinha 9 mil. E a Associação dos Fabricantes de Remédios diz que hoje existem nas farmácias 200 mil, variedades de remédios que não precisam de receita. Entre 1980 e 1990, o número de fundos mútuos aumentou de 568 para 3.347. Temos setenta redes de TV a cabo nos EUA, contra 27 em 1980."[15]

Se uma empresa não vive no coração e na mente do seu pessoal, ela não existe

Os títulos deveriam desaparecer nas empresas. Os organogramas numa empresa não definem as relações como elas são atualmente, nem orientam as linhas de comunicação. Eles levantam muros entre as pessoas, inibem a criatividade e são, geralmente, a causa de politicagem interna, ciúme e ressentimento. Nenhum organograma pode reparar isso. A função da empresa é simples: fornecer uma estrutura, um formato e um contexto em que as pessoas possam usar recursos de maneira eficaz para atingir seus objetivos.

Todos são importantes: o sistema de castas impede a excelência

"'Ora, não me venha com essa', você deve estar pensando, 'uma empresa não precisa ser uma família feliz para ser bem-sucedida. Não existem muitos navios negreiros singrando águas tranqüilas?' Certamente há alguns, mas as empresas que fervem com a agitação da luta de classes pagam a pena arrastando-se", afirma David Sirota, da Sirota Alper & Pfau.[16]

É muito importante que os empregados de todos os níveis se comuniquem, compartilhem idéias inovadoras e resolvam seus problemas juntos. O sistema de castas cria obstáculos ao sucesso. Quando as pessoas só convivem socialmente guiando-se pelo *status*, quando usam jargões que os colegas não entendem, ou quando a chefia se distancia do resto da empresa, criando andares só para executivos, espaços reservados no estacionamento, salas de refeição privativas, e passa a voar só na primeira classe, suas ações provocam suspeita, aumentam a distância entre as pessoas e criam um clima de inacessibilidade.

A burocracia não é biodegradável

Peter Drucker disse uma vez: "Os elefantes têm um período difícil de adaptação. As baratas sobrevivem a tudo."[17] A burocracia excessiva esmaga as aspirações, sufoca a criatividade, suprime a ingenuidade e retarda as respostas. Infelizmente, depois que a burocracia se desenvolve, é tão difícil controlá-la nos negócios como à erva daninha num gramado. Ela causa sede de poder nas pessoas, valoriza a ambição pessoal acima do interesse do grupo e dá prioridade à papelada em detrimento das pessoas.

Na burocracia, os empregados não interessam como pessoas porque são vozes solitárias, e os clientes não são importantes individualmente porque nunca são ouvidos por aqueles que determinam a política da empresa. As pessoas escolhem a solução política em vez de optar pela melhor resposta. As promoções são concedidas por critérios políticos, e não pelo desempenho do empregado; a aparência torna-se mais importante do que o conteúdo; e os boatos se transformam numa forma primária de comunicação. Isso faz as empresas se voltarem para dentro e perderem o contato com a realidade.

Para alcançar o sucesso, é preciso eliminar os obstáculos burocráticos e enfatizar a rapidez, a simplicidade e o processo contínuo de melhoria. As unidades operacionais devem permanecer pequenas. As pessoas têm de sair dos seus escritórios e ir ao encontro dos clientes. E, finalmente, a mão-de-obra, composta de grupos multifuncionais, deve ser preparada para enfrentar problemas; as idéias precisam ser escolhidas com base no mérito do funcionário, e não na posição que ele ocupa; e as atividades que não acrescentam nada ao cliente devem ser eliminadas.

Quem economiza tem quando precisa

Atualmente, um minuto pode ser o tempo de uma vida. O tempo é um recurso precioso que não pode ser reposto e uma constante que não pode ser mudada. Ao contrário do dinheiro, que flui nos dois sentidos e rende diferentes taxas de retorno, o tempo é finito. Você não pode conseguir mais tempo, mas pode administrar melhor aquele que tem. Nos anos 80, os recursos eram tão abundantes que raramente tínhamos de enfrentar as conseqüências do desperdício. Hoje não é mais assim; não podemos compensar o tempo perdido pondo os recursos em risco. Sua organização não será competitiva nos anos 90 se o concorrente fabricar produtos empregando 20% a menos de pessoas e lançá-los agressivamente no mercado enquanto os seus ainda se encontram em fase de teste; se as idéias inovadoras estiverem atadas ao processo de aprovação; se a criatividade for sufocada pelos procedimentos; se as pessoas se sentirem mais à vontade protelando do que trabalhando; e se o precioso tempo estiver sendo desperdiçado em inúmeras reuniões.

As pessoas não querem esperar quando podem conseguir o que precisam de outra pessoa; elas não querem pagar mais pela inépcia; nem pretendem ser pacientes ou simpáticas quando o sucesso delas depende de você e de seus esforços. Da mesma forma que os projetistas desenham carros de corrida aerodinâmicos, com a menor resistência possível ao vento, as empresas que quiserem ser mais ágeis precisam fazer um levantamento das atividades que não são essenciais e, em seguida, eliminá-las.

Se você não está progredindo, está ficando para trás

Num mundo em que as mudanças ocorrem diariamente, os negócios feitos da maneira usual são uma receita garantida para o fracasso. Para ser bem-sucedida, a empresa do futuro deve vencer as barreiras em relação às mudanças. Em vez de reagir a elas, é preciso antecipá-las. Aqueles que se prendem ao passado vêem as mudanças com apreensão e ansiedade; quem se prepara para os novos desafios será recompensado com oportunidades ilimitadas. A gratificação irá para os empregados que estiverem não só envolvidos, mas prontos para conduzir o esforço de trabalho.

O relatório anual de 1990 da Coca-Cola ressalta: "Não vemos o futuro como se estivesse predeterminado, mas como uma série indefinida de aberturas, de possibilidades. O que se requer para ser bem-sucedido em meio a essa incerteza é o que os gregos chamavam de 'inteligência prática', que, acima de tudo, obriga as pessoas a se adaptarem e ensina-as a estar sempre preparadas, reconhecendo que nada acontece exatamente como estava planejado e que o modelo não corresponde à realidade, mas ensinando também que a escolha e a preparação podem influenciar o futuro."[18]

É muito fácil olhar para uma situação e decidir que, desde que nada esteja obviamente errado, pode ficar assim mesmo. A inércia cria a acomodação, e

202 *Capítulo dez*

as mudanças exigem o abandono de velhos hábitos, o que produz mal-estar. O mundo dos negócios precisa aproveitar as mudanças pelas oportunidades que elas oferecem. Assim, deve encorajar o aprendizado e a melhoria contínua por meio da experiência, deixando claro que não existe nenhum problema em tentar e fracassar. Isso exige a criação de um ambiente de trabalho em que haja confiança, fidelidade e envolvimento, qualidades que deixam as pessoas livres para devotar tempo e atenção ao trabalho, em vez de encobrir e disfarçar os erros.

Todos são responsáveis pelas mudanças

Como as mudanças não são mais ocasionais, e sim ocorrências diárias, as empresas mal conseguem suportar o intervalo de tempo que decorre entre o desenvolvimento do projeto e sua execução. Assim que as novas idéias são introduzidas, já se tornam obsoletas. Da mesma forma que as indústrias procuram meios mais rápidos para lançar seus produtos no mercado, as empresas devem buscar caminhos mais ágeis e melhores para promover as mudanças em sua organização. Elas precisam criar um ambiente de trabalho em que os empregados mudem e se renovem todos os dias. Numa época em que a mão-de-obra está ganhando mais poder e as camadas administrativas estão desmoronando, as empresas não podem continuar mantendo um punhado de pessoas selecionadas para tomar todas as decisões.

A realidade é que as pessoas não se opõem às mudanças; resistem a ser mudadas. Os executivos talvez não tenham a intenção de trocar de empregados, mas sim de criar um espírito de mudança cuja responsabilidade abranja a todos. No passado, a chefia tomava decisões, e esperava-se que os empregados se conformassem com elas. As empresas acreditavam, erroneamente, que, embora a participação fosse interessante, não era essencial. Hoje, esse tipo de visão leva ao não-envolvimento dos empregados, algo que as organizações que delegam poderes já não podem se permitir.

A única coisa que devemos temer é o próprio medo

Da mesma forma que a poluição prejudica o ambiente, um clima de medo intoxica as empresas. Quando os empregados acham que perderam o controle sobre o que acontece com eles, ficam apavorados. E, independentemente de seus temores serem reais ou imaginários ou de eles estarem preocupados com coisas concretas e imediatas, como a perda do emprego, ou com coisas mais efêmeras e a longo prazo, como um problema individual ou um prejuízo à credibilidade pessoal ou à ascensão na carreira, os resultados são sempre os mesmos: inércia, reserva, dissimulação de erros, apresentação distorcida dos fatos e protelação.

Infelizmente, a "grande maioria dos norte-americanos (85%) são reativos e estáticos, não são ativos nem dinâmicos ou intuitivos, pois preferem atuar em

Siga a sua consciência

segurança".[19] Essa reação surgiu da sensação de impotência e medo, que diminui nas pessoas o ímpeto de desafiar o *status quo*, enfrentando os problemas ou questionando as coisas que sentem estar erradas. Uma pesquisa feita entre empregados de 22 organizações espalhadas pelos Estados Unidos revelou que "70% deles dizem que 'mordem a língua' no trabalho porque têm medo das conseqüências de falar alto. E 98% das respostas indicam que o medo tem efeito negativo sobre eles ou sobre o seu trabalho".[20] Numa época de mudanças contínuas, o medo precisa ser eliminado, para que todos os empregados se sintam absolutamente à vontade para fazer sugestões que irão melhorar a organização.

Se você não aprender alguma coisa nova todos os dias, torna-se obsoleto

O aprendizado não é apenas um importante catalisador para a mudança organizacional; segundo um estudo publicado na *Industry Week*, "existe uma relação direta entre a quantidade de treinamento que os empregados recebem e o grau de envolvimento deles com a empresa".[21] Hoje em dia, todos sabem que cada um é responsável pelo seu destino. Foi-se o tempo em que era possível permanecer na mesma empresa durante toda a vida. Os funcionários só têm segurança no trabalho enquanto continuam crescendo, valorizando seu patrão e conquistando maior espaço no mercado de trabalho. Assim, os empregados acreditam que a empresa que investe neles também cuida deles. Como conseqüência, o treinamento tem um duplo valor, pois torna a empresa mais competitiva e favorece o comprometimento do empregado.

A comunicação interna não é um luxo, é uma necessidade

Já que a comunicação honesta e sincera é essencial para a construção de um ambiente propício à aprendizagem e à mudança, a administração precisa aceitar a responsabilidade de criar esse tipo de ambiente, o que exige que ela deixe de lado muitas práticas administrativas do passado. Mas isso não é fácil e não acontece rapidamente. Os dirigentes têm de abrir mão de muitas fontes de *status* e poder e esquecer antigos conceitos rígidos sobre o local de trabalho que norteavam as experiências passadas. Antigamente, o papel dos líderes era controlar as informações de que os empregados precisavam para fazer o trabalho cotidiano. Aqueles que continuarem agindo dessa maneira ficarão frustrados, pois perderão a confiança dos empregados, que querem informações oportunas e adequadas e não as recebem. Os líderes precisam ver a comunicação como um meio de liberar o espírito criativo de uma organização, não como uma tarefa entediante. Além de tudo, a comunicação atua como um poderoso agente de transformação, uma fonte de melhoria contínua e um catalisador do progresso da empresa.

Numa era de mudanças rápidas e informações abundantes, os empregados não podem ser produtivos se tiverem de esperar até o fim do mês para ter acesso a um relatório genérico ou a uma publicação sem-graça, que não fornece nenhuma informação relevante. Embora esse material fosse satisfatório anteriormente, quando a rapidez não era tão importante para o sucesso de um negócio, na economia global que vigora hoje isso não é suficiente. Os empregados dizem que precisam da informação hoje, porque amanhã ela será obsoleta; que ela tem de ser adequada às suas necessidades específicas, senão não lhes interessará.

A comunicação, produzida antes pelo profissional, passa a ser desenvolvida pelo leigo. A transmissão proveniente das torres de marfim agora é feita por vias informais. As comunicações internas, que tinham como objetivo informar a realização de eventos, atualmente incentivam a reflexão para que surjam novas idéias. De esporádicas, passaram a ser constantes. E, quando ocorre um evento, a informação é instantânea. O lugar-comum das comunicações formais de massa foi substituído pelo direcionamento e pela personalização como norma de atuação.

A retenção do conhecimento levanta muros entre as pessoas

Os empregados precisam saber e compreender em que medida suas ações atingem os outros na empresa e também levar em conta a repercussão que suas decisões podem ter nas demais áreas da organização. Os problemas ocorrem quando os funcionários ficam tão concentrados em realizar os objetivos do próprio departamento que passam a dar mais importância aos interesses pessoais do que aos da empresa. Quando os empregados não compartilham as informações, os esforços são duplicados, os prazos não são cumpridos, surgem redundâncias, aumenta o número de trabalhos refeitos e as relações interdepartamentais se deterioram.

Cumpre a todos incentivar a comunicação para que ela flua livremente dentro da empresa, acabando com a retenção do conhecimento. A comunicação não pode ser reprimida pela hierarquização da empresa nem por qualquer outro limite criado pela chefia. Os empregados devem se sentir livres para entrar em contato com qualquer pessoa que tenha a informação de que eles precisam para realizar uma atividade. A administração tem de criar oportunidades para que os empregados ampliem as relações com os colegas, de maneira que possam adquirir os mesmos valores, discutir as questões emergentes e resolver os problemas em conjunto.

Não existe substituto para a comunicação sincera e honesta

O acesso à informação é tão fundamental para realizarmos um serviço apropriadamente que deve ser considerado um direito, não um privilégio. Numa época em que precisamos incentivar a criatividade dos empregados, as informações que lhes damos servem como base e como catalisador para estimular novas idéias.

De acordo com Henry Stimson, ministro da Guerra norte-americano durante a Segunda Guerra Mundial, "a única forma de tornar um homem confiável é confiar nele".[22] Mas, se isso parece verdadeiro, segundo um artigo do *The Wall Street Journal*, "cerca de 70% entre os mais de duzentos executivos comunicadores entrevistados pelo consultor William M. Mercer julgavam suas mensagens como 'atentados à verdade'; menos de 15% disseram que elas refletiam toda a verdade".[23] Para garantir que as pessoas não sejam mantidas na ignorância, mesmo que não intencionalmente, a administração precisa estar comprometida com a comunicação sincera e honesta em toda a organização. Essa sinceridade é vital para se criar um ambiente que incentive a criatividade, com pouca desconfiança, em que todos trabalhem para atingir um objetivo comum, discutindo novas idéias e fazendo observações construtivas.

As empresas precisam se preocupar em ouvir

Muitos grupos de executivos passam tanto tempo falando a respeito de si mesmos que perdem o contato com a realidade. As empresas precisam preocupar-se em ouvir tanto os clientes quanto os empregados. Inúmeros executivos afastam-se daqueles que têm contato diário com os clientes e, como conseqüência, perdem a noção das necessidades do mercado. Alguns diretores aparecem em seus escritórios raramente, pois passam boa parte do tempo em reuniões de conselho e comparecendo a eventos. Outros isolam-se em encontros com executivos da própria empresa ou de outras organizações. Quando os empregados não têm acesso à administração, sendo obrigados a passar por duas secretárias para conseguir marcar uma hora, que depois é cancelada e transferida para outra data, não se pode afirmar que a empresa tem uma política aberta.

Os clientes precisam ser o centro da sua atenção

Devido à competição mundial, as empresas deram muita ênfase ao processo de produção, conseguindo resultados tão grandes que, no futuro, será difícil diferenciar os produtos com base apenas na fabricação. Hoje, é preciso muito mais esforço para garantir a fidelidade no mercado. Para superar a tendência de tratar os clientes com displicência — e evitar os custos que isso a acarreta — é fundamental concentrar-se mais no consumidor. De fato, os intangíveis, assim como a qualidade do serviço, têm-se mostrado os responsáveis pela expansão de mercado, permitindo, até mesmo, que se estabeleçam preços especiais.

O deslocamento da ênfase é mais evidente nos trabalhos sistemáticos, em que os produtos muitas vezes são intangíveis, não se podem estabelecer especificações precisas e a produção e o consumo dos serviços são inseparáveis.

Nesses casos, a qualidade será definida universalmente à medida que as expectativas dos clientes forem satisfeitas e superadas – isto é, tudo deve estar preparado durante a venda e depois dela.

Além disso, os clientes não podem ser encarados como transações de venda isoladas, mas sim como relações potencialmente duradouras. Todos merecem ser tratados como se fossem o único cliente da sua empresa. As organizações não podem se arriscar a investir tempo e esforços para desenvolver novos negócios e, pouco depois, perder os clientes. De fato, as empresas deveriam ficar tão ofendidas quando perdem um cliente que imediatamente procurassem meios para melhorar, a fim de que isso nunca mais acontecesse. Pense no seu esforço para conseguir novos clientes; pense na maneira como eles são cortejados; e em como você procura atender a todas as exigências deles. E então, depois que eles são conquistados, a lua-de-mel acaba. Pense em seus maiores clientes. Quando eles telefonam, tudo o mais fica de lado; se eles fazem sugestões, todos ficam atentos; e, quando eles pedem alguma coisa, todos se oferecem para fazê-la. E agora pense em todos os outros. Não podemos encaixar seus pedidos porque isso é contra a política da empresa; não damos atenção às suas sugestões porque sabemos mais do que eles; não atendemos aos seus telefonemas porque estamos em reunião; tudo o que exige um pouco mais de esforço é um aborrecimento.

Já que oferecer um serviço superior ao cliente é muito mais um estado de espírito do que uma atividade, é importante entender que, para alcançar a excelência no serviço, é preciso mudar sua mentalidade. Tenha em mente que a política da empresa deve ser mudada para melhorar a vida do cliente, não a sua; que os empregados fazem o trabalho da melhor forma possível porque se preocupam com a qualidade, e não porque a concorrência está aumentando no mercado; e que os funcionários da sua empresa sabem que em primeiro lugar está o atendimento ao cliente, nunca considerando os negócios como garantidos.

Se você não ouvir seus clientes, estará tomando decisões no presente baseado nas informações do passado

Da mesma forma que não é possível para você levar adiante uma relação com alguém que não conhece bem, não poderá prosseguir um relacionamento com um cliente se não souber quais são suas necessidades. E isso não acontece num passe de mágica. Pergunte a si mesmo se você passa o tempo todo dominando a conversa, ou se também presta atenção. Você compreende os pontos sensíveis da política de seus clientes? Tem flexibilidade para atender aos clientes, ou faz tudo do seu jeito?

Uma vez que o mais importante é dar aos clientes tudo o que eles querem, é fundamental saber o que eles consideram como excelência no serviço. Essas informações podem ser conseguidas de muitas formas: crie oportunidades para

Siga a sua consciência

encontrar-se periodicamente com os clientes, a fim de fazer avaliações tanto dos negócios como do relacionamento, com o intuito de melhorá-los; promova reuniões de grupo dirigidas; encomende pesquisas; estabeleça conselhos para conduzir os negócios; instale linhas telefônicas de discagem gratuita, do tipo 0800.

Na verdade, diante da concorrência que enfrentamos hoje em dia, atender às necessidades dos clientes não é suficiente; é preciso antecipá-las. Portanto, uma das melhores formas de melhorar o serviço aos clientes é procurar ativamente novas idéias, tanto dentro como fora da empresa, e então encontrar meios para adaptá-las à sua organização.

Falar é fácil

Ser íntegro significa manter-se fiel aos seus princípios, não importa a situação, certificando-se de que as suas ações são coerentes com as suas palavras. Se, no último dia de vendas do mês, as cifras parecerem desanimadoras, você incentiva os empregados a agir no interesse dos clientes, ou pede a eles que vendam qualquer coisa, para conseguir lucro imediato? Os executivos são recompensados tanto pelo desempenho dos seus subordinados quanto pelos resultados obtidos? Quando uma promessa é feita a um cliente, ela é cumprida, mesmo que as circunstâncias tenham mudado, tornando o acordo menos vantajoso? Se você responder a essas perguntas, saberá se os valores éticos da sua empresa têm prioridade sobre os negócios a curto prazo.

Escolha a visão a curto prazo apenas se quiser ficar no mundo dos negócios por pouco tempo

Os verdadeiros líderes deixam um legado para aqueles que os seguem; não ficam restritos aos resultados imediatos. Eles constroem empresas que prestam serviços excelentes e ajudam os empregados a reconhecer a importância de estabelecer relações a longo prazo. Ensinam os funcionários a enxergar com os olhos dos clientes, em vez de se concentrar em si mesmos. Treinam os subordinados para serem mais do que meros vendedores, oferecendo conselhos e informações úteis aos compradores e reconhecendo suas necessidades futuras. Esforçam-se para estabelecer relacionamentos duradouros com um pequeno número de clientes, em vez de ficar constantemente buscando novas perspectivas, que seriam perdidas assim que o foco fosse transferido para um novo alvo.

Qualidade, treinamento e comunicação interna devem estar integrados a tudo o que você faz

Os empregados não devem pensar em qualidade apenas quando estiverem participando de reuniões de avaliação desse item, nem ter em mente o aprendizado só quando assistem a seminários, nem considerar a comunicação como uma série de circulares ou de folhetos. A qualidade, o treinamento e a comunicação precisam ser mais um estado de espírito e uma forma de administração do que uma atividade.

A honestidade não é a melhor conduta — é a única

É preciso muito tempo para ganhar a confiança de alguém, mas ela pode ser rapidamente destruída se você não corresponder ao que declarou. As pessoas gostam de fazer negócios com aqueles que têm um alto grau de integridade. Evitam empresas que cobram preços diferentes por mercadorias iguais; ou que têm a reputação de falar de outros clientes com estranhos, revelando informações confidenciais e dando margem à maledicência. E não fazem negócios com empresas que se apossam das idéias alheias ou que levam vantagem numa relação ao vender mais do que podem entregar.

É preciso saber a hora de sair de um negócio

Há muitas ocasiões em que a melhor coisa a fazer é não completar uma venda. Não aceite um negócio a menos que você possa conduzi-lo de forma adequada. Não venda seus serviços se não tiver absoluta certeza de que poderá satisfazer as necessidades dos clientes. Nunca aceite um serviço quando sentir que os clientes não receberão o suficiente pelo que irão pagar. Por último, nunca faça uma proposta com o preço abaixo do valor só para conseguir entrar no negócio: o custo disso a longo prazo pode levar você a lamentar a perda do cliente mais tarde.

A confiança é o ingrediente milagroso

Não se pode subestimar a importância da confiança. Lembre-se das palavras do Capítulo 9; não se esqueça delas quando tiver de tomar uma decisão difícil:

> A confiança é o manto que nos envolve, unindo-nos e criando uma sociedade civilizada e organizada a partir do caos e da anarquia. Se não pudermos confiar em nossos maridos e esposas, nos filhos, no chefe ou nos colegas, em padres ou em quem votamos, não teremos nada em que nos basear para construir uma vida estável. A confiança não é uma meta abstrata, teórica ou idealista, fora do nosso alcance. A confiança — ou a falta dela — é inerente a toda ação e afeta tudo o que fazemos. É o ingrediente que alicerça os relacionamentos, mantém os casais unidos, garante o sucesso dos negócios e a estabilidade dos sistemas políticos. Sem confiança, os casamentos fracassam, os eleitores tornam-se apáticos e as organizações ficam em situação difícil. Sem ela, nenhuma empresa consegue alcançar a excelência.(...)

A confiança é como o amor no casamento: une as pessoas e torna-as mais fortes e eficientes. A confiança num relacionamento aumenta a segurança e reduz a inibição e as posturas defensivas, liberando as pessoas para comparti-lhar sentimentos e sonhos. Quando há confiança, você se sente à vontade para revelar seus temores mais profundos aos colegas, pois sabe que eles o ouvirão com carinho e respeito. A confiança permite que você seja autêntico e mante-nha seus valores, sem se preocupar com a aceitação. Ela anima as pessoas a ficar mais tempo juntas e a fazer concessões. É uma expressão de fé que dá aos empregados a certeza de que os colegas são capazes de executar bem uma tarefa e de que podem contar uns com os outros, se precisarem. A confiança garante às pessoas que as promessas serão cumpridas e que, se isso não acon-tecer, terá sido por uma boa razão. E, finalmente, ela significa que um relacio-namento não vai durar apenas por ser um bom negócio, mas porque a relação em si é valiosa.

Existe uma relação direta entre integridade e desempenho financeiro

Muitos administradores perdem o sono por causa de uma ansiedade não defi-nida — preocupam-se com o futuro. Eles não sabem se essa será a última leva de demissões, se os fornecedores cumprirão suas promessas ou se os clientes continuarão trabalhando com eles. Hoje em dia, não confiamos mais nas pes-soas como antigamente: tememos que elas não digam a verdade; que não ajam de forma correta, mas de forma política; que não cumpram seus compro-missos; ou que não se preocupam em agir com ética. Numa sociedade intensa-mente laboriosa, o trabalho árduo resulta em ossos e músculos cansados. Na era da informática, nosso corpo é afetado por doenças provocadas pelo *stress*, como dor de cabeça ou dor na coluna e até crises de ansiedade.

De fato, segundo um artigo no *The Wall Street Journal*, "como se pode distinguir um executivo consciente? Ninguém sabe ao certo, mas a London House [uma firma de consultoria] acha que ele talvez seja mais feliz, menos tenso e mais responsável do que aqueles que toleram comportamentos antiéticos. (...) A descoberta mais incrível foi a seguinte: quanto mais saudáveis emocio-nalmente forem os executivos — de acordo com uma avaliação realizada por meio de inúmeros testes —, mais alto será o nível atingido na avaliação do aspecto ético. Os executivos classificados como altamente conscientes tam-bém se mostraram menos propensos a sentir hostilidade, ansiedade e medo".[24] Se todos agissem como moléculas aleatórias saltando umas sobre as outras, o prejuízo para a sociedade seria muito grande. Não temos tempo para pensar no que é importante. Julgamos as pessoas pelo que vemos exteriormente, em vez de tentar enxergar seu íntimo. Invejamos alguém que é bem-sucedido sem pensar no que ele fez para chegar a essa posição. No mundo dos negócios, as novas diretrizes indicam que não se deve castigar os funcionários quando eles cometem erros; se você lhes garantir que sabe que eles estão tentando fazer as coisas da melhor forma, eles reagirão do mesmo modo. Tenha em mente, também, que você não contrata corpos — mas procura empregados valiosos para se unirem à sua família no mundo dos negócios. Você investe no seu pessoal. Sua função não é apenas vender aos clientes, mas prestar-lhes serviços agora e no futuro. Suas responsabilidades vão além do próximo balanço trimestral, se você quiser construir uma herança para aqueles que vierem depois.

Ser autêntico com você mesmo não significa ofender nem ignorar os outros; a honestidade deve ir além da obediência à letra da lei, porque é muito fácil subverter o sistema legal para não ter de agir da maneira correta. Ser leal com os outros significa assumir que eles cumprirão sua palavra e fazê-los saber que nós manteremos a nossa. Antigamente, tínhamos certeza de que as pessoas eram íntegras; suas ações repousavam sobre uma base de valores que tornava muito improvável que elas agissem de forma desonrosa. Não precisamos tentar recriar o passado, mas temos de trabalhar para construir um futuro melhor, não esquecendo que todos são importantes e que não devemos esperar que outra pessoa tome a iniciativa. Em nossa complexa sociedade, os contratos são necessários para formalizar os acordos, mas não substituem as relações honradas. Perdemos algo muito palpável quando deixamos de lado coisas intangíveis como a lealdade, a confiança e a honra.

Notas

Capítulo 1

1. Nancy Ten Kate, "Brand Names Can Be Prime Assets", *American Demographics*, dezembro de 1991, p. 20.
2. Robert Fulghum, *All I Ever Really Need to Know I Learned in Kindergarten* (Nova York: Ivy Books, 1991), p. 4.

Capítulo 2

1. Ken Shelton, "Plantation Management", *Executive Excellence*, vol. 7, n° 2, fevereiro de 1990, p. 11.
2. Stephen R. Covey, *Principle-Centered Leadership: Teaching People How to Fish* (Provo, Utah: The Institute for Principle-Centered Leadership, 1990), p. 139.
3. Jack Gordon, "Who Killed Corporate Loyalty?", *Training*, março de 1990, p. 29.
4. Amy Saltzman, "The New Meaning of Success", *U. S. News & World Report*, 17 de setembro de 1990, p. 57.
5. Ken Matejka e Jay Leibowitz, "A Commitment to Ex-S", *Manage*, fevereiro de 1989, p. 3.
6. Saltzman, p. 56.
7. Alan Deutschman, "What 25-Year-Olds Want", *Fortune*, 27 de agosto de 1990, p. 44.
8. Thomas F. O'Boyle, "Fear and Stress in the Office Take Toll", *The Wall Street Journal*, 6 de novembro de 1990, p. B1.
9. Laurence Kelly, "Understanding Absenteeism", *The Worklife Report*, dezembro de 1989, p. 8.
10. The Wyatt Company, "Wyatt Work America Survey of Workers Attitudes", in *Boardroom Reports*, 15 de setembro de 1990, p. 15.
11. William L. Ginnoda, "How to Build Employee Commitment", *National Productivity Review*, verão de 1989, vol. 8, n° 3, p. 251.
12. Tracy Benson e Robert Haas, "Vision Scores 20/20", *Industry Week*, 2 de abril de 1990, p. 23.
13. Robert Howard, "Values Make the Company: An Interview with Robert Haas", *Harvard Business Review*, setembro-outubro de 1990, p. 139.
14. Charles O'Reilly, "Corporations, Culture, and Commitment: Motivation and Social Control in Organizations", *California Management Review*, verão de 1989, p. 12.
15. Robert H. Waterman, Jr., *The Renewal Factor* (Nova York: Bantam, 1987), p. 71.
16. Covey, p. 260.
17. Ibid., p. 261.
18. Ibid.
19. Ibid.
20. Ibid., p. 262.

212 *Notas*

21. Max De Pree, *Leadership Is an Art* (Nova York: Dell, 1989), p. 22.
22. Thomas A. Stewart, "New Ways to Exercise Power", *Fortune*, 6 de novembro de 1989, p. 52.
23. Ibid., p. 53.
24. Ron J. Markin e Charles M. Lillis, "Sales Managers Get Wath They Expect", *Business Horizons*, junho de 1975, p. 52.
25. Ibid., p. 53.
26. Stanley Modic, "Whatever It Is, It's Not Working", *Industry Week*, 17 de julho de 1989, p. 27.
27. Jim Braham, "A Rewarding Place to Work", *Industry Week*, 18 de setembro de 1989, p. 16.
28. Holly Rawlinson, "Make Awards Count", *Personnel Journal*, outubro de 1988, p. 140.
29. Morton Grossman and Margaret Magnus, "The 2.1 Billion Rash of Awards", *Personnel Journal*, maio de 1989, p. 72.
30. Braham, p. 17.
31. Fran Tarkenton, "The Big Boss Is Dead", *Fast Track*, 12 de março de 1990.

Capítulo 3

1. Roger von Oech, *A Whack on the Side of the Head* (Nova York: Warner Books, 1983), p. 30. Ver também *A Kick in the Seat of the Pants*, do mesmo autor (Nova York: Harper & Row, 1986), para uma boa abordagem sobre criatividade.
2. Von Oech, *A Kick in the Seat of the Pants*, p. 14.
3. Thomas Osborn, "How 3M Manages for Innovation", *Marketing Communications*, novembro-dezembro de 1988, p. 19.
4. Larry Reibstein, "For Corporate Speech Writers, Life Is Seldom a Simple Matter of ABCs", *The Wall Street Journal*, 30 de junho de 1987, p. 33.
5. Russell Mitchell, "Masters of Innovation: How 3M Keeps Its New Products Coming", *Business Week*, 10 de abril de 1989, p. 59.
6. Jack Adamson, "The Art of Managing Creative People", *Executive Excellence*, setembro de 1989, p. 9.
7. R. Donald Ganache e Robert L. Kuhn, *The Creativity Infusion* (Nova York: Harper & Row, 1989), p. 25.
8. Robert H. Waterman, Jr., *The Renewal Factor* (Nova York: Bantam, 1987), p. 91.
9. Deborah Dougherty, "The Trouble with Senior Managers on Product Innovation: A View from the Trenches", apostila publicada por The Wharton School, agosto de 1988, pp. 11-12.
10. David Placek, "Creativity Survey Shows Who's Doing What", *Marketing News*, 6 de novembro de 1989, p. 14.
11. Dougherty, p. 8.
12. Von Oech, *A Whack on the Side of the Head*, p. 49.
13. Mitchell, p. 58.
14. Waterman, p. 85.
15. Reibstein, p. 33.
16. Ganache and Kuhn, p. 34.
17. Dougherty, pp. 14-15.

Notas

18. Mark Frohnan e Perry Pascarella, "Achieving Purpose Driven Innovation", *Industry Week*, 19 de março de 1990, p. 20.
19. Stratford Sherman, "Eight Big Masters of Innovation", *Fortune*, 15 de outubro de 1984, p. 84.
20. Mitchell, p. 58.
21. Alicia Johnson, "3M Organized to Innovate", *Management Review*, julho de 1986, pp. 38-39.
22. Dougherty, p. 22.
23. Edward de Bono, *Lateral Thinking* (Nova York: Perennial Library, 1973), p. 108.
24. Dougherty, p. 7.
25. Ronald A. Mitsch, "Three Roads to Innovation", *The Journal of Business Strategy*, setembro-outubro de 1990, p. 8.
26. Vic Sussman, "To Win, First You Must Lose", *U. S. News & World Report*, 15 de janeiro de 1990, p. 64.
27. Gary Meyers, "How to Nurture Creativity", *Public Relations Journal*, novembro de 1988, p. 45.
28. Art Fry, "The Post-It Note: An Intrapreneurial Success", *SAM Advanced Management Journal*, verão de 1987, p. 6.
29. Osborn, p. 20.
30. Von Oech, *A Whack on the Side of the Head*, p. 105.
31. Placek, p. 14.
32. Roderick Wilkinson, "50 Booster Rockets for Your Imagination", *Supervision*, janeiro de 1989, p. 25.
33. Royal Bank of Canada, "The Creative Approach", *NRECA Management Quarterly*, inverno de 1988-89, pp. 39-40.
34. Ibid., p. 39.

Capítulo 4

1. Richard Saul Wurman, *Information Anxiety* (Nova York: Bantam, 1990), p. 32.
2. Jeanette A. Davy, Angelo Kinicki, John Kilroy e Christine Scheck, "After the Merger: Dealing with People's Uncertainty", *Training and Development Journal*, novembro de 1988, p. 57.
3. Dunhill Personnel Systems Inc. e Columbia University, School of Business, "Workplace Issues Top On-the-Job-Stress Points for Managers", *INC*, setembro de 1990, p. 131.
4. Alvie L. Smith, *Innovative Employee Communication* (Englewood Cliffs, N. J. : Prentice-Hall, 1991), p. 231.
5. E. Zoe McCathrin, "Beyond Employee Publications", *Public Relations Journal*, julho de 1989, p. 16.
6. Julie Foehrenbach e Steve Goldfarb, "Employee Communication in the '90s", *IABC Communication World*, maio-junho de 1990.
7. Bill Lane, "Liberating GE's Energy", *Monogram* (GE Publication), outono de 1989, p. 3.
8. Robert E. Kelley, "Gold Collar Worker Survey", *News Release*, Carnegie Mellon University, 9 de novembro de 1989.
9. Peter M. Senge, *The Fifth Discipline* (Nova York: Doubleday, 1990), p. 150.

Notas

10. Ibid., p. 212.
11. Terrence E. Dean e Allen A. Kennedy, *Corporate Cultures* (Reading, Mass. : Addison-Wesley, 1982), p. 135.
12. Max De Pree, *Leadership Is an Art* (Nova York: Dell, 1989), p. 92.
13. Joanne Martin, Martha S. Feldman, Mary Jo Hatch e Sim B. Sitkin, "The Uniqueness Paradox in Organizational Stories", *Administrative Science Quarterly*, setembro de 1983, p. 448.
14. Ibid., p. 439.
15. Ibid., p. 144.
16. James A. Autry, *Love and Profit: The Art of Caring Leadership* (Nova York: William Morrow, 1991), p. 81.
17. Ibid., p. 181.
18. Frank K. Sonnenberg, *Marketing to Win* (Nova York: Harper & Row, 1990), p. 183.
19. Thomas Shellhardt, "Slick Annual Reports Gloss over Employees", *The Wall Street Journal*, 29 de abril de 1991, B1.
20. "When Employees Talk", *Communication Management*, julho de 1988, n⁰. 107 (circular). Tower, Perry and Company.
21. Sonnenberg, pp. 176-179.
22. *HR Focus*, maio de 1990, p. 7.
23. McCathrin, p. 15.
24. Foehrenbach e Goldfarb.
25. Terry Van Tell, "Communications with Your Employees and Boss", *Supervisory Management*, outubro de 1989, p. 5.
26. McCathrin, p. 15.
27. Jay L. Johnson, "Internal Communication: A Key to Wal-Mart's Success", *Direct Marketing*, novembro de 1989, p. 72.
28. McCathrin, p. 20.
29. Ibid.
30. John Thorbeck, "The Turnaround Value of Values", *Harvard Business Review*, janeiro-fevereiro de 1991, p. 56.
31. Valerie McClelland e Richard E. Wilmot, "Improve Lateral Communication", *Personnel Journal*, agosto de 1990, p. 32.
32. Senge, p. 283.
33. Donald E. Petersen, discurso na Foundation for American Communications, Naples, Flórida, 16 de janeiro de 1987.
34. Maryann Keller, *Rude Awakening: The Rise, Fall, and Struggle for Recovery of General Motors* (Nova York: William Morrow, 1989), pp. 124-125, 129.
35. Johnson, pp. 68-72.
36. Dean e Kennedy, p. 86.
37. Alvie L. Smith, "Bridging the Gap", *Public Relations Journal*, novembro de 1990, vol. 46, n⁰ 1, pp. 20-21, 41.

Capítulo 5

1. Adam Snyder, "Revolt against the Professionals", *AdWeek's Marketing Week*, 25 de fevereiro de 1991.

Notas

2. Leonard Berry, "The Costs of Poor Quality Service Are Higher Than You Think", *American Banker*, 24 de junho de 1987, p. 4.
3. Ibid.
4. The Forum Corporation, "Customer Focus Research", *Executive Briefing*, abril de 1988, pp. 3-4.
5. The PIMS Data Base, *PIMS LETTER*, nº. 33, p. 8.
6. Valarie A. Zeithaml, A. Parasuraman e Leonard L. Berry, *Delivering Quality Service* (Nova York: Free Press, 1990), p. 21.
7. Carl Sewell e Paul B. Brown, *Customers for Life* (Nova York: Doubleday, 1990), p. 121.
8. Rosabeth Moss Kanter, "Think Like the Customer: The Global Business Logic", *Harvard Business Review*, julho-agosto de 1992, p. 9.
9. Ibid.
10. Sewell e Brown, p. 17.
11. Russell R. Miller, "Modest Alternative to Killing All Lawyers", *Manager's Journal*.
12. James Donnelly, Jr., *Close to the Customer* (Homewood, Ill.: Irwin, 1992), pp. 76-77.
13. Ibid.
14. Paula Haynes, "Seven Principles of Waiting. Hating to Wait: Managing the Final Service Encounter", *The Journal of Services Marketing*, outono de 1990, vol. 4, nº 4, pp. 20-26.
15. Donnelly, p. 21.
16. Tom Peters, *Thriving on Chaos* (Nova York: Knopf, 1987), p. 91.
17. U. S. Office of Consumer Affairs, em colaboração com Chevrolet Motor Division of General Motors, *Increasing Consumer Satisfaction*, p. 4.
18. Frank K. Sonnenberg, *Marketing to Win* (Nova York: Harper & Row, 1990, p. 203.
19. Kristin Anderson e Ron Zemke, *Delivering Knock Your Socks Off Service* (Nova York: Amacom, 1991), p. 14.

Capítulo 6

1. Robert J. Kriegel e Louis Patler, *If It Ain't Broke... Break It!* (Nova York: Warner Books, 1991), pp. 9, 26.
2. *Fortune*, 26 de março de 1990, p. 30.
3. John P. Kotter e Leonard A. Schlesinger, "Choosing Strategies for Change", *Harvard Business Review*, março-abril de 1979, pp. 106-113.
4. Peter M. Senge, *The Fifth Discipline* (Nova York: Doubleday, 1990), p. 55.
5. Alfred J. Marrow, David F. Bowers e Stanley E. Seashore, *Management by Participation* (Nova York: Harper & Row, 1967).
6. Patricia A. Galagan, "The Learning Organization Made Plain", entrevista com Peter M. Senge, in *Training and Development Journal*, outubro de 1991, p. 42.
7. Chris Argyis, "Teaching Smart People How to Learn", *Harvard Business Review*, maio-junho de 1991, p. 99.
8. Kriegel e Patler, p. 128.
9. Ibid., p. 34.
10. Galagan entrevista Senge, p. 38.
11. Brooks Carter, "Kicking the Habit", *Quality Progress*, março de 1991, p. 88.
12. Ibid., p. 88.

216

13. Kriegel e Patler, p. 85.
14. Therese R. Welter, "They're Afraid of You", *Industry Week*, 1º de outubro de 1990, p. 11.
15. Judith M. Bardwick, *Danger in the Comfort Zone* (Nova York: Amacom, 1991), p. 36.
16. Kathleen D. Ryan e Daniel K. Oestreich, *Driving Fear out of the Workplace* (San Francisco: Jossey-Bass, 1991), p. 133.
17. Jack Welch, *1991 Annual Report*, General Electric, p. 5.
18. Richard J. Schonberger, *Building a Chain of Customers* (Nova York: Free Press, 1990), p. 122.
19. Walter Kiechel III, "The Boss as Coach", *Fortune*, 4 de novembro de 1991, p. 204.
20. *Vis à Vis*, março de 1990, p. 80.
21. Kriegel e Patler, p. 167.
22. Richard Saul Wurman, *Information Anxiety* (Nova York: Bantam, 1990), p. 192.
23. Tom Peters, *Thriving on Chaos* (Nova York: Knopf, 1987), p. 259.
24. Dr. Tineke Bahlmann, "The Learning Organization in a Turbulent Environment", *Human Systems Management*, 1990, p. 255.
25. Alan Mumford, "Learning Styles and Learning", *PR*, 16 de março de 1987, p. 158.
26. Lucia Solorzano, "Helping Kids Learn — Their Own Way", *U. S. News & World Report*, 31 de agosto de 1987, p. 62.
27. Wurman, p. 172.
28. Galagan entrevista Senge, p. 43.
29. Ibid., p. 43.
30. Jeremy Campbell, *Grammatical Man: Information, Entropy, Language, and Life* (Nova York: Simon & Schuster, 1983), p. 141.
31. Ikujiro Nonaka, "The Knowledge-Creating Company", *Harvard Business Review*, novembro-dezembro de 1991, p. 102.
32. Ibid.
33. Christopher Knowlton, "Shell Gets Rich by Beating Risk", *Fortune*, 29 de agosto de 1991, p. 82.
34. Ibid., p. 84.
35. Nonaka, pp. 96-104.
36. Ibid., p. 97.
37. Ibid., p. 99.
38. Thomas A. Stewart, "GE Keep Those Ideas Coming", *Fortune*, 12 de agosto de 1991, pp. 41-49.

Capítulo 7

1. Robert J. Kriegel e Louis Patler, *If It Ain't Broke. . . Break It!* (Nova York: Warner Books, 1991), p. 53.
2. Tom Peters, "Beyond Speed", *Industry Week*, 3 de junho de 1991, p. 22.
3. Brian Dumaine, "How Managers Can Succeed through Speed", *Fortune*, 13 de fevereiro, 1989, p. 54.
4. Rahul Jacob, "Thriving in a Lame Economy", *Fortune*, 5 de outubro de 1992, p. 44.
5. Philip Kotler e Paul J. Stonich, "Turbo Marketing through Time Compression", *The Journal of Business Strategy*, setembro-outubro de 1991, p. 24.

Notas

6. Philip Kotler, "Turbo-Marketing", *Marketing Executive*, 1º de abril de 1991, vol. 1, nº 2, p. 24.
7. Lester R. Bittel, *Right on Time* (Nova York: McGraw-Hill, 1991), p. 148.
8. Kotler e Stonich, p. 24.
9. Rosabeth Moss Kanter, "Ourselves Versus Ourselves", *Harvard Business Review*, maio-junho de 1992, p. 8.
10. General Electric, *Annual Report*, 1991, p. 2.
11. Barbara Buell, Robert D. Hof e Gary McWilliams, "Hewlett-Packard Rethinks Itself", *Business Week*, 1º de abril de 1991, p. 76.
12. Michael F. Dealy, "Changing Organizational Structures", *Fortune*, 13 de julho de 1992, p. 49.
13. General Electric, *Annual Report*, 1991, p. 3.
14. Conforme citado em Kriegel e Patler, p. 117.
15. Edward de Bono, *Six Action Shoes* (Nova York: Harper Business, 1991), p. 32.
16. Paul B. Carroll, "Story of an IBM Unit That Split Off Shows Difficulties of Change", *The Wall Street Journal*, p. 1.
17. Jim Harrington, *Business Process Improvement* (Nova York: McGraw-Hill, 1990), p. 153.
18. Charles A. Sengstock, Jr., "Pursuing the Not-So-Elusive Goal of Perfection", *Public Relations Journal*, agosto de 1991, p. 22.
19. Brent Bowers, "The Doozies: Seven Scary Tales of Wild Bureaucracy", *The Wall Street Journal*, 19 de junho de 1992, p. B2.
20. Harrington, p. 153.
21. Armand V. Feigenbaum, *Empowering Business Resources* (Glenview, Ill.: Scott Foresman, 1990), p. 294.
22. Bittel, p. 5.
23. Karen Matthes, "Clean Up Your Life. . . Or at Least Your Desk", *Personnel*, outubro de 1991, p. 23.
24. Allen C. Bluedorn and Robert D. Denhardt, "Time and Organizations, *The Journal of Management*, vol. 14, nº 2, 1988, p. 310.
25. Bill Symonds, "No, They Can't Stop Time, But They Can Help You Manage It", *Business Week*, 22 de maio de 1989, p. 179.
26. Paul B. Carroll, "Story of an IBM Unit That Split Off Shows Difficulties of Change", *The Wall Street Journal*, p. 1.
27. Walter Kiechel III, "Over Scheduled, and Not Loving It", *Fortune*, 8 de abril de 1991, p. 105.
28. Robert H. Waterman, Jr., *The Renewal Factor* (Nova York: Bantam, 1987), p. 201.
29. Bluedorn e Denhardt, pp. 310-311.
30. Richard Saul Wurman, *Information Anxiety* (Nova York: Bantam, 1990), p. 161.
31. "Is All Time Wasted on the Job a Waste?", *Training a Development Journal*, novembro de 1987, p. 17.
32. Joe A. Cox e Raymond L. Read, "Putting It Off 'til Later", *Baylor Business Review*, outono de 1989, p. 10.
33. Conforme citado em Bittel, p. 84.
34. Paul Hellman, "An Interview with Father Time", *Management Review*, janeiro de 1990, p. 63.
35. Walter Kiechel III, "Beat the Clock", *Fortune*, 25 de junho de 1984, p. 147.

Capítulo 8

1. John Sheridan, "Suppliers: Partners in Prosperity", *Industry Week*, 19 de março de 1990, p. 12.
2. John Emshwiller, "Suppliers Struggle to Improve Quality as Big Firms Slash Their Vendor Rolls", *The Wall Street Journal*, 18 de agosto de 1991, p. B1.
3. "Corporations Scale Back use of Outside Counsel", *The Wall Street Journal*, 15 de outubro de 1991, p. B1.
4. Harry S. Dent, Jr., "Corporation of the Future", *Small Business Reports*, maio de 1990, p. 55.
5. Jennifer Pendleton, "Matches Made in Heaven", *Advertising Age*, 14 de março de 1988, p. 3.
6. Jordan Lewis, "Competitive Alliances Redefine Companies", *Management Review*, abril de 1991, p. 15.
7. Roger Fisher e Scott Brown, *Getting Together* (Nova York: Penguin, 1988), p. 4.
8. Pendleton, p. 3.
9. Conforme citado em Glenn M. Parker, *Team Players and Teamwork* (San Francisco: Jossey-Bass, 1991), p. 16.
10. Richard Saul Wurman, *Information Anxiety* (Nova York: Bantam, 1990), p. 130.
11. Fisher e Brown, p. 21.
12. Reuben Mark, "Steps to Building a Creative Partnership", *Advertising Age*, 9 de novembro de 1988, p. 70.

Capítulo 9

1. Gordon F. Shea, "Building Trust in the Workplace", AMA Management Briefing, 1984, p. 7.
2. Stanley J. Modic, "Whatever It Is, It's Not Working", *Industry Week*, 17 de julho de 1989.
3. Labor Letter, *The Wall Street Journal*, 18 de fevereiro de 1987, p. A1.
4. William Ouchi, *Theory Z* (Reading, Mass.: Addisson-Wesley, 1981), p. 5.
5. As pesquisas mostraram que "o nível de confiança num relacionamento afeta o grau defensivo das pessoas. Gibb (1961) descobriu que os membros de pequenos grupos que desenvolveram um 'clima defensivo' mostravam dificuldade de se concentrar nas coisas que lhes eram ditas, não tinham uma percepção acurada dos motivos, dos valores e das emoções das outras pessoas e distorciam as mensagens. Outros estudos sugerem que é preciso haver confiança entre as pessoas para resolver os problemas do grupo. Parloff e Handlon (1966) descobriram que a crítica intensa e constante amplia a postura defensiva e a desconfiança entre os membros de um grupo e diminui sua habilidade para reconhecer e aceitar as boas sugestões. Meadow et al. (1959) relatam que essa condição chega, por fim, a diminuir a capacidade de resolver satisfatoriamente os problemas. Eles descobriram que os grupos que são castigados porque suas idéias não se revelaram boas ou que são criticados por só terem boas idéias quando estão trabalhando nas etapas iniciais dos problemas apresentaram soluções menos eficazes para as dificuldades que surgiram nas fases posteriores, quando essas restrições foram eliminadas, do que os grupos que não sofreram punições ou reprimendas pelos problemas iniciais da

Notas **219**

tarefa". Dale E. Zand, "Trust and Managerial Problem Solving", *Administrative Science Quarterly*, p. 229.

6. Shea, p. 7.
7. Dale E. Zand, *Information, Organization, and Power* (Nova York: McGraw-Hill, 1981), p. 38.
8. Gerald Zaltman e Christine Moorman, "The Importance of Personal Trust in the Use of Research", *Journal of Advertising Research*, outubro-novembro de 1988, p. 19.
9. Stephen R. Covey, *Principle-Centered Leadership* (Provo, Utah: The Institute for Principle-Centered Leadership, 1990), p. 151.
10. Tracy E. Benson, "In Trust We Manage", *Industry Week*, 4 de março de 1991, p. 28.
11. Roger Fisher e Scott Brown, *Getting Together* (Nova York: Penguin, 1988), p. 125.
12. Fernando Bartolome, "Nobody Trusts the Boss Completely — Now What?", *Harvard Business Review*, março-abril de 1989, vol. 67, n⁰ 2, p. 135.
13. Shea, p. 55.
14. Zand, p. 38.
15. Ibid., p. 140.
16. Ibid.
17. Fisher and Brown, p. 123.
18. "Needed: Less Bureaucracy", *USA Today*, abril de 1989, p. 14.
19. Shea, p. 319.

Capítulo 10

1. Fred Moody, "Mr. Software", *The New York Times Magazine*, 25 de agosto de 1991, p. 56.
2. Tom Peters, *Liberation Management* (Nova York: Alfred A. Knopf, 1992), p. 12.
3. Tom Brown, "On the Edge with Jim Collins", *Industry Week*, 5 de outubro de 1992, p. 12.
4. Carol Hymowitz, "Trading Fat Paychecks for Free Time", *The Wall Street Journal*, 5 de agosto de 1991, p. B1.
5. Ronald Henkoff, "How to Plan for 1995", *Fortune*, 31 de dezembro de 1990, p. 70.
6. Patrick M. Reilly, "American Express Is Said Near Accord on a Time Warner Magazine Venture", *The Wall Street Journal*, 27 de novembro de 1992, p. B5.
7. John S. McClenahen, "It's No Fun Working Here Anymore", *Industry Week*, 4 de março de 1991, p. 20.
8. Joseph McKenna, "What Can Restore Fading Loyalty?", *Industry Week*, 4 de fevereiro de 1991, p. 50.
9. W. E. Odom, "Changes and Choices: The Wisdom to Choose Wisely", *Vital Speeches*, 1⁰ de junho de 1991.
10. Ron J. Markin e Charles M. Lillis, "Sales Managers Get What They Expect", *Business Horizons*, junho de 1975, pp. 52-53.
11. William L. Ginnoda, "How to Build Employee Commitment", National Productivity Review, vol. 8, n⁰ 3, verão de 1989, p. 251.
12. Mark Frohnan e Perry Pascarella, "Achieving Purpose Driven Innovation", *Industry Week*, 19 de março de 1990, p. 20.
13. Rosabeth Moss Kanter, "Think Like the Customer: The Global Business Logic", *Harvard Business Review*, julho-agosto de 1992, p. 9.

14. Anne B. Sisher, "CEOs Think That Morale Is Dandy", *Fortune*, 18 de novembro de 1991, p. 83.
15. Peters, p. 637.
16. Alan Farnham, "The Trust Gap", *Fortune*, 4 de dezembro de 1989, p. 5b.
17. Mark Skousen, "Roaches Outlive Elephants: An Interview with Peter Drucker", *Forbes*, 19 de agosto de 1991, p. 72.
18. Coca-Cola, 1990 *Annual Report*, p. 4.
19. Robert J. Kriegel e Louis Patler, *If It Ain't Broke... Break It!* (Nova York: Warner Books, 1991), p. 85.
20. Therese R. Welter, "They're Afraid of You", *Industry Week*, 1º de outubro de 1990, p. 11.
21. Brian S. Moskal, "Is Industry Ready for Adult Relationships?", *Industry Week*, 21 de janeiro de 1991, p. 19.
22. Henry Stimson, *The Bomb and the Opportunity, March 1946* (Boston: Little Brown, 1980).
23. Albert R. Karr, "Labor Letter", *The Wall Street Journal*, 4 de fevereiro de 1992, p. 1.
24. Amanda Bennett, "Unethical Behavior, Stress Appear Linked", *The Wall Street Journal*, 11 de abril de 1991, p. B1.

O ESPÍRITO CRIATIVO

DANIEL GOLEMAN
(autor do *best-seller* **Inteligência Emocional**)

PAUL KAUFMAN

MICHAEL RAY

Este livro contém uma importante mensagem: a de que a criatividade pode ser cultivada por todos – crianças e adultos, empresas e comunidades inteiras. Como você pode liberar o seu espírito criativo e usá-lo para melhorar a qualidade da sua vida? Este livro o leva a conhecer o processo criativo, fazendo-o entender os reinos da intuição e do "fluxo criativo", onde os nossos esforços estão perfeitamente à altura da tarefa que temos em mãos. Ele oferece uma série de exercícios práticos para aumentar sua criatividade e desfazer hábitos preconceituosos de pensamento, e leva você numa viagem ao redor do mundo contando-lhe histórias inspiradoras sobre o espírito criativo em ação:

- Uma escola revolucionária italiana mostra como liberar a criatividade das crianças.
- O gênio cômico Chuck Jones, lendário criador do coelho Pernalonga, explica por que "a ansiedade é a serva da criatividade".
- Uma inovadora fábrica sueca abre mão da hierarquia e revela todos os segredos da empresa aos funcionários.
- Uma igreja urbana norte-americana usa a antiga arte da escultura para ajudar na reconstrução de uma comunidade.

Repleto de humor e dos altos e baixos da criatividade, *O Espírito Criativo* nos encoraja a investir na paixão, na persistência e na disposição de correr riscos que podem nos fazer sentir a alegria de viver.

EDITORA CULTRIX

LIDERANÇA E A NOVA CIÊNCIA

Margaret J. Wheatley

Nossa compreensão do universo está sendo radicalmente alterada pela "nova ciência". As descobertas revolucionárias da física quântica, da teoria do caos e da biologia molecular estão abalando os modelos científicos que predominaram nos últimos séculos. Margaret Wheatley mostra como a nova ciência traz insights poderosos para a transformação do modo pelo qual organizamos o trabalho, as pessoas e a própria vida.

Escrito em estilo leve, que torna a nova ciência acessível a não-cientistas, este livro pioneiro oferece:

- uma elucidativa exploração de como a nova ciência pode mudar a nossa forma de entender, desenhar, liderar e gerenciar organizações;
- um sumário de fácil leitura de um amplo leque de descobertas da nova ciência;
- uma nova luz sobre as questões mais desafiadoras que as organizações enfrentam hoje: o equilíbrio entre ordem e mudança, autonomia e controle, estrutura e flexibilidade, planejamento e inovação;
- inspiração e direção para que os leitores comecem sua própria jornada de descobertas aplicando idéias da nova ciência em seu trabalho e em sua vida.

UMA JORNADA PELAS DESCOBERTAS DA NOVA CIÊNCIA QUE MUDARÁ DEFINITIVAMENTE A SUA COMPREENSÃO DE LIDERANÇA, ORGANIZAÇÃO E DA PRÓPRIA VIDA.

EDITORA CULTRIX

O TRABALHO CRIATIVO
O Papel Construtivo dos Negócios numa Sociedade em Transformação

Willis Harman e *John Hormann*

Quais são os novos meios de se fazer negócios capazes de proporcionar a todos os cidadãos oportunidades para um trabalho significativo e gratificante? E por que só agora essa ação é possível?

Uma profunda transformação no papel do trabalho e dos negócios está em andamento. Sua energia propulsora não brota de uma administração engenhosa, ou de líderes carismáticos, mas é uma irrupção de novas metas e valores mais profundos que inclui uma grande faixa de pessoas. Existem fortes evidências de que a valorização do aprendizado, do ensino e do desenvolvimento humano indica uma sociedade em vias de curar a si mesma.

Os negócios, grandes e pequenos, estão numa posição singular para canalizar essas aspirações em prol de um trabalho significativo voltado para a transformação construtiva do mercado de trabalho. Muitos negócios estão já em bem-sucedido estágio de funcionamento, com base em novas regras recém-elaboradas: sobreviver, prosperar e colaborar.

. . . .

"Uma obra-prima. Harman e Hormann atacam os maiores problemas que atormentam o ser humano atual com uma perspectiva eclética única, compassiva, fruto de uma laboriosa e minuciosa pesquisa. O livro resultante é uma fonte de inestimável valor para todos os que se interessam pelo futuro do trabalho."

— Larry Wilson, fundador e diretor-executivo dos Pecos River Learning Centers, Inc.

"Não conheço outro tema de tanta relevância para a nossa vida na Terra agora do que o modo como fazemos negócios. O comércio pode destruir ou recuperar o planeta. Este livro insuperável sobre o trabalho no futuro é uma crítica extraordinária sobre o tema crucial da nossa década: a responsabilidade social."

— Paul Hawken, empresário, consultor, autor de *The Next Economy.*

"Livro desbravador. Se me fosse perguntado que livro considero essencial para abrir novas perspectivas de vida e fazer uma contribuição significativa, eu indicaria este. Harman e Hormann divulgam uma sabedoria que reúne apenas o melhor da economia, da psicologia dos negócios, da física, da engenharia, da filosofia. Oremos para que algum dia, logo no início do próximo milênio, sejamos capazes de olhar para o passado e dizer que seguimos as diretrizes sugeridas por este livro."

— Michael L. Ray, co-autor de *Creativity in Business.*

EDITORA CULTRIX

A ESTRATÉGIA DO GOLFINHO:
A Conquista de Vitórias num Mundo Caótico
Dudley Lynch e *Paul L. Kordis*

Eis aqui idéias que... podem levar as pessoas que trabalham em empresas a ter uma vida mais plena de realizações, eliminando os medos e as inibições que caracterizam tão bem a atividade empresarial.

MILTON MOSCOWITZ, autor de
The 100 Best Companies for in America.

Lynch e Kordis, em *A Estratégia do Golfinho*, desenvolveram os conceitos que tenho adotado na minha prática de consultoria, levando-os a um ponto de congruência "quase perfeito".

JAMES L. MURPHY, diretor executivo,
de liderança e desenvolvimento organizacional da
U.S. West, Inc., em Denver.

A Estratégia do Golfinho analisa um novo e engenhoso meio de preparar líderes empresariais para aquele audacioso mas excitante "Novo Dia". Os professores de todas as faculdades de administração de empresas do país precisam prestar atenção neste livro.

DON EDWARD BECK,
National Values Center.

A melhor aplicação de estratégias pós-New Age para administração que já conheci.

WARREN BENNIS, eminente professor de
administração de empresas da University of Southern California.

A Estratégia do Golfinho é um manual prático e orientado para os negócios que ensina como ser pessoal e institucionalmente mais receptivo a este novo mundo que está se formando.

RICHARD LAMM,
Center for Public Policy and Contemporary Issues.

A Estratégia do Golfinho é sabedoria prática posta numa forma simples e divertida. É um livro obrigatório.

WILLIS HARMAN,
presidente do Instituto de Ciências Noéticas e
autor de *Higher Creativity.*

EDITORA CULTRIX